知识产权与区域高质量发展

李小芬　编著

天津大学出版社
TIANJIN UNIVERSITY PRESS

图书在版编目(CIP)数据

知识产权与区域高质量发展 / 李小芬编著. -- 天津:
天津大学出版社, 2023.9
ISBN 978-7-5618-7579-7

Ⅰ. ①知… Ⅱ. ①李… Ⅲ. ①知识产权—关系—区域
经济发展—研究—中国 Ⅳ. ①D923.404②F127

中国国家版本馆CIP数据核字(2023)第165566号

ZHISHI CHANQUAN YU QUYU GAOZHILIANG FAZHAN

出版发行 天津大学出版社
地　　址 天津市卫津路92号天津大学内(邮编:300072)
电　　话 发行部:022-27403647
网　　址 www.tjupress.com.cn
印　　刷 北京虎彩文化传播有限公司
经　　销 全国各地新华书店
开　　本 710mm×1010mm　1/16
印　　张 11
字　　数 227千
版　　次 2023年9月第1版
印　　次 2023年9月第1次
定　　价 52.00元

目 录

第一章　知识产权运营与科技成果转化：促进高质量发展的有效途径

第一节　创新驱动发展与知识产权强国

（一）知识产权强国的内涵

《辞海》里广义上的大国指的是大且强的国家或者指强大国家，通常又指世界性大国。强大的国家不一定要包括构成狭义大国或强国的所有要素，但却要包括其中的一些基本要素。强大的国家至少要拥有构成大国的人口和版图这两个要素中的一个，至少要拥有构成强国的经济、政治和军事三种实力中的一种。

所谓的知识产权强国，就是指在世界知识产权发展中具有重要地位和影响力，在国际知识产权竞争中相对处于强势地位，在知识产权创新和竞争中能够发挥引领作用的国家。知识产权强国的特点体现在以下几个方面。

第一，知识产权强国是指一个国家知识产权强盛，而不仅是知识产权规模的巨大。知识产权强国不同于知识产权大国。大并不一定意味着强，大国不一定是强国。“强”在于内在的能力和素质，“大”仅就外在的形体和规模而言，“强”强调质，“大”侧重量。在某种意义上，“强”比“大”更重要。“强”而不“大”，则没有足够的影响力，但不至于垮；“大”而不“强”，迟早要垮，而且垮掉带来的影响也许会更大。因此，知识产权强国比知识产权大国更难实现，知识产权大国只需要靠规模取胜，而知识产权强国却需要在技术、管理、品牌、创新等方面都具有优势。

第二，知识产权强国是相对的，它强调的是与其他国家的横向比较，反映的是一个国家当前知识产权的竞争实力与发展水平，表达的是知识产权发展的后劲与潜力。是否可以被称为“知识产权强国”是在与其他国家知识产权发展水平对比后作出的判断，是对国家知识产权发展总体规模和实力的定量化评价。因此，从这一角度来说，在任何一个历史时期，都只有少数国家可以被称为世界知识产权强国。知识产权强国的成功之路是其他竞争者难以模仿和学习的，其发展是一个循序渐进的过程。

第三，知识产权强国是开放的，一个封闭的国家不可能成为真正意义上的知识产权强国，也不可能对世界经济产生影响。尤其是在经济全球化不断深化的背景下，商品、劳务、技术、货币、资本在全球大量流动，各国经济紧密联系，日益互相依赖。一个国家只有在对外开放中才能积极利用世界知识产权，同时积极输出知识产权，参与国际知识产权规则的制定，不断提升自身的知识产权国际地位和影响力。

第四，知识产权强国是发展的、动态的，在不同的历史时期，其概念、内涵和特征是发展变化的。如在工业化初期，劳动密集型产业为主导产业，本土化专利的数量是主要的；在工业化中期，资金、技术密集型产业为主导产业，国际化专利、核心专利和商标成为主要内容；到了工业化后期，知识密集型产业为主导产业，版权等成为主导因素。

第五，知识产权强国的定义是综合性的，涵盖了知识产权发展的方方面面，不仅包括知识产权的各个种类，如专利、商标、版权、植物新品种、商业秘密等，也包括知识产权的各个环节，包括创造、运用、保护、管理等；不仅包括知识产权自身，也包括知识产权的发展环境。这些要素紧密相连，在知识产权强国的含义中是无法分割的。不能仅仅重视一方面的成绩，而忽视其他因素的存在。当然，可能有一些国家不一定在知识产权各领域全方位都处于世界领先地位，而只在某几个领域处于全球领先地位，也可以被称为世界知识产权强国。

（二）知识产权强国的一般特征

知识产权强国是发展方式、运行模式、组织形式、制度环境等多种因素长期综合作用的结果，任何一个单一的指标都不能作为知识产权强国的唯一指标。从整体上看，知识产权强国有以下几个特征：拥有数量庞大的知识产权；拥有质量较高的知识产权；拥有一批具有国际竞争力的大企业；拥有世界一流的知识产权保护水平；拥有国际领先的技术贸易；拥有较强竞争优势的现代知识产权制度体系，制度、文化等软实力较为突出等。

（三）知识产权强国首先是知识产权大国

没有足够的数量，就不能称为真正意义上的高质量。知识产权强国与经济强国的总体发展脉络基本一致，即世界经济强国往往是人力资源强国，世界人力资源强国又通常是知识产权强国，而世界知识产权强国一般又是科学技术强国。一个国家知识产权的强弱，突出表现在国民知识产权的总体规模上。从国际知识产权的角度看，一个国家对世界知识产权的影响主要源自其对国际知识产权的参与程度，所以一个国家在世界知识产权中占据的份额越大，则其知识产权对世界产业竞争力走势影响也越大。

2010 年，通过《专利合作条约》（PCT）进行国际专利申请的国家中，中国总量位居第 4，其他排名前 15 的国家依次为美国、日本、德国、韩国、法国、英国、荷兰、瑞士、瑞典、加拿大、意大利、芬兰、澳大利亚和西班牙。这 15 个国家占据了全部 PCT 专利申请的 92.1%，西班牙虽仅排名第 15 位，但占全部的比重在 1%以上。2010 年，虽然美国绝对申请量与其上年相比有所下降，并且下降幅度达到 1.7%，实际专利申请量为 44 855 件，比该国 2007 年的申请量下降了 20%，但是美国在 2010 年专利申请数量上依然领先其他国家和地区，排名仍居全球榜首。以中国为例，日本在华专利申请累计 36.1 万件，居第一位；美国为 24.2 万件，位居次席；德国为 8.9 万件，韩国为 8.1 万件，依次分列第三、四位。此外，来华申请专利数量超过万件的国家还包括：法国 3.7 万件、荷兰 3.5 万件、瑞士 2.7 万件、英国 2.2 万件、瑞典 1.7 万件、意大利 1.6 万件、芬兰 1.0 万件。国外来华申请专利者，超过九成来自上述国家。

（四）知识产权强国是专利技术先进国

一个国家能否在世界知识产权领域取得一定地位，关键在于该国的专利是否具有较强的国际竞争力。只有拥有大批高质量的知识产权——主要是核心专利和基本专利，才能够具有竞争力和影响力。德国、日本和韩国实用新型专利的申请量远远少于其发明专利申请量。中国则是例外，发明专利申请量和实用新型专利申请量都非常大。国外来华专利申请接近九成是发明专利，企业申请比例达到 95.3%。在已被授予专利权的 49.1 万件专利中，仍然维持有效的有 35.3 万件，有效比例为 71.9%。发达国家在信息技术、生物技术、新材料领域的专利数量约占全球同类专利数量的 90%，仅美国就拥有世界半数以上的原始性创新成果和发明专利。据统计，在航空航天、高清晰彩电、通信、电子、汽车等领域，外国公司拥有中国发明专利数量占比高达 80%甚至 90%。国内发明专利有效维持率为 58.9%，而国外在华专利为 78.8%；国内发明专利平均维持时间为 6 年，而国外在华专利为 8.5 年。

（五）知识产权强国有一批国际知识产权优势企业

企业是知识产权主体，一个强大的知识产权国家，必然有一批知识产权运用能力较强的企业作为支撑。2009 年 PCT 申请公布量全球前 100 位申请人中，日本有 31 家，美国有 29 家，德国有 12 家，而中国只有华为和中兴两家民营企业。美国很多企业凭借专利在国际上取得了领先的地位，IBM 一年获得的专利就有 3 000 多件，杜邦公司拥有 3.1 万件专利，柯达公司拥有 2.7 万件专利，著名的迪士尼公司仅靠销售儿童玩具等产品的品牌和专利使用权就获得巨额收入。德国企业尤其是大企业成为推进知识产权工作的重要主体。据介绍，2005 年德国企业在德国专利局申请专利 60 222 件，获得授权的专利有 20 418 件，其中 13%的申请来自西门子公司、奔驰公司、博世公司、Infineon 技术公司等 4 家德国大企业。同期，德国企业申请的欧洲专利和国际专利，有 2 /3 集中在德国 10 家大公司，德国人普通认为是知识产权保护造就了奔驰汽车、宝马汽车、西门子电器、拜耳制药这样一批世界级跨国公司。

（六）知识产权强国是专利顺差国

知识产权强国必然有很多高水平的专利，必然会对技术落后国有很强的吸引力。在科技全球化的社会，技术转移速度加快，技术跟踪国会积极引进知识产权，知识产权强国成为专利顺差国，技术贸易成为衡量知识产权强国的重要指标。一方面，海外知识产权保护领先。2007 年,日本专利申请人在本国申请的专利占申请总数的 76%,向国外申请(全球申请)的专利占 24%,而美国的这两项数据占比分别为 49% 和 51%,欧洲为 38%和 62%。《世界知识产权指标报告》显示,大部分注册商标被授予中国和美国本国居民,各占注册量的 11%。但是,在中国本国居民注册的商标中,只有一小部分同时在其他国家注册,相反,美国的这一比例却达到了 43.5%。另一方面,专利技术贸易大量顺差。目前,美国一年的专利许可贸易收入达 1 800 亿美元,品牌授权使用金额超过 1 050 亿美元。1997—2005 年,美国的技术贸易出口额一直位居第一。2005 年,中国的技术贸易出口额(1.972 7 亿美元)是 1997 年的 6 倍,但远低于美国(696.00 亿美元)、德国(332.65 亿美元)、英国(256.70 亿美元)和日本(156.56 亿美元)在同年的技术贸易出口额。

(七)知识产权强国的经济发展知识产权含量高,知识产权效益高

20 世纪 50 年代,美国出口产品对知识产权的依赖度仅为 10%,90 年代这一数字迅速上升到 50%,现在已经达到了 65%。发达国家每向外转移 1 亿美元的专利技术,就能销售大约 50 亿美元的成套设备及附属产品。1999 年,美国在知识产权方面的出口额达到了 370 亿美元,超过了飞机的出口额。拥有专利等自主知识产权的产品给企业带来的巨大贸易利益也是不可估量的。仅以美国为例,美国生产的软件占国际市场的 20%,其音像录制品大约占国际市场的 60%,仅此一项每年的出口额就超过了 120 亿美元。知识产权强国的版权产业十分发达。2008 年,日本国内数字内容市场收入约为 14 万亿日元,美国约为 50 万亿日元;日本的海外收入约为 6 010 亿日元,美国约为 8.5 万亿日元;日本的海外收入占比约为国内数字内容市场收入的 4.3%,美国约为 17%。

(八)知识产权强国知识产权服务体系发达

一个知识产权强国必须具有良好的发展环境,在知识产权服务体系、人才支撑等方面提供强有力的保障,否则知识产权强国建设就是纸上谈兵。丹麦、芬兰两国的专利部门在做好自身服务工作的同时,还特别重视对社会中介服务机构的培育和发展,并对一些重要的社会中介服务机构给予人才、培训、信息资源等方面的支持,提高其为社会公众和企事业单位进行专利申请、应用和保护的能力。目前,日本全国的知识产权专业人才总数约 7 万人,其中,佳能公司的企业知识产权管理专业人员有 400 人,而松下电器公司的企业知识产权管理专业人员有 700 人。美国的 IBM 公司仅专利工程师就有 500 余人,德国西门子公司在外围为知识产权服务的工作人员有 1 500 人。

(九)知识产权强国执法保护有力

主要的知识产权强国近年来不断强化对知识产权的保护,加大执法力度,扩大保护范围,知识产权执法保护成为其工作的重心,并且将知识产权执法保护由国内延伸到国外。对知识产权加以保护,最重要的手段就是法律手段。美国专利商标局更是发布了《21 世纪专利战略发展纲要》, 2011 年发布了国家创新战略,修改了《美国发明法案》; 2009 年韩国制定了《知识产权强国实现战略》。不少国家越来越注重运用刑法保护知识产权,美国政府将侵权列入严重犯罪的种类,对这类犯罪分子进行严重的惩罚,把他们从事犯罪的利润统统没收。日本在其商标法、专利权法以及著作权法等法律中也明确了要对知识产权犯罪实施刑事处罚,如在专利权方面,侵权人不仅要负民事赔偿责任,还可能因构成犯罪而承担刑事责任。印度在加强版权保护的执法中也强化了对侵犯知识产权行为的执法力度,对违法者要进行严厉的民事和刑事指控。

上述特征是世界知识产权强国获取竞争优势的主要基础,这些国家能够从多层次、多角度、多方位参与并影响全球知识产权的市场竞争格局,进而形成较强的综合竞争力。

第二节　知识产权运营与科技成果转化的基本概念

(一)知识产权运营的概念

伴随着知识产权制度的诞生,形成了知识产权应用市场,典型的就是通过技术许可、技术转移的商业模式,产生了一大批企业,比如微软、苹果等。近些年来,又产生了围绕知识产权创造的创新市场,金融机构和企业开始向创造投入,这就产生了新的商业模式独立的知识产权贸易公司,它们经营的产品是知识产权,是一种权利。这类企业的出现,开创了知识产权保护和应用的新时代,其典型的特征是知识产权与金融资本、资本市场密切结合。比如,美国高智发明公司在世界上一些创新活跃的国家和地区设立分支机构,专门从事专利挖掘和经营。目前,知识产权产业已经成为经济发展的重要组成部分。

国家知识产权局在部署知识产权运营试点企业工作时,给出的知识产权运营定义是:“知识产权运营指以实现知识产权经济价值为直接目的的、促成知识产权流通和利用的商业活动行为。具体模式包括知识产权的许可、转让、融资、产业化、作价入股、专利池集成运作、专利标准化等,涵盖知识产权价值评估和交易经纪,以及基于特定专利运用目标的专利分析服务。”

由此,可以将知识产权运营理解为其直接目的就是通过运营实现知识产权资产的经济价值。实现知识产权经济价值的途径是多种多样的,知识产权运营的方式包括许可、转让、融资、产业化、作价入股、专利池集成运作、专利标准化等。知识产权价值评估和交易经纪是知识产权运营的重要环节和基础,知识产权运营并实现经济价值的关键在于让作为生产要素的知识产权流动起来、活跃起来、转化起来,归根到底就是要把知识产权用起来。

(二)知识产权运营的内涵

知识产权运营的内涵体现在以下三个方面。

一是知识产权运营以知识产权所具有的战略性、资产性、资源性、平衡性四大特性为基础,充分挖掘和发挥其对应的战略价值、资产价值、信息价值、社会价值,甚至通过综合运用创造新的价值,这是知识产权能够被运用、充分被运用、合理被运用的关键所在。

二是知识产权运营必然与相对应的运作方式方法关联,运用效果的好坏取决于是否找到恰当的运作方式方法。商业化运用的关键就是找到恰当、有效益的商业模式,产业和区域的运用关键在于找到恰当、有效率的政策工具等。

三是知识产权运营的目的在于充分获得知识产权的经济价值,为运用主体带来竞争力、经济利益,同时实现知识产权的社会功能。

(三)知识产权运营的特征

从运营的角度看,本书认为知识产权具有战略性、资产性、资源性、平衡性四大应用特性,知识产权运用的依据和方式建立在这些特性的基础上。

战略性。知识产权的战略性涉及知识产权管理、运用的全局,体现了知识产权运用对运用主体的统领意义,具有最高利益特性。知识产权具有战略性,显然是由于知识经济兴起,知识产权作为无形资产的价值不断提升。无论一个国家、一个地区还是一个企业,创造财富、获取经济效益的核心都正在由有形资产逐步转向无形资产,知识产权资本崛起并成为经济竞争的焦点。美国商务部报告估算,2010 年美国知识产权密集产业增加值直接贡献 5.06 万亿美元,占美国 GDP 的 34.8%,为美国提供了 2 710 万个工作机会,占全部就业岗位的比例为 18.8%。

资产性。通过政府的授权,知识被赋予法律意义上的产权,并被日益广泛地运用到经济领域,特别是在投资过程中,成为真正的资本。全社会的知识产权集合就成为社会资本,在公司之中就构成企业资产,这就是知识产权的资产性。世界财富 500 强企业的资产构成中,1978 年有形资产占 95%,无形资产仅占 5%;但到了 2010 年,有形资产占比降低到 20%,而无形资产则提高到 80%。我国企业知识产权资产也呈现类似趋势,在证券市场表现明显。由深圳新产业技术产权交易所研究推出的中国智能资产指数表明,从 2006 年 7 月 1 日到 2011 年 6 月 30 日,智能资产指数在 5 年间增长了 346.23%,而同期沪深 300 指数、上海证券综合指数、深圳综合股票指数仅分别增长了 118.38%、65.18%和 166.81%,这些数据显示出专利资产价值高的企业成长性更好,市场价值增加得更快[①]。企业竞争优势也体现在知识资本上,尤其是体现在技术、设计等创新方面。知识产权的资产性连接知识产权法律与知识产权经济,是知

① http://www.cnstock.com/index/gdbb/201108/1452749.html,访问日期:2014-05-02。

识产权运用的关键特性。

资源性。现代社会中，除了有形的资源，信息、知识及其政府特许后形成的知识产权等无形资源也逐步成为越来越重要的经济资源。同时，为了适应经济竞争的变化，全球知识产权资源总量不断增加，其资源特性更为明显。仅就专利来说，自专利制度建立以来，全球的专利文献经过数百年的积累已经浩如烟海，且近 100 年人类科学技术突飞猛进，更使专利信息加速增长。全世界专利信息每年以数百万记录数递增，截至 2011 年底已达 9 000 多万条。据世界知识产权组织统计，全球 95%以上的最新发明创造记载在专利文献中，并且约 70%的发明创造只在专利文献中公开。专利信息作为专利制度运行的载体，已成为推动创新、提高企业竞争力、实现产业转型发展、加快转变经济发展方式的基础资源[①]。

平衡性。实际上，任何一项法律制度都是利益平衡的产物。知识产权法的制定是以实现国家利益最大化为基本原则，是平衡知识产权权利人的垄断利益与社会公共利益而作出的制度安排，涉及的利益主体包括知识的创造者、传播者、使用者，涉及的利益关系包括权利人利益与国家利益、公众利益之间的平衡。因此，在政策和法律调节下，知识产权就有可能在相当程度上取得平衡性，包括国与国之间、国家与企业之间，企业与产业之间，知识产权拥有者与产品消费者之间，说到底，就是既要鼓励知识的创造，保护创造者的积极性，也要鼓励知识的社会化传播，让知识惠及广大公众。现任世界知识产权组织总干事弗朗西斯·高锐（Francis Gurry）发表公开的演讲指出，现代知识产权与知识产权制度诞生初期已经有了很大不同，现代社会发生了三大转变，经济上由有形向无形转变，地缘政治由西方向东方转变，政治上由国家向非国家转变。在这种大背景下，知识产权具有三大功能：竞争行为的调节器，竞争利益的平衡机制和融资机制。其中前两个功能都与知识产权的平衡性有关。

（四）国内外知识产权产业发展形势

知识产权产业发展是国际、国内经济发展的必然产物。目前，美国已经形成基于成熟的知识产权制度的知识产权产业发展和竞争模式。美国商务部曾指出：知识产权密集型产业是焦点产业（industries in focus），必须高度重视。2012 年 5 月，美国商务部下属经济和统计管理局及美国专利商标局共同发布了一份名为《知识产权与美国经济：产业聚焦》的报告。该报告确认了美国 75 个广泛使用专利、版权或商标保护的知识产权密集型产业，并指出知识产权密集型产业对美国经济和创造就业的直接和重大影响，而且明确提出为赢得未来，美国需要增强对知识产权的保护，以进一步鼓励创新。

同样，知识产权运营和产业发展对我国社会经济发展的重要性也是不言而喻的。近些年来，我国专利的申请数量在世界上的排名数一数二，但是转化效率低下。中国

① 国家知识产权局办公室《企业专利信息利用工作指南（试行）》。

有数量庞大的专利,但在国际市场上,真正为中国专利付钱者却寥寥无几。这意味着,我国的专利创造的经济价值还不够高,没有或者不能商业化的专利是没有价值的。因此,激活知识产权市场,实现知识产权的商业价值,对我国实现增长方式转变和创新驱动具有重大的现实意义和必要性。

第三节　知识产权运营与科技成果转化的要素构成

知识产权运营体系的组成要素可归结为技术评价网络、商业开发网络、专利布局、政府支持、资源获取能力、业务领域和运营模式。

(一)技术评价网络

首先,一个完善的技术评价网络必须具备有市场洞察力或战略眼光的技术专家。这类人本身即科学家或发明家,在某一个或几个技术领域有着较深造诣。更为重要的是,这类技术专家还有着丰富的商业实践,对市场有较强的预判能力。高智发明的创始人纳森和智谷科技的张宏江就是这样一类技术专家。其次,一个完善的技术评价网络离不开法律人才的支持。知识产权的法律价值是通过赋予智力成果的排他性来实现的。因此,对知识产权运营而言,权利客体本身的法律分析也十分重要,这就需要专利分析师或者律师的加入。最后,一个完善的技术评价网络还需要一支专业的技术评估师队伍。有市场洞察力的技术专家主要关注知识产权经济价值的可实现程度,技术评估师则是纯粹的技术专家或人才,专门负责评价专利的技术价值。

(二)政府支持

政府支持主要体现在以下 4 个方面。①财政资金支持。由于现有的 VC 和 PE 基金通常只会投资处于成长期的企业,所以对于依靠专利起步的高科技初创企业而言,只能依靠天使投资基金。这种基金不仅要求高,而且投资额度较低,这就导致知识产权运营机构需要政府财政资金的大力支持。②法律制度完善。在当前的大环境下,产权制度归属、国有资产管理及利益分配等问题成了知识产权运营机构关注的焦点。③依托产业升级。知识产权运营的目的在于让知识产权更好地服务经济发展。相应地,在转变经济发展方式促进产业结构升级的大背景下,政府支持对知识产权运营相当重要。英飞尼迪苏州晶方半导体案例成功的一个重要因素就是,海外先进专利技术的引进符合苏州产业转型升级的需要,新产品很容易被市场接受并实现规模效应。④政策环境营造。知识产权运营具有很高的风险性和不确定性,政府政策环境的营造不仅有利于知识产权的许可和产业化,也有助于吸引更多社会资本的加入。政策环境的营造包括税收政策支持、公共信息平台建设、企业信用担保、工业用地优惠等多个方面。

（三）资源获取能力

这里的资源获取能力主要强调对资金、知识产权、客户资源的获取能力，其对知识产权运营也十分重要，本书将其称为“X”因素或“特色”因素。由于不同知识产权运营机构的资源获取能力存在较大差异，可将资源获取能力大致分成财团支持、客户基础、技术积累和市场经验四大类。

英飞尼迪的成功在很大程度上要归功于IDB产业集团的支持，在获得大量资金支持的同时，也让英飞尼迪很容易购买到以色列先进的专利技术。北京知识产权运营公司得益于中关村发展集团的支持，它既能利用中关村发展集团在美国的业务平台和孵化器引进国外大学优质专利，又能借助中关村发展集团的国内平台加速专利技术落地。而美国加州一家专门从事专利运营的小公司Logic Patents可以作为关于技术积累和市场经验的实例。该公司创始人郑链博士是美国硅谷专利事务所的创始合伙人，从事专利代理接近20年，成功帮助过数十家高科技公司从自身知识产权中赢利。与其他知识产权运营机构的最大不同是，Logic Patents着重关注那些企业、机构和个人不要的专利，以及在申请过程中想放弃的专利，后将这些专利培育成攻击大公司的“武器”。

（四）业务领域

知识产权运营的核心是实现知识产权的经济价值。实现方式虽多种多样，但也需要多种知识人才间的合作。对知识产权运营机构而言，没有一家机构能胜任所有与之相关的业务，尤其是在研发创新活动分散化的今天。因此，知识产权运营机构要取得成功，就必须选择适合自身的业务领域。从业务性质看，知识产权运营的业务领域大致可分为知识产权许可交易、知识产权权益融资、知识产权债务融资、知识产权诉讼和知识产权管理5大类。典型的知识产权权益融资包括天使投资、风险投资、创业板或主板首次公开发行，典型的知识产权债务融资包括知识产权质押融资和知识产权证券化。

（五）专利布局

从法律角度分析，单个专利的权利要求是无法覆盖某一技术领域的，即使是核心专利也存在被绕过的法律风险和可能。从产业应用角度分析，现实世界中的物质产品往往包含数个、数十个甚至上百个专利。因此，在高风险的知识产权运营领域，专利布局非常重要。

专利布局有两层含义：一是专利评估分级，二是专利组合布局。专利评估分级主要从专利的技术价值出发，既包括专利族或利益相关专利的价值分级，也包括企业或机构内部所有专利的商业价值分级。专利组合布局则是从风险防范角度出发，构建一个相关专利的组合。高智发明总裁纳森指出了专利组合的价值和重要性：“虽然每一种专利都具有一些价值，但打包后的专利组合价值就更具吸引力，因为客户节省了用来查出所有专利持有人和为单个专利交易进行逐一谈判的时间与开支。客户可以很容易获得他们加速推出新产品所需的所有专利，同时又降低了由于错失许可而遭到措手不及的侵权诉讼风险。”

（六）商业开发网络

对知识产权运营而言，虽然专利技术评价非常重要，但实现专利技术与购买者需求匹配也不容忽视，这就需要一个完善的商业开发网络。一个典型的实例是苹果手机界面的功能模块布局。它虽然是一个技术含量不高的外观设计专利，技术价值也较低，但经过苹果公司的商业推广，数亿手机用户已习惯了这种操作界面，所以该专利的商业价值巨大。

在知识产权运营实践中，商业开发网络应包括以下几类人才。①有技术背景的市场专家。这类人本身即商务精英，对某一领域或几个领域的市场需求非常熟悉。同时，这类商务精英对新技术保持着极高的热情，他们不仅是新技术的追捧者和尝试者，而且对技术本身也有一定了解。同具有市场洞察力的技术专家一样，这类高端人才非常缺乏。②金融专家。知识产权运营的高风险导致其对金融资本和金融工具的创新较为依赖。对于如何保证资金的投入强度和风险可控程度，需要金融专家介入。③谈判专家。知识产权的非物质性特征决定对其价值的认识只有通过评估才能得以固定。要获得买卖双方都认为可靠的价格形成信息非常困难，加之技术买卖双方关注的焦点和立场往往存在差异，导致各方对专利价值的认识也会存在争议。因此，优秀的谈判专家是降低知识产权交易成本的重要力量。④ IT 人才。在信息化高度发达的今天，越来越多企业的生产经营活动已开始集中到数字化运作框架之中，信息技术已成为知识产权运营的重要工具之一。相应地，一个完善的商业开发网络应具备优秀的 IT 人才。⑤管理精英。知识产权运营涉及的产业活动范围较广，涉及的知识人才多种多样，要成功实现知识产权运营，管理精英非常重要。

（七）运营模式

运营模式或称为商业模式，是指知识产权运营机构针对自身业务领域，实现知识产权经济价值的商业方式或商业方法。

从目前的知识产权运营实践看，运营模式大致分为以下 8 类。①发明投资基金，典型代表是高智发明公司。②技术资本基金（暂称，实质是技术+资本的创业投资基金），典型代表是英飞尼迪集团。③技术主权基金（暂称，主要指以政府资金为基础，民间和社会资金参与的基金，这类基金主要资助与战略性产业发展相关的基础性技术，并应对海外知识产权诉讼），典型代表是日本的产业创新机构（日文名：株式会社产业革新机构）和韩国的发明资本基金（Invention Capital Fund）。④风险解决方案，即企业应对知识产权诉讼提供解决方案的机构，典型代表是美国的 RPX 公司。⑤专利池，典型代表是飞利浦的蓝光专利池（OneBlue Patent Pool）。⑥金融交易平台，典型代表是中国技术交易所和芝加哥国际知识产权交易所。⑦专利“军火商”，指那些不行使专利权，而是借助法律诉讼获取收益的机构，具体又可分为攻击性专利培育商和服务商两类。前者主要是通过主动培育有攻击性的专利来发动法律诉讼，或针对专利侵权指控培育反诉专利，典型代表是美国的 Logic Patent 公司；后者是指面向已有的法律诉讼开展相应的侵权事实认定和许可商业谈判等服务，典型代表是美国的 Acacia Technologies Group 公司。⑧ IP 管理方案，即帮助大学、科研院所或企业制定适合的知识产权战略，提升知识产权组合管理水平，典型代表是上海盛知华知识产权服务公司和美国的 UBM Tech Insights 公司。

从知识产权运营体系的内部结构看，其 7 大要素是相互联系、相互统一的。从整体来看，运营模式位于最顶端，是整个知识产权运营体系的核心，是知识产权运营机构成功的关键，也是其他 6 大要素的集中体现。一方面，运营模式必须服务于业务领域；另一方面，知识产权运营机构在专利布局和商业开发网络方面的能力差异决定运营模式差异。

通过对高智发明、RPX 公司和 Logic Patent 公司进行分析发现，3 家公司都非常关注专利许可交易。其中，高智发明依托市场专家、谈判专家、金融专家等组成的商业并购小组，发挥自身构建的专利组合优势，通过对一系列相关专利打包获取高额许可费，同时也不排除发起专利诉讼的可能性；RPX 公司依托自身市场经验，针对屡遭专利诉讼的公司尤其是大公司，通过防御性专利收集及面对营业公司的专利许可权交易，提供联合交易、专利交叉许可协议或其他降低风险的解决方案，帮助企业实施风险管控，避免可能面临的高额诉讼及专利使用费，其盈利模式主要通过会员制收费方式，会费取决于公司的产业规模和营业收入情况；Logic Patent 公司既不提供专利代理，也不提供法律服务，而是依靠自身技术和市场经验，专注于制造和培育针对大企业的攻击性专利，以专利诉讼为筹码获取大企业的高额购买费、许可费及侵权赔偿费用。当然，专利布局和商业开发网络之间也存在着相互促进关系，专利布局会带动商业开发网络的人才队伍建设，商业开发网络的发展也会增强机构在专利布局方面的能力。

从业务领域看，知识产权运营机构的业务定位受到自身技术评价网络、政府关系和资源获取能力的影响。北京知识产权运营公司基于自身良好的政府关系而专注于专利质押委贷，智谷科技公司则利用技术带头人的综合素质着眼于发明创新领域。

第四节　知识产权运营与科技成果转化模式借鉴

（一）国外典型技术转移机构运营模式

国外成功的技术转移机构也具备一些共性特点：一是这些技术转移机构既承担

了落实国家法律法规、优惠政策和投融资支撑等一系列政策的作用,同时也是法律政策的受益者,在政策指引下有了更广阔的发展空间;二是成功的技术转移机构通常都具备完善的科技成果发现、科技成果交易、成果应用反馈等机制,同时还有规范、高效的风险投资运作机制为科技成果转化服务;三是成功的技术转移机构都具有通畅的信息渠道,通过集成供需求方的信息、科技成果资源、政府产业领域政策导向等重要信息,成为成果转化的桥梁和纽带;四是成功的技术转移机构都具有杰出的高级专业人才,这些专业人士不但通晓技术原理和科技产业经验,还懂得如何进行市场运作和项目谈判,在科技成果转移过程中,起到了积极的促进作用。发达国家和地区典型技术转移机构运行情况见表 1-1。

表 1-1 发达国家和地区典型技术转移机构运行情况

<table>
<tr><th>机构</th><th colspan="2">运行情况及特点总结</th></tr>
<tr><td rowspan="2">美国国家技术转让中心(NTTC)</td><td>运行情况</td><td>美国国家技术转让中心是 1989 年经国会批准成立的国家非营利性推广转化中介机构,NTTC 的经费主要来自美国国家航空航天局(NASA),能源部、联邦小企业局等其他政府部门和机构也提供部分资助。该中心依托 NASA 原有的全国技术推广网络建立了 6 个地区技术转让中心。
NTTC 的主要任务是将联邦政府资助的国家实验室、大学等的研究成果迅速推向工业界,使之尽快产业化。NTTC 网络可以与全国 10 万多名研究人员和 700 多家联邦实验室取得联系,可以向全社会各行业提供科技成果推广转化一站式增值服务,包括提供联邦实验室技术信息数据库查询和技术竞争情报报告,利用其工业专家网络为客户进行技术评估和产业化战略指导,代客户测试和制作技术样机,提供电子商务的解决方案,举办各种专题的技术产业化培训班等。NTTC 最主要的一种服务方式称为"全国通"。技术寻求者可得到 NTTC 技术访问代理人为其提供的技术转让咨询服务。用户只要将其技术难题或想要了解的技术内容告知代理人,代理人就会查询有关的数据库,与从事该项研究的实验室联系,并经常介绍技术寻求者与实验室有关的专家直接接洽</td></tr>
<tr><td>特点</td><td>非营利性机构,得到了美国政府的大力支持,依托于 NASA 原有的网络</td></tr>
<tr><td rowspan="2">管理技术研究院(RIM-Tech)</td><td>运行情况</td><td>该院建于 1986 年,由 NASA 出资,另外加州政府也资助了 10 万美元。参加该院活动的人员多为小型高技术公司的领导人,年会员费 2.5 万美元。由于这些小公司通常难以创建自己的实验室,所以参与此活动的目的是想借助 Jet propulsion lab 实验室得以同 RIM Tech 管理人员和实验室工程技术人员会面,以讨论如何把实验室技术转让给自己的问题。目前,技术转让比较成功的是设立在 Argonne、Los Alamos 和 Oak Ridge 等实验室的三个"高温超导试验中心",它们已对外签订 340 多个协议。在这些协议中,有两点十分重要:一是对合作公司的发明给予保护,知识产权归公司所有;二是政府确保合作研究的技术资料保密两年。通过建立超导中心,美国能源部体会到:在从基础研究到形成产品的过程中,国家实验室和工业界建立伙伴关系是十分有效的办法。这一方法已在 1989 美国相关竞争技术转让条例中加以肯定,并决定把这一经验推广到除武器和核反应堆以外的所有国家实验室技术转让中去。该条例第一次正式授予国家实验室以技术转让权,并规定合作研究的技术资料保密期为五年。但是,该条例的技术转让条款至今未得以实施,其原因是技术转让的程序及专利转让规则尚待确定。前能源部和各实验室主管正在研究这一问题,其关键是如何保证各有关公司在技术转让方面的平等竞争,以及转让程序如何有利于美国国内的公司</td></tr>
<tr><td>特点</td><td>政府资助,会员制,小型高技术公司,建立伙伴关系</td></tr>
</table>

表 1-1　发达国家和地区典型技术转移机构运行情况(续表)

机构	运行情况及特点总结	
斯坦福大学技术授权办公室(OTL)	运行情况	OTL 的运作模式是斯坦福大学的首创。1970 年,斯坦福大学资助项目办公室(专门负责由联邦政府等公共部门予以资助的 R&D 项目)发现学校有许多发明都极具商业价值,如果学校亲自管理专利事务,即出面申请这些发明的专利,再把专利许可给企业界,那将会给学校带来可观的收入。 OTL 处理技术转移的具体步骤如下。①发明人向 OTL 提交“发明和技术发布表”,OTL 将其记录在案,并交由一名技术经理(technology manager)负责此后全过程。②该技术经理在与各方接触并掌握大量信息的基础上,独立决定学校是否要将此发明申请专利。③对于专利,学校并不待价而沽,先来的企业只要具备使该项发明商业化所需的基本条件,技术经理就与之展开专利许可谈判,签订专利许可协议。④OTL 负责收取和分发专利许可收入。其间,为避免利益冲突,学校规定发明人不能参加 OTL 与企业之间的专利许可谈判,谈判由技术经理全权代表学校。在此过程中,发明人参与收入分配的方式可分为“固定比例制”和“累计递减制”两大类(“固定比例制”,即发明人按照固定比例分享专利许可净收入;“累计递减制”,即学校规定 1~2 个专利许可净收入累计值“门槛”,发明人所得比例随着“门槛”的提高而下降)
	特点	由学校管理专利事务,并且设立技术经理,提高发明人与学校的收入
牛津大学科技园	运行情况	1999 年牛津大学专门成立了专利管理和转化机构“Isis-Innovation Ltd”,负责全校的专利申请和对外技术转让,由此规范了大学的专利管理,加大了科技转化力度。 牛津大学科技园在推进专利技术转移方面具有以下特点。①科技园定位十分准确,牛津大学建立科技园的最根本目的就是促进专利成果转化为生产力,牛津大学科技园最主要的功能就是要成为促进专利转化的孵化器。②规范、高效的风险投资运作机制为牛津大学科技园的成功注入了生命的血液。③宽松环境和配套服务,使专利持有人无后顾之忧。牛津大学科技园重视对入园企业的服务,定期围绕相关领域的最新技术和信息,举办各类研讨班、讲座等,还对从事产业开发的专利持有人提供宽松环境和政策倾斜。④以市场为导向开拓创新,增设了“工业、商业开发、技术转让”研究员职位。工业研究员由牛津大学专利持有人担任,商务开发研究员则要求有科技产业经验和 MBA 专业背景,来协助工业研究员进行项目谈判和商务运作
	特点	具有规范、高效的风险投资运作机制,设立“工业、商业开发、技术转让”研究员职位
俄罗斯技术转移中心	运行情况	2003 年 2 月,俄罗斯政府确定了“2003—2005 年促进创新和发展风险投资计划”,工业科技部还提出以大学、科学院和部门研究机构为依托成立技术转移中心这一平台来从事科研成果的商业化。在俄罗斯工业科技部的提议和指导下,6 个联邦大区相继成立了首批 6 个技术转移中心。各技术转移中心都是由数个发起单位共同出资建立的,独立的法人单位可以保证中心工作的独立性。中心致力于在各行业研究机构、科学院、研究所和高校获取的科研成果的基础上建立新型商务,并成为连接科学和商务的桥梁。 俄罗斯技术转移中心的主要工作包括:挑选和评估有商业价值的项目;市场营销研究及建立数据库;为扩大创新产品的影响和壮大创新发展体系建立信息通道;保护不同类型的知识产权和技术秘密;寻找有兴趣参与具体项目的工业企业;对智力成果进行评估;制定商务计划;寻找投资者;拟定各类协议文本及法律文件;对中心参与的所有项目计划进行管理;当企业遇到侵权和非正当竞争时给予法律协助
	特点	国家计划实施的平台,可以有效获取各行业的科技资源

表 1-1 发达国家和地区典型技术转移机构运行情况(续表)

机构		运行情况及特点总结
日本技术转移机构(TLO)	运行情况	TLO是日本技术转移中介机构中的重要力量,其主要目标在于发掘(承接)来自大学、研究机构的科研成果,申请专利,并将实施权转让给企业,然后将转让费的一部分作为收益返还给大学、研究机构(发明者)。日本TLO主要分为股份公司、财团法人以及校内机构三种形式。根据具体职能、相对重要性、发展潜力与技术转移效果等综合指标将TLO分为“承认TLO”和“认定TLO”,分别提供不同的扶植政策和待遇。 就TLO的运行机制而言,一般可以分成三个阶段。①科技成果的发现与评估。发明者首先将自己的研究成果以报告的形式提交给TLO。如果初评认定成果技术转移能够获得收益,TLO则与发明者签订成果转让协议,由TLO出面负责成果的价值评估、专利申请等事务性活动。②科技成果的转化。在申请专利的同时,经过发明者的同意,TLO项目负责人即开始向有技术需求的企业推荐该发明。当企业明确表示愿意购买并应用该项成果时,TLO负责技术转让合同的签订。③成果产业化后的反馈。在技术转移合同签署后,TLO负责将技术转移所获得的收益返还给发明者,同时还将负责成果转移后续阶段的一系列工作
	特点	多种形式,扶植政策不同,有利于高校和研究机构的成果转化
英国技术集团(BTG)	运行情况	BTG属于科技中介股份有限责任公司,它的运行机制就是通过自身卓有成效的工作,充分利用国家赋予的职权,同国内各大学、研究院所、企业集团及众多发明人建立广泛的紧密联合,形成技术开发—推广转移(销售)—再开发及投产等一条龙的有机整体,起到联结开发成果转化为现实生产力的桥梁和纽带作用。 BTG的技术转移一般经过技术评估、专利保护、技术开发、市场化、专利转让、协议后的专利保护与监督、收益分享等7个阶段。其中,在专利保护阶段,由BTG专利部门的律师代发明人填写专利申请表,负责申请专利并承担专利申请费、保护费以及侵权纠纷的诉讼费等全部费用。BTG的专利问题专家确保在更广的范围和更高程度上把技术的潜力挖掘出来,并且他们在专利策略和专利制作上是非常讲究商业性的。一方面可以延长专利技术的整体寿命,另一方面可以获取更多的经济收益。 在市场化阶段,BTG与北美、西欧和日本等发达国家的企业有着广泛的联系,已形成了国际化网络
	特点	股份制公司运作模式,有效提高科技成果转化的经济收益,建立的国际化网络便于开展广泛的国际交流
德国技术转移中心	运行情况	德国技术转移中心(相当于我国的生产力促进中心)是德国的一个全国性组织,它分布在德国各地,原则上每个州都有这样的一个机构。技术转移中心作为技术创新和技术服务的中介机构,在交叉、新兴科学和重要的技术领域进行技术服务、技术咨询和技术成果转让的服务工作。 德国的大型企业都有自己的研究机构或开发中心,具有雄厚的资金和很强的科技开发能力,而德国中小企业很少具备这样的条件和能力。正因为如此,“中心”将中小型企业作为自己服务的重点。德国技术转移中心通常分为多个工作小组,从多角度、多种形式对中小企业开展服务。德国技术转移中心提供专利咨询和信息中介服务,帮助企业查询专利信息以及申请专利的咨询,并为企业查询国内外的技术、经济和科研成果方面的多种数据
	特点	主要为中小企业服务,服务项目种类多

表 1-1　发达国家和地区典型技术转移机构运行情况（续表）

机构	运行情况及特点总结	
弗朗霍夫协会	运行情况	德国的弗朗霍夫协会比较成功，它是定位于为中小企业服务、非盈利、以企业方式经营运作的机构。弗朗霍夫协会创建的前 3 年靠政府投入，主要是建基础设施；3 年以后政府投入按比例减少，5 年以后完全自主运行；进入正常运行阶段后，2/3 的经费来源于市场合同，政府继续补贴支持 1/3 的费用。弗朗霍夫协会下属机构虽然很多，但是人员精干，在文化上与国立研究机构不同，是以企业文化为主。当前，弗朗霍夫协会在德国共有 67 个研究所，分布在德国的 40 个城市，共计有 2 万多名科研人员。弗朗霍夫协会各研究所科研人员的平均规模是 120 人的正式人员，加上 60~80 人的辅助人员，其中正式人员中签订短期合同的约占到 1/3，他们主要是在校或刚毕业的博士。各研究所在协会的领导下开展工作，建立了总部与研究所的总分关系。在运作机制上，总部通过为各研究所提供专利和合同审核等专业服务，来平衡总部与研究所之间的利益分配。另外，为保障德国国家利益，并在工业界形成较高的威望，以争取更多的市场机会，协会对各研究所有着特殊的要求，不全以盈利为出发点。弗朗霍夫协会的经费主要来源于三个方面，分别是公助（纵向）项目（参与提高竞争力的预研）、企业（横向）项目（证明能将研发成果转移到市场）、事业费（开展自主的前导性科研）项目，根据 2006 年的数据，这三者的比例约为 3 ∶ 4 ∶ 3。协会要求各研究所的企业（横向）项目经费所占比例最好能够在 25%~55%的范围内，为了对各研究所进行调控，协会在分配事业费的机制上进行调控设置。弗朗霍夫协会市场化服务的主要对象是中小企业，主要是“嵌入式”研发服务项目，协会不偏向于为企业提供一个从创意到商品化全过程的完整成果，主要是针对企业创新的不同环节，提供较为丰富的不同方式的相关服务。弗朗霍夫协会技术转移主要有 6 个途径，分别是合同科研（contract research）、派生公司（spin-offs）、许可证（licenses）、掌握技术的人才的流通（transfer of skilled minds）、与企业的战略合作（strategic cooperation with companies）、创新集群项目（innovation clusters）
	特点	公益性科研服务机构，每年有 15%~25%的人员是流动的，拥有较高的市场业务能力，可以把握企业的研发需要，主要对象是中小企业

（二）深圳促进科技成果转移转化的成功经验

深圳通过完善科技成果转化立法、制度、政策和举措，搭建承接科技成果转化的高端化平台和载体，加强科技金融、创业孵化、技术转移平台等成果转化服务体系，并依托其完备的产业链和完善的市场机制，有效吸引了国内、国际优质科技人才和科技成果到深圳“生根发芽”，不断发展，对其创新驱动发展起到了重要的推动作用。

1. 深圳非常重视科技成果转移转化工作，出台了相关的政策和促进措施

早在 2009 年深圳市就启动了《深圳经济特区技术转移条例》的立法工作，并于 2013 年 6 月 1 日起实施。该条例旨在建立有效的技术转移保障机制、激励机制、规范和惩罚机制，从源头解决创新面临的诸多瓶颈，解决知识创新体系短板问题，营造有利于高校科技成果产生和转移的法治环境，建立以市场为导向的技术成果转移、扩散的长效机制，提高政府公共科技投入的产出效率。

2016 年《深圳市促进科技成果转移转化实施方案》（深府办〔2016〕30 号）出台，着力促进产业核心技术和关键技术的应用推广和成果转化；改革科研成果转移转化

制度，完善科技成果使用、处置和收益管理体制；健全市场化的技术交易服务体系，建立多元化的科技成果转移转化投入渠道，壮大专业化的技术转移人才队伍，提高知识产权保护和运用服务水平，建成理念先进、功能完善、运行高效的市场化、国际化的科技成果转移转化体系；提出了建立资源共享的科技成果信息平台、提升整合科技成果中试载体、设立科技成果转化联合基金等 28 项主要任务，并进行了重点任务分工及进度安排。该方案提出到 2020 年，全市将建设 5~8 个示范性国家科技转移机构，支持有条件的区（新区）、高新技术园区建设 1~2 个国家科技成果转移转化示范区，新增支撑实体经济发展的众创空间 200 个，建成若干技术转移人才培养基地，培养 1 000 名专业化技术转移人才。

深圳市委市政府出台的《关于加快高等教育发展的若干意见》，也对鼓励和支持高校开展技术转移提出了明确意见。一是对高校的科研条件平台和基础研究给予稳定的科研经费支持，支持高校承担基础性、前沿性、关键核心技术攻关项目，承担国家、省科技计划（专项）项目，并给予配套支持。二是支持高校成立科技成果转化服务机构，建立成果转化职业经理人队伍，支持大学城、国际大学园、虚拟大学园完善科技成果转化和中小企业孵化机制，全方位提升成果转化和技术创新水平。三是扩大高校科研经费使用自主权，提高人员绩效支出占科研经费的比例，高校科技成果转化收益全部留归学校，纳入单位预算。四是支持高校成立科研成果孵化基金，为高校科研成果转化提供支持。五是健全高校科技人才流动机制，支持教师在本市创办企业或到企业开展科技成果转化。

2. 深圳大力推动技术转移转化体系建设，国际国内技术交易活跃

深圳通过不断优化有利于自主知识产权产生和转移的创新创业环境，不断完善以市场为导向的技术成果转移、扩散的长效机制，进而构建了运行高效、市场化的技术转移服务体系，技术市场发展成效显著，为深圳推进供给侧结构性改革、实施创新驱动发展战略、构建开放型经济新体制提供了有力支撑。2017 年，深圳市技术合同登记量达 9 048 份，合同成交额为 555.09 亿元，同比增长 18.4%，在广东省占比接近 60%，继续保持计划单列市第一的地位；引进国外技术的数量为 387 项，技术交易额为 176.89 亿元；技术合同输出到其他国家和地区的有 383 项，同比增长 16.41%，技术交易额约 20 亿元，共流向了 20 多个国家和地区。

深圳市政府还与科技部共同建设国家技术转移南方中心，依托深圳技术转移国际化、市场化优势，打造技术转移机制完善与商业模式创新的试验田、高校科研机构技术转移体制机制创新的示范区、我国技术成果集成转化和区域创新合作核心区、具有全球影响力的国际技术转移和知识产权运营大平台。

3. 深圳大力支持各类创新孵化平台建设，科技成果产业化途径多样

——“虚拟大学园”模式。

1999 年，深圳认识到“源头创新不足”的问题，创新性地提出了建设“虚拟大学园”，旨在吸引海内外高校院所到深圳进行科技成果转化和产业化、科技企业孵化和高层次人才培养，把高校院所的科研人员、科技成果与深圳的市场环境优势相结合，按照“一园多校、市校共建”模式建设“产学研结合创新园区”。深圳虚拟大学园聚集了清华大学、北京大学、香港大学等国内外知名院校，设立研发机构百余家，在人才培养、成果转化、技术创新、深港合作与国际化等方面为深圳经济建设与发展作出了突出的贡献，也为成员院校深化教学科研改革、服务社会、支持地方经济发展进行了卓有成效的探索，实现了市校共赢。

——新型研发机构模式。

中科深圳先进技术研究院构建了以科研为主，集科研、教育、产业、资本为一体的创新生态系统，按照创新链配置创新资源，协同开展科学研究、技术开发、成果转化和产业孵化，实现了科技与经济的紧密对接，实现了全创新链的资源整合和协同，不仅弥补了创新活动衔接不畅的传统问题，还形成了基础研究、应用研究和产业化开发的相互反馈，大大提升了创新效率，在服务区域经济社会发展中作出了突出的贡献。

深圳清华大学研究院快速发展的重要原因在于其颇具特色的孵化体系和创业投资。深圳清华大学研究院是中国市、校合建的第一家研究院，在不断探索中开创了很多卓有成效的先例。在目标与定位上，作为科技创新孵化器，清华大学研究院主要围绕科技研发、成果转化、企业孵化和人才培养而展开，最终目的是要解决科技与经济“两张皮”的问题；在体制机制上，它首创了“四不像”理论，既享受事业单位可获得的政策支持，又具有企业的灵活性和高效率，开创了“科技+产业+资本+教育（培训）”四位一体的崭新模式，推动了其快速发展。

——国际技术转移模式。

深圳市加快国际技术成果交易中心建设，推动全球优质科技人才和科技成果在深聚集，推动国际高技术项目在深落地。一是加强深港合作。粤港澳大湾区的建设加快了国际高技术项目在深落地，香港科技大学、中文大学、理工大学、城市大学等知名高校在深圳设立了产学研基地。据报道，深圳市已累计联合资助深港合作项目 77 项，共投入超过 4 亿元。二是为诺贝尔奖科学家打造产业孵化平台。深圳市前海推进诺贝尔奖科学家应用研究院、诺贝尔奖科学家技术转移转化基地建设，为诺贝尔奖科学家打造产业孵化平台，补充深圳科技原创力不足的“短板”。三是建设海外科研机构。仅深圳国际科技商务平台就引入了 46 家海外科研机构，为缩短“原型—产品—小批量生产”的时间，深圳市已建成 75 家创客服务平台和 281 家创业孵化载体。

第五节 天津市知识产权运营体系建设模式研究

国家赋予了天津"一基地三区"的功能定位，即建设全国先进制造研发基地、北方国际航运核心区、金融创新运营示范区、改革开放先行区，要将天津建设成国内领先的创新城市和具有国际影响力的产业创新中心。为此，加快实现天津"一基地三区"功能定位离不开知识产权的强大支撑和引领带动。

（一）加强政策引领，知识产权运营着力推动创新驱动发展

《中共天津市委天津市人民政府关于贯彻落实〈国家创新驱动发展战略纲要〉的实施意见》提出，要"发挥华北知识产权运营中心、高校技术转移中心作用，加快建设天津国际技术交易市场等，推动科技成果转化应用"。国家知识产权局与北京市、天津市和河北省共同签署了《关于知识产权促进京津冀协同发展合作会商议定书》，提出要支持天津"建设中国知识产权华北运营中心，整合区域知识产权和金融资源，打造知识产权运营及产业化服务平台"。《天津市知识产权"十三五"规划》等重要文件也提出，"集聚和整合知识产权运营资源，建设华北知识产权运营中心，建立知识产权运营体系"。为此，天津市专门设立了"知识产权运营"专项资金，用于加快建立天津特色的知识产权运营生态体系。

定位准确，坚持公益性和市场化服务结合。立足天津，面向京津冀，围绕科技型企业、知识产权强市建设，抓住自贸区发展机遇，聚集和整合专利运营各类资源，引进国内外高端知识产权资源，公益性和市场化服务结合，通过知识产权全流程服务，加强运营中心参建单位间的协调，服务好小巨人企业、新兴产业和科技园区，打造全链条的知识产权运营体系，使华北中心成为"知识产权运营的系统服务商和系统集成商"，形成"平台+联盟+机构+产业+基金"五位一体的知识产权运营发展体系，深度挖掘知识产权价值，不断提升企业创新主体市场竞争力，积极构建知识产权运营生态体系。

聚合资源，中心"1+*N*"的特色运作模式逐步清晰。中心加强顶层设计，逐步确立了"1+*N*"合作共建的运作模式，形成"一个中心、*N* 个分中心"的格局。目前，已经批准设立了中知厚德知识产权运营管理有限公司、企兴知识产权管理咨询有限公司、天元生产力促进中心、超凡股份有限公司、中科院天津先进技术研究院等 7 家"特色分中心"。2015 年，中心就率先在全国成立了"知识产权运营服务联盟"，首批联盟成员单位达到 60 家，涵盖高校、院所、服务机构、企业等各类运营主体，充分借助和发挥合作共建单位、联盟成员单位的优势，共同推进运营中心建设。

全市知识产权运营工作更上一层楼。国家知识产权局对外发布了《2015 年全国专利实力状况报告》，在专利运用实力方面，天津位居全国第八位，居于全国先进行列。2016年以来,全市专利运营机构数量大幅增加,高校、科研院所、专利流转储备中心、国家专利运营试点、市场化机构等达到近百家;吸纳流转储备的专利近10万件;专利转让、许可数量稳步增长,达到1 000件以上;知识产权运营平台进展良好,华北中心网上线,一批各具特色的运营平台发挥了作用;举办知识产权运营活动近50次,参加人数超过了2 000人,服务企业超过500家;知识产权运营模式不断创新,涌现出了一批具有天津特色的运营模式。

创新引领,知识产权金融模式取得突破性进展。近几年来,包括中国建设银行、天津银行、浦发银行、邮储银行、光大银行等在内的各大银行积极开展知识产权质押融资,2016年天津市知识产权质押融资贷款总额超过15亿元,位居全国前列。中心参与设立的首支"知识产权运营基金",也于2016年11月获批成立,并获得了市财政资金的支持。天津市中小企业担保中心与专业运营服务机构共同推出了"智保贷"产品,为中小企业融资贷款提供专业的知识产权评估和担保。中国人保也推出了专利保险等险种。

(二)加强区域协同发展,促进区域知识产权联动

突出京津冀协同发展需要,促进京津冀跨区域知识产权运营联动。围绕京津冀三地的定位,联合三地运营与服务机构,整合转化与运营资源,使华北运营中心在促进京津冀协同运营中成为重要纽带之一。树立成果大转化的新概念,促进京津冀之间专利技术的许可、转让、转移和合资合作转化等。吸引了来自北京的中国技术交易所、知识产权出版社、北京高文律师事务所、北京超凡股份有限公司、北京力量国际知识产权代理有限公司、北京中金浩资产评估有限责任公司等优质机构入津开展业务。参与组建了京津冀企业知识产权发展联盟。

突出天津自主创新示范区和中国天津自由贸易区建设需要,促进双自联动。积极探索与自创区、自贸区建设知识产权运营、保护的新机制。围绕自创区核心区加强新能源产业专利规划布局和预警分析,建立关键核心技术和产品的专利池;围绕国家专利导航实验区开展知识产权做市商制度探索;完善高新区知识产权金融服务体系。自贸区建设"天津自贸区知识产权便利化服务平台",为企业提供全方位、一站式的服务,具有机构集约化、服务便利化、处置快速化、置物金融化、产权国际化等特征,其中知识产权的国际化和金融化是在天津自贸区获批背景下展开的全新探索和尝试。中细软网络科技有限公司入住天津自贸区,积极开展知识产权电子商务化、知识产权交易、知识产权管理、知识产权金融等业务,建设中细软知识产权科技创新园,进一步优化和完善了天津自贸区的创业环境。

突出天津产业创新中心建设需要,促进与产业知识产权联盟联动。结合天津100个领军企业创新联盟建设,通过建设产业知识产权运营联盟,把产业内骨干企业、高校与科研机构联合起来,深化产学研协同研发、产业化与专利技术组合运营,加速新技术的商业化发展，提升产业国际竞争力。围绕汽车电子领域，组织优耐特等优势单位建立产业知识产权联盟；围绕生物医药领域，组织瑞普等优势单位建立知识产权联盟，并启动联盟各项工作，鼓励产业上下游知识产权的联合创造、组合布局与对接运用，形成工作合力，推动产业开展多方面、多层次的多成员合作，形成知识产权协同运营、合力对外的合作模式，抵御行业性专利风险，提升创新和知识产权竞争力，促进产业有序发展。

（三）加强顶层设计，“平台+联盟+机构+产业+基金”五位一体的知识产权运营发展新模式初步形成

一个平台：平台引领，打造华北知识产权运营网，实现综合性平台和专业化平台有效衔接。华北知识产权运营网设有新闻公告、服务平台、政策速递、案例研究、产业知识产权运营等多个版块，其中服务平台又下设了专利项目供应与需求、投融资、保护、专业服务等多个子平台。截至目前，已经有来自高校、代理所、研究所的几百项专利、商标、版权等知识产权委托运营中心上线交易运营。通过网络平台将区域内知识产权运营资源、信息和专业服务等整合，搭建需求方和合作方的桥梁，推动知识产权运营工作不断提升。同时，在国际医药新技术交易平台、中国高校创新成果转化中心、中科院天津育成中心等平台增设知识产权运营服务功能。积极推进专业化、特色化平台建设，如中知厚德完成搭建东丽区专利综合服务平台线上系统，天津理工大学拥有专利运营网站，天元公司拥有专利流转、储备、运营、服务综合平台等。

一个联盟：联盟聚合，建设天津知识产权运营服务联盟，线上活动与线下活动相结合。2015 年 8 月，天津市知识产权运营服务联盟正式成立，吸纳了近 60 家机构参与。服务联盟利用各种渠道宣传与知识产权政策、运营中心建设相关的内容，普及知识产权意识；组织开展“科技和知识产权服务自创区行活动”，将优质的知识产权服务机构引入自主创新示范区分园，促进知识产权服务与企业对接；组织召开了申报高企知识产权服务供需对接会，推动高新技术企业发展，有效开展精准帮扶，帮助暂无知识产权的高新技术申报企业补上专利“短板”。

一批机构：产业牵引，通过产业知识产权联盟建设，促进知识产权运营与知识产权联盟协同。围绕天津电子信息、装备制造、生物医药等十大重点产业，推动建立若干个产业知识产权联盟，积极推进细分领域知识产权运营联盟建设，支持联盟开展知识产权协同运用转化，促进产业转型和产业链升级。天津工业大学加入天津市航空航天产业技术创新战略联盟，担任副理事长单位，在三维编织技术和复合材料方面共拥有 38 项授权发明专利，利用相关技术优势，突破航空航天科技核心技术，不断进行航空航天产业科技创新。

一个基金：基金保障，筹集知识产权运营资金，将知识产权运营和知识产权融资结合。创新知识产权金融服务机制，开发集“知识产权融资+知识产权运营”于一体的知识产权金融服务模式，积极推进知识产权投资基金的发展，设立磁光机电产业知识产权运营基金，基金规模为 1 亿元，由社会资本、知识产权出版社、科学学所、东丽区政府共同成立，中知厚德运用 iSIPO 专利投资运营理念，利用公司自有资金，为原创技术产业化提供全方位的专业服务。目前，通过甄选近百家项目，已与中科劲点等达成投资协议，在天津建设“磁敏”产业园，促进磁敏技术和智能装备相关科技成果产业化，服务区域科技创新和经济发展。

N 个模式：形成多元化的运营生态。为培育知识产权运营力量，完善知识产权运营生态体系，发展一批特色化、专业化的知识产权运营机构，天津市知识产权局积极引导，大力支持各类知识产权运营机构发展。

天津大学的“技术转移中心模式”。2013 年 6 月成立了天津大学技术转移中心，并获批“天津市科技成果转化中心”和“国家技术转移示范机构”。初步形成“需求调研—技术评估—合作方式设计—跟踪服务”的技术转移模式，培养了一批优秀的经纪人队伍，建立了自己的先进共性技术大数据库，共梳理专家团队 500 余个，掌握可产业化的技术 300 余项。针对不同需求开展不同的技术转移模式，目前已经为 560 余家企业解决技术难题，促进企业的升级转型；通过技术许可、技术转让、技术投资、孵化新公司以及专利转化等模式推动 100 余项技术成果服务社会的经济发展，交易额达 9 850 万元。

天津中科先进技术研究院的“专利池模式”。通过新型创新运营模式，初步建立知识产权运营联盟，先进院知识产权运营平台专利池内有专利 118 项，涉及新能源汽车、互联网大数据、生物材料、先进制造、科技金融等多个领域。通过前期的专利储备，结合相关企业的不同特点及不同需求，对专利储备技术进行知识产权的许可或转让，推动知识产权转化力度。截至 2016 年 11 月，合资共建 7 家公司，注册总资本为 2.185 亿元，成果转移转化方面转让知识产权 4 项，转让收入 150 万元，知识产权入股 6 项，股权价值 2 410 万元。

中国科学院天津工业生物技术研究所的“多元化知识产权转化运用模式”。本着中国科学院（以下简称“中科院”）“鼓励创造、重视保护、加强转化、创新管理”的思路，申请专利 362 项，其中发明专利 331 项，国际专利 19 项，授权专利 80 项，累计实现专利运营 94 项，荣获中科院“知识产权转化运用奖”。截至目前，研究所以专利为依托，已与 20 个省市的百余家企业以许可、委托、合作等模式签署合作协议 135 项，累计合同金额总计达 4.95 亿元。

技高德公司的“互联网+模式”。紧紧围绕大众创新、万众创业的广大中小微企业甚至是创客，技高德公司不断整合线上线下客户资源、开拓市场。截至 10 月 31 日，技高德公司的技高网（www.jigao616.com）累计访问量已突破 5 万个独立 IP，日均浏览量过千次，微信公众号粉丝达到万人，原创内容转发率达到 50%以上。此外，由技高网独创的会员技术币线上支付系统自开通至今，总收入超过 10 万元。企业拥有收储发明专利 5 000 多项，实用新型专利 2 000 余项，高新专利技术项目 50 个。

中知厚德公司的“TICA 模式”。打造“技术+知识产权+资本+应用”（下称 TICA）四位一体的专利运营模式，促进磁敏产业知识产权示范园正式落户天津华明高新区，构建系统、全面的磁敏技术及智能装备产业主权专利池，未来运营管理专利达到 200 件以上，授权并合作 50 家企业，将原创技术、知识产权运营、产业投资和产业化应用有机结合，通过知识产权运营对磁园项目进行科学规划并积极推动，预计到 2020 年孵化企业 30 家，年产值达 10 亿元，年带动产业发展规模 100 亿元。

天津工业大学的“产业化模式”。天津工业大学专利流转储备中心修订了《天津工业大学促进科技成果转化管理办法（试行）》，建设专利成果数据库、企业信息及技术需求数据库，与不愿或没有相关经费继续缴纳专利年费的发明人签署专利储备协议，约定由科技处缴纳专利年费，并全权处理所述专利的实施转化等事宜，通过校办公司加强专利技术成果产业化，形成了以膜天膜公司、工大高新公司、工大海宇半导体照明有限公司等为代表的名牌高新企业，目前校办产业实现年销售收入 4 亿元，年利润达到 4 000 余万元。

天津药物院的“跨国医药专利技术转移模式”。保持“选题专利化、专利产品化、产品规模商品化”的鲜明特点，成立了天津泰普医药知识产权流传储备中心有限公司，引入外资与美国沪亚生物国际成立合资公司，成为天津市首家国际医药专利流转交易机构，筛选国际项目近 60 项，组织技术推广和交易活动 10 次，技术转移培训 50 人次，完成了 10 个项目的尽职调查，新型气雾化给药平台等 4 个项目进入实质性许可谈判中。截至上半年，累计申请专利 800 多件（PCT 10 余件），其中发明专利占到 95%以上；累计专利流转储备量达到 309 件，专利产品销售收入占企业营业收入的近一半；专利许可费用稳步提高，上半年收入为 100 多万元。

第六节　提升天津市知识产权运营水平的对策建议

自 2015 年以来，天津市重视加强知识产权运用，构建知识产权运营生态体系，统筹推进以建设华北知识产权运营中心为核心的各项工作，全市知识产权运营各项工作和指标均取得了显著的提升。然而，尽管知识产权运营大发展势不可挡，但知识产权运营仍然处于起步阶段，还要进一步加强研究，这就需要政府的大力扶持和各类运营主体群策群力。因此，针对天津的知识产权运营现状，提出以下建议。

（一）加大资金投入，引导知识产权运营主体发展

规模化的知识产权运营资金是知识产权运营的前提，当前，企业、高校、科研院所等各类知识产权运营主体主动开展知识产权运营的意识不强、能力不足，各类知识产权运营服务机构、服务平台等也尚处于起步阶段，因此需要政府部门进一步加大财政投入，更加有针对性地扶持一批运营主体、运营服务机构。

（二）完善体制机制，规范知识产权运营主体市场化经营

知识产权运营的健康发展离不开科学合理的知识产权运营制度体系作保障。在制度建设上，一方面，健全的市场化机制、恰当的政府引导评估体系是知识产权运营募集资金以及运营获利的前提；另一方面，在鼓励各类知识产权运营机构发展的同时，还应制定知识产权运营机构的管理规范。

着力推动重点产业关键技术领域知识产权协同推进机制建设，将加强知识产权运用的政策措施手段与知识产权运营紧密结合，推动和引导市场主体的主动性、创新性。采取政府项目支持方式，开展知识产权密集型产业的知识产权战略布局，在政府、行业、产学研用多方协力下，形成促进各类创新要素和各类创新主体协同运营知识产权能力的相关措施和机制。

（三）建设公共平台，提升知识产权运营公共服务能力

专业化的知识产权运营公共服务平台是推动知识产权运营发展的基础。必须强化公共服务平台的资源整合和服务能力，能够为企业、高校院所、运营服务机构等各类运营主体提供强有力的服务支撑。同时，在政府的扶持和推动下，将知识产权运用与技术研发、标准制定实施、品牌建设、成果转化利用等产业创新要素有机地集成到产业技术基础的公共服务平台建设中，培育和建设知识产权运营服务的支撑点和生长点，形成创新要素综合集成、系统利用、协同运用。通过推动知识产权综合运用与产业培育、产业创新和产业发展结合起来，从而为推动技术创新价值的提升、产业核心竞争力的提升和企业参与市场竞争能力的提升提供坚实保障。

（四）加强人才培养，支撑知识产权运营业务的开展

精英化的知识产权运营人才是知识产权运营的关键。要推进知识产权运营人才的建设，应从以下几个方面着手。第一，师资队伍建设是人才培养的先导。第二，由于知识产权运营人才需要综合性，涵盖法律、经济、理工等学科背景，因此可由相关行政部门出台政策，重点推进市属高校理工科专业、经管、法律、贸易等专业开设知识产权必修课程和制定选修课程，激励有条件的高等院校推进知识产权学科建设。第三，在短期知识产权运营人才供应不足的情况下，可组建由国内外知名知识产权运营人才构成的人才专家库，一方面，可以在运营过程中为市场知识产权运营主体提供专业咨询和信息分析；另一方面，在提供专家咨询和服务的过程中，也可以加强知识产权运营人才与国内外专家的交流，提升知识产权运营人才的服务水平。

第二章　区域知识产权协同与跨区域转化——以京津冀为例

目前，知识产权成果转化还存在一些问题和困难。一方面，我国知识产权成果转移转化还不够活跃，特别是跨区域知识产权成果转移转化更为不畅，面临信息更加不畅、信任程度更低、交流成本更高等问题。以京津冀区域为例，一方面，北京地区输入到津冀的知识产权成果不到输出总量的 4%，中关村知识产权成果的 96%离开京津冀区域，在河北省实现转化的科技成果仅占中关村所有落地成果的 2%；另一方面，京津冀地区知识产权成果富集，开展知识产权成果转化尤为重要。与国内其他发达区域相比，京津冀地区突出的优势在于聚集了世界罕见的创新资源，汇聚了我国 1/4 以上的著名高校、1/3 以上的国家重点实验室和工程（技术）研究中心、2/3 以上的两院院士。区域科技创新成果丰硕，专利申请授权量、技术市场成交额等均位居全国前列。

第一节　促进京津冀知识产权协同的背景意义

在京津冀区域协同发展战略背景下，以京津冀地区高校和科研院所知识产权成果转化为研究对象，针对跨区域转化的典型特点，通过定性和定量研究相结合，采取多种调研方式，深入了解知识产权成果转化方面的发展现状、问题与制约因素，并对重点知识产权成果转化案例进行剖析，探索提炼高校和科研院所知识产权成果跨区域转化的基本模式和路径，为政府部门制定高校和科研院所知识产权成果转化政策提供依据，也为高校和科研院所进一步加快知识产权成果转化提供对策建议。本研究旨在进一步利用好京津冀地区优质高校和科研院所知识产权成果资源，促进知识产权跨区域转化，有利于强化区域知识产权整体布局，优化知识产权资源配置，推进区域产业一体化和整体产业素质；有利于构建跨区域知识产权运营生态系统，促进京津冀创新驱动发展战略实施；有利于发挥知识产权市场基本制度作用，促进京津冀知识产权要素合理流动，推动京津冀区域协调发展。

（一）京津冀知识产权协同快速推进促进跨区域成果转化

京津冀协同发展是国家战略，可以将目前京津冀协同发展总的认识概括如下：交通同城，文化同源，问题同性，未来同在；战略共识，合作共赢，发展共荣，成果共享。

这“四同四共”最终体现为命运共同体与价值共同体，京津冀协同必将由经济与社会协同上升到文化与战略协同（观点发表于《信息专报》），加快京津冀知识产权协同发展是促进京津冀协同发展的重要内容，是促进京津冀加快实施创新驱动发展战略的重要要求。2016年7月，国家知识产权局、北京市、天津市、河北省签订《知识产权促进京津冀协同发展合作会商议定书》，建立一局三地知识产权合作会商机制，为三地知识产权要素资源合理流动创造了良好条件。北京市、天津市、河北省知识产权局共同主办“京津冀知识产权协同发展高层论坛”，营造京津冀知识产权协同发展的良好环境。2016年成立了京津冀知识产权发展联盟，整合三地优质知识产权服务资源，帮助企业解决发展中遇到的知识产权问题等。

（二）加强京津冀知识产权协同意义重大、势在必行

2015年，中共中央政治局会议审议通过了《京津冀协同发展规划纲要》。加快京津冀知识产权协同发展是促进京津冀协同发展的重要内容，是促进京津冀加快实施创新驱动发展战略、建设协同创新共同体的重要手段，是加快区域转型升级和全方位对外开放的重要动力。

一是在京津冀协同发展战略下，加快知识产权协同发展，推进京津冀协同创新共同体建设，有助于打造“知识产权驱动创新、引领产业发展先行区”。京津冀是我国创新资源最为集中的区域，汇聚了全国1/4以上的著名高校、1/3的国家重点实验室和工程（技术）研究中心、2/3以上的两院院士，建成以中关村国家自主创新示范区为代表的14个国家高新区和经济技术开发区。京津冀协同发展的关键在于“协同创新”，习近平总书记提出要加快建设京津冀协同创新共同体。促进京津冀知识产权协同有利于强化区域知识产权整体布局，优化知识产权资源配置，培育知识产权密集型产业，进而建设京津冀协同创新共同体，促进京津冀创新驱动发展战略实施。

二是在知识产权强国建设目标下，加快京津冀知识产权协同，有助于建设成为“知识产权强国的重要支撑点”，实现建设知识产权强国的宏伟目标。目前，我国正由知识产权大国向知识产权强国转变。京津冀知识产权资源丰富，汇集了全国11.2%的有效专利和17.8%的有效发明专利（数据来源：国知局2015专利统计年报）。加快京津冀知识产权协同发展，构建“中心突出、多点支撑、多层次梯度辐射”的区域知识产权体系，探索共同建设、共同收益的区域知识产权协同发展机制，构建高效快捷的知识产权要素流动体系，将推动京津冀成为建设知识产权强国的重要支撑点。

三是在科技体制改革和创新驱动发展战略下，加快京津冀知识产权协同发展，有助于建设“知识产权改革示范引领区”。当前，我国知识产权发展还存在一些瓶颈问题，专利质量在总体上还处于较低水平，维持时间明显偏短，侵权现象时有发生，公共和社会服务能力不强等，制约了创新积极性。根据国家知识产权局发布的《2014年中国有效专利年度报告》,国内发明专利平均维持年限为 6 年,外国在华专利平均维持年限是 9.4 年。《中共中央 国务院关于深化体制机制改革加快实施创新驱动发展战略的若干意见》提出,要让知识产权制度成为激励创新的基本保障,全力推进知识产权领域改革。加快京津冀知识产权协同发展,有利于发挥中关村和天津自创区以及天津自贸区的改革示范作用,建立健全充满活力、富有效率、更加开放的知识产权体制机制,建设知识产权改革示范引领区。

四是在知识产权价值实现的趋势下,加快京津冀知识产权协同,有助于建设“国家知识产权运用和保护综合示范区”。我国知识产权运用能力不足,市场价值没有得到充分体现, 2015 年的《中国专利调查数据报告》显示,国内高校有效专利实施率仅为 9.9%。关注知识产权价值实现是我国知识产权工作的“新常态”,专利运营、专利金融、专利池等运用方式多元发展,专利运用水平进一步提升;专利保护正在向更高标准迈进,企业对严格保护知识产权的呼声强烈,严格保护知识产权的社会价值趋向逐步确立。加强京津冀知识产权协同发展,形成完善的跨区域知识产权运营和保护体系,促进区域知识产权一体化,营造良好的知识产权市场环境、法制环境,创建国家知识产权应用和保护综合示范区。

第二节 促进京津冀知识产权协同的重点路径

促进京津冀知识产权协同,需要按照资源互享、政策互惠、市场互通、功能互补、融合互动的原则,坚持问题导向、坚持重点突破、坚持改革创新、坚持开放发展、坚持市场主导,以资源要素统筹利用为主线,推动京津冀知识产权协同发展,需要建立三个机制、实现三个协同、打造三大载体、实现三个共建。

(一)促进京津冀知识产权规划政策、市场和体系的三大协同

一是加强顶层设计,建立京津冀知识产权协同发展的统筹协调机制,实现京津冀知识产权战略规划和政策协同。在京津冀协同发展领导小组的带领下,国家知识产权局会同相关部门成立京津冀知识产权协调推进工作组,建立“一局三地”知识产权会商机制。建立京津冀知识产权轮值办公会议制度和办公室,加强三地城市、园区、协会、企业等各个层面之间的对接交流。开展京津冀区域知识产权战略研究,共同制定京津冀知识产权发展规划、年度计划及项目表。加快推动中关村和天津国家自主创新示范区先行先试的知识产权政策在京津冀推广落地。建立区域知识产权政策共享和衔接平台,加强京津冀区域知识产权政策的协调与沟通。国家知识产权局等中央部委在资源布局、重点项目及扶持政策等方面给予重点倾斜。举办京津冀知识产权发展论坛,每年定期联合召开京津冀知识产权发展与保护状况新闻发布会。

二是加强市场导向,建立知识产权要素市场开放机制,取消阻碍要素流动的体制

机制,实现京津冀的知识产权要素市场协同。共建共享知识产权服务资源,加强知识产权信息服务平台对接,组建京津冀知识产权服务联盟,构建资源共享的知识产权服务共同体,建立京津冀战略性新兴产业专利信息平台。促进区域知识产权人才自由合理流动,探索建立多形式、多渠道的京津冀知识产权人才联合培养机制,加强知识产权培训基地的共建共享,建立人才信息共享平台和统一知识产权人才职称制度,建立一局三地知识产权管理人员挂职制度,建立京津冀知识产权经理人俱乐部。加大知识产权金融协同,整合金融资源,共建京津冀知识产权质押处置平台,探索建立知识产权银行和互联网知识产权金融平台,成立知识产权投融资服务联盟。

三是加强联合保护,建立财政投入分担机制,发挥三地各自的优势,实现区域知识产权保护体系协同。建立知识产权执法华北调度中心,推动建立三地展会知识产权信息共享机制,共建一批京津冀产业知识产权保护联盟,搭建知识产权举报投诉互转和维权援助互通平台,重点在天津自创区、石家庄高新区等区域建设知识产权快速维权中心,支持建立京津冀知识产权仲裁服务联盟,推进京津冀建立统一的知识产权信用档案,加快形成多元化、一体化、便捷化的纠纷解决机制。

(二)重点建好园区、集群和平台三大载体,构建京津冀知识产权协同发展示范区

一是共建一批知识产权协同发展园区,实现区域知识产权资源、政策和利益共享。加强自主创新示范区和自由贸易试验区知识产权体制机制创新,推动知识产权管理体制、运行机制、激励政策等方面开展先行先试,建设京津冀知识产权领航区。建设一批知识产权特色产业园区。北京以中关村为核心、以各类产业集聚区为载体、以汇集各类高端知识产权资源为目标,建设知识产权原创驱动型园区;天津以滨海高新区为核心、以市级高新区为载体、以促进知识产权转化运用为目标,建设知识产权研发转化园区;河北以石家庄高新区、白洋淀科技园等为核心,以各类产业承接集聚区为载体,以专利技术产业化和产业升级为目标,建设知识产权产业化园区。

二是打造一批优势产业知识产权集群,提高产业价值链,加快产业转型升级。建设京津冀支柱产业专利导航产业公共信息服务平台,建成国内领先的国家专利导航产业发展实验区。实施京津冀主导产业专利转移对接行动,加速与首都高校院所合作共建研发机构。设立知识产权密集型产业培育专项资金,围绕京津冀产业集聚区推行知识产权集群管理,建设一批知识产权密集型产业。发布京津冀战略性新兴产业知识产权动态信息,引导知识产权布局,构筑知识产权比较优势。

三是加强区域知识产权运营平台建设,构建三地协同运营服务体系。组建"京津冀知识产权交易联盟",形成跨区域、标准化、梯度化的知识产权交易服务体系。共同建立华北知识产权运营中心,打造一站式服务平台。加强京津冀企业与高校和科研院所对接,探索以合作开展共性关键技术研发为手段、以知识产权利益分享为纽带、以研发机构为平台、以创新成果有效转化为目的的跨区域产学研合作机制。加快京津冀交易平台互联互通，举办区域专利技术交易会、优秀专利技术巡展等活动。

第三节 京津冀地区高校院所知识产权转化的典型案例

（一）天津大学成立技术转移中心，推动科技成果转化

为促进高校科技成果转移转化，天津大学结合智力和科技优势，在国家重大发展战略部署的指引下，成立天津大学技术转移中心，深化科技成果转化改革，完善科技创新体系，促进知识产权与经济社会发展的融合，带动技术转移体系的健康发展。

1. 体制机制

天津大学技术转移中心（以下简称中心）成立于 2013 年 6 月，并获批“天津市科技成果转化中心”和“国家技术转移示范机构”。中心充分汲取国内外技术转移经验，全方位布局，努力为技术转移工作配备完备的资源，在技术经纪人队伍建设、吸引科技基金投资、分中心设立等方面开展了一系列创新工作，逐步建立了一套有利于产学研合作、适应公司化运作的管理体制和运行机制，实现了科技创新的跨越式发展。

中心实施学校主导、企业和社会力量参与的建设方式，采取公益性与市场化相结合的运行机制。中心注册为天津大学技术转移有限公司，实行市场化和公司化的运作模式，保持足够的活力和市场竞争力。通过搭建“小中心、大网络”组织架构，主要从两个方面来推进技术转移工作。一方面，借助政府行为的引导，选择行业、区域技术转移的切入点，与骨干企业结成产学研协同创新的战略联盟，形成规模化的技术转移和应用；另一方面，运用市场行为的新机制，从规模总量和质的提升方面来发展与企业的科研合作，以促进学校科研的技术培植，探索建立“人才、技术、资金”三个平台的技术转移运行模式。

中心在实际的市场化运行过程中，形成了一系列特色机制。一是人才队伍市场化定位机制，以市场的方式，通过“好中选优”选聘机制，培育专业技术经纪人队伍。中心具备技术、市场、法律、商务、金融等综合能力，为供需双方提供全方位服务，在很大程度上解决了国内专业人才匮乏的瓶颈问题；在薪金待遇方面采取基础薪金+转化提成的方式，基本年薪为 7.6 万元，上不封顶，这在全国高校也是一次新的尝试。二是项目跟踪负责机制，经纪人全权负责某领域技术转移项目的组织策划和市场商务工作，包括计划、组织、实施等技术转移活动的全过程管理，为企业和学校提供、传递技术转移供需信息，对技术转移项目进行正确的评估和论证，组织并参与技术成果的工业化、商业化开发等。三是分中心统一管理机制，区域分中心有专职工作人员主持日常工作，由中心综合办公室统一管理，并与中心保持一致的发展战略；区域分中心在运营过程中得到了当地政府有关部门的支持，提供了运行经费、固定的工作场所和办公设施等保障，有项目转移的配套资金和适量的风险投资能力。四是投资变现机制，技术全权转让，吸引吸纳社会企业与投资公司投资建立新企业，出让孵化成功的企业股份。

2. 主要措施

中心的技术转移工作在学校产学研工作的基础上全面展开，初步形成"需求调研—技术评估—合作方式设计—跟踪服务"的技术转移模式。中心不仅培养了一批优秀的经纪人队伍，建立了自己的先进共性技术大数据库，同时还全面加强企业需求调研，在很大程度上解决了高校与市场长期存在的信息不对称问题，不断拓展技术转移服务范围，逐步打开国内外技术转移市场。

（1）打造专业的技术经纪人队伍

中心致力打造和培育专业的技术经纪人队伍。技术经纪人将积极主动为天津大学科技成果的转化提供全方位服务，并依据相关规定和约定获得收益。技术经纪人需广泛猎取技术需求信息，经筛选、去伪后提供给相关技术发明人，并全程为技术发明人提供技术集成、商务谈判等服务。技术经纪人需将天津大学科技成果积极推向市场，并在科技成果转化的全程提供专利申请与保护、法律咨询、商务谈判、科技融资等服务。技术经纪人也可根据约定受成果所有人的委托，与第三方进行谈判和交易。技术经纪人是通过综合考虑学历、专业、性别及从业经验后选拔的高素质人才。自中心成立以来，经纪人充分发挥自身优势，奔赴全国各地开展成果发布会、技术对接会、分中心建立、校企联合机构谈判等技术转移工作，通过自身努力使天大更多的好项目、好技术在全国落地生根。

（2）建立相互融合的评价体系

为了更好地实现"需求、技术和专家"相融合，中心实施"三个一百"工程，即遴选100项重点行业关键需求，遴选100项可产业化核心技术，服务100个专家团队。做实做好"三个一百"工程对开展技术转移工作至关重要。一是把好技术需求关。有效的技术需求来源于对所在行业发展规律和发展趋势的深刻洞悉，来源于对所在企业科技创新背景的清晰把握，所以准确地挖掘和表述企业的技术需求是一项高难度的工作。中心扎实做好市场需求调研工作，深入地方企业调研区域技术需求，对于有需求但是不能清楚表达其真实技术需求的企业，经纪人一一参观考察企业生产线，主动与企业技术负责人沟通交流，挖掘其真实需求（如逐一核实河北、山东、江苏等地方政府发来的9 000余项需求，确定有效需求近2 000项，真实率接近22%）。二是做好技术匹配。筛选完技术需求后，就需要匹配合适的专家团队。中心从专家团队的教育背景、博士课题、曾申请项目、已发表论文等方面进行客观评价。以此标准为老师推荐的技术需求成功率达80%，同时节省老师40%的时间。三是梳理好校内专家库。高校要着重做好校内专家库的梳理。梳理校内的技术体系，通过评价技术的市场化成熟度以及技术团队对市场和政策的把握，进而筛选出适合产业化的技术，并推广至企业，企业能够直接应用与实际生产。

(3)构建“网络式”区域分中心格局

分中心将作为地方政府的助手、企业的帮手、成果转化的能手，协助地方政府开展科技成果转化和人才培养工作，解决企业技术难题，帮助学校将科技成果转化到经济发展的前沿阵地。中心坚持“立足天津、辐射全国”网络式布局区域分中心。分中心采取与企业合作共建联合实验室、联合工程中心等多种合作形式，全面服务地区企业，推动所在地方及国家的经济发展，实现学校与当地社会经济发展的良性互动。目前，共设立定州、张家口、南通等16个区域分中心，为深化学校与当地企业的合作提供了有力支撑。

(4)组建完善的科技投融资体系

技术转移是一个技术与资本结合的过程，中心按市场化的运作吸收社会资金，构建促进技术成长和创业的风险资金平台，确保学校专利不再失效，为教师创办学科型公司提供保障，为学生创业提供资金支持，为深化学校科技成果转化提供持续动力。中心设立了30亿元的科技基金，用于科技创新、科技成果转化及产业化，解决教师科技成果产业化资金不足的难题，该项资金由天大新英公司独立管理。此外，中心与天津科技金融服务公司、海泰投资、平安银行等金融服务机构均建立了良好关系。

(5)搭建全方位的网络服务平台

目前，互联网与传统行业的结合越来越紧密，不断加快传统行业的换代和升级。技术转移要充分发挥“互联网+”优势，推动加快创新驱动发展战略的实施，积极做好科技服务工作，探索“互联网+创新服务”模式。中心建立了大数据网络平台，汇集了一系列科技成果库和技术专家库，在实现科技资源共享的同时，也实现了科技成果发布、授权专利发布、技术需求发布、资源管理、科技管理等多项功能，以大科技、大服务、大平台支撑大发展。目前，中心网络平台实现了多种优质的科技服务功能，具体包括以下三个方面：①信息集中展示功能，构建动态的技术和专家资源库，不断积累科技和人才资源；②信息交流互动功能，打造网络服务平台以及跨学科、跨地区、多角度的互助互动平台，形成纵横交织的信息交流网络；③数据快速处理功能，网络平台提供快速检索服务，开展网上技术转移服务和技术推广，为全社会提供网络化技术服务。

(二)清华大学创新体制机制，促进专利转化

作为国内首屈一指的高校，清华大学在人才队伍、学科结构、科研投入等方面都有着深厚的积淀和独特的优势，这为其产生大量的专利成果奠定了坚实的基础。

改革体制，构建开放的技术转移体系。由于具有悠久的历史，清华大学在多年的发展中，逐渐形成了一个开放的技术转移体系。从纵向看，清华大学科研院设有科技开发部、海外部等，都涉及成果转化工作。从横向看，清华大学与许多地方政府合作创立了多家地方研究院和派出研究院，很多研究院通过推动技术二次开发、孵化企业等方式进行成果转化。2015 年 10 月，清华大学成立了成果与知识产权管理办公室（Office of Technology Licensing，下称 OTL），学习和借鉴国外知名大学技术许可办公室的运行模式，探索如何更好地实现专利价值。OTL 是学校知识产权管理领导小组的日常办事机构，职能包括科技奖励、专利管理、技术转移和政策法务 4 个方面。学校知识产权管理领导小组由学校主管科研、产业和校地合作的校领导，以及技转院、资产处、科研院等多部门领导组成，统一领导学校知识产权和技术转移工作。2014 年，清华大学还成立了技术转移研究院，建立了战略性风险投资基金，促进科技成果转化，同时牵头国际技术转移相关工作。2015 年 10 月成立了校地合作办公室，负责协调清华大学地方研究院和派出研究院工作。此外，清华控股成立的华控技术转移公司也在积极推动学校科技成果转化工作。OTL 与科研院、校地合作办公室、地方院、派出院、技术转移研究院以及清华控股等机构，构建起技术成果转移转化的工作体系。

创新机制，促进成果转化。2015 年 12 月，清华大学出台了《清华大学科技成果评估、处置与利益分配办法（试行）》（以下简称《办法》），明确了成果转化的决策机制问题，完善了奖励机制，明晰了成果处置流程，有助于促进专利转化。《办法》首先确定了决策机制，学校知识产权管理领导小组统一领导知识产权和技术转移工作。800 万元以下的成果处置由学校知识产权管理领导小组会议审定，800 万元以上的成果处置经学校知识产权管理领导小组审议后，提交校务会议审定。《办法》还明确了奖励机制，将 70%成果许可、转让的收入或者投资入股所获得的股权，直接奖励给成果完成人或者为成果作出突出贡献的人，15%归属学校，15%归属院系。《办法》进一步明晰了清华大学科技成果处置流程，包括成果登记、推广、商务谈判、校内审批、交易公示、合同签订、收益奖励等 10 个步骤，极大地提高了工作效率。

探索模式，积极服务社会。清华大学不仅有专利许可、转让、作价投资等模式，还出现了越来越多的既有许可又有投资等混合模式。此外，在知识产权作价投资之后，清华大学还对合作研发产生的新的知识产权再进行许可，这有助于高校与企业建立长期共赢的合作关系，促进企业创新能力的可持续发展，同时对清华大学的学科建设和科研能力的提升也是一种反哺。

（三）中科院推动知识产权转化的举措

中科院报告统计显示，2017 年中科院通过科技成果转移转化，使社会企业新增销售收入 4 080 亿元，新增利润 503 亿元；院所投资企业实现销售收入 4 007 亿元，净利润 107 亿元。

成立知识产权运营管理中心：“普惠计划”+专利拍卖。2017 年，中科院启动实施了“中国科学院促进知识产权及科技成果转化专项行动”，并设立知识产权运营管理中心。2017年，中科院推出了专利“普惠计划”。中科院知识产权运营中心作为“普惠计划”共享专利池组织单位，从中科院104个研究所征集有效专利，成立共享专利池，并面向企业开展“普惠计划”，企业可从专利池中选择专利，成为共享专利池有限共享人。在两年时间内，企业可以根据自身情况选择购买专利、项目委托研发、共建联合实验室等。“普惠计划”共享专利池覆盖五大行业领域，共有774件专利。企业入池后可获得2年期限的免费实施意向专利的资格，实施后如需购买，每项专利最高价格不超过10万元。

2017年10月，中科院发布了《关于组织“中国科学院专利拍卖”活动的通知》，委托中科院知识产权运营管理中心对全院存量专利分析分类，以拍卖的形式实现存量专利的批量转化，共有57个单位申请参加专利拍卖活动，拟拍卖专利共932件。2018年3月，中科院建院以来首场专利拍卖会在山东济南举行，经过3个小时的激烈竞价，此次拍卖最终成交28件专利，成交额为503万元，单个拍品最高成交价为60万元。作为“科研国家队”，中科院此次将高质量、大规模的专利成果通过市场化运营实现科技成果转移转化，这是我国专利公开拍卖有史以来数量最大、质量最高的一次。

中科院科技成果转移转化基金：促进前沿科技产业化。2017年9月，中科院推出了中科院科技成果转移转化基金，该基金以母基金与直投结合的方式，投资具有市场潜力的前沿科技产业化项目。中科院科技成果转移转化基金被赋予非常高的使命，意在打造一流的科研院所成果转移转化投资和服务平台，促进前沿科技产业化。该基金（复合基金）首期规模为30~50亿元，在直接投资具有突出市场潜力的重点科技成果产业化项目的同时，将围绕战略新兴产业、结合区域产业布局，设立20~30支子基金，形成200亿元左右的基金总规模。

第四节　京津冀地区推动高校院所成果转化的重要措施

（一）中关村多举措促进中科院科技成果在京转化

中科院北京分院与中关村管委会于2011年签署了《关于支持中国科学院北京国家技术转移中心建设的协议》，旨在推动中科院科技成果在京转化。几年来，双方共同在京区院属单位组织开展科技成果转移转化促进工作，并根据《中国科学院北京分院、中关村管委会关于推动中国科学院科技成果在京转化的奖励办法》，对在转移转化工作中发挥积极作用的科研团队和技术转移服务团队给予资金奖励。截至2018年6月底，共组织完成七届中关村技术转移奖励评选工作，奖励科技成果转化项目77项、技术转移服务团队186家。获奖的科技成果转化项目均已成立公司，科技创新优势突出，发展势头良好，为北京经济发展作出了重要贡献。

2018 年，中科院科发局、中科院北京分院、中关村管委会积极落实《中国科学院与北京市合作推进全国科技创新中心建设行动计划》，制定了《关于促进中科院科技成果在京转移转化的若干措施》，针对当前制约成果转化的难点痛点，从 6 个方面采取 10 项举措，促进中科院科技成果在京转化。这 6 个方面包括：共同支持专业化科技成果转移转化平台建设；共同支持科技成果中试平台建设；共同支持中关村开放实验室开放共享；共同支持科技成果项目在京转化；建立中关村示范区各分园与院属单位合作机制；联合建立成果转化子基金。

《关于促进中科院科技成果在京转移转化的若干措施》多措并举促进中科院科技成果在京转化，主要有以下显著特点。

一是注重建设专业化科技成果转化服务机构，让专业的人做专业的事，提高科技成果转化效率，实现“做得专”。

二是注重科技成果项目源的筛选储备，联合建立项目库，形成动态挖掘、推介机制，实现“找得到”。

三是注重各方协同形成合力，中科院科技发展促进局、北京分院、中关村管委会、院属单位“两方四主体”将发挥各自的政策和资源优势，解决成果转化最后一公里问题，实现“转得出”。

四是注重提升分园承载能力，加大配套服务力度，为中科院科技成果转化项目落地提供有力的支撑，实现“落得下”。

（二）天津市出台政策法规推动高校院所科技成果转化

1.《天津市促进科技成果转化条例》以立法形式推动科技成果转化

天津市十六届人大常委会第三十七次会议审议通过了新修订的《天津市促进科技成果转化条例》（以下简称《条例》），于 2017 年 9 月 1 日起正式实施。《条例》在破除制约高校和科研机构成果转化的体制机制障碍方面作出了多项明确的规定。

研发机构成果转化收入可全部留归本单位。《条例》明确了利用财政资金设立的研究开发机构、高等院校转化科技成果所获得的收入全部留归本单位，由本单位按照国家和天津市有关规定管理和使用。

对科研单位领导实行“尽职免责”。利用财政资金设立的研究开发机构、高等院校和国有企业在实施科技成果转化过程中，通过协议定价、在技术交易市场挂牌交易、拍卖等方式确定科技成果价格后市场价格发生变化的，或者以科技成果对外投资实施转化发生亏损的，其决策程序符合法律、法规、规章规定，且勤勉尽责，未牟取私利的，对单位负责人不做负面评价，免除相关决策权力。

科技人员可以离岗、兼职、挂职从事成果转化。利用财政资金设立的研究开发机构、高等院校中的科技人员经单位同意，可以采取离岗、兼职、到企业挂职或者在岗创业等方式从事科技成果转化活动。离岗创业的，应当与单位签订离岗协议，对离岗创业事项、离岗期限、工资福利、社会保险、收益分配、成果归属等进行约定。兼职或者在岗创业期间，应当完成本职工作，履行岗位职责，就兼职期限、保密、知识产权保护、收益分配、后续成果归属等与单位进行约定，不得损害或者侵占本单位的合法权益。在科技成果转化中作出重大贡献的科技人员，可以直接申报高级职称。

成果转化奖励。利用财政资金设立的研究开发机构、高等院校，对完成、转化职务科技成果作出重要贡献的人员给予奖励和报酬的支出，纳入本单位统一管理，但不纳入当年本单位的绩效工资总额。单位对在研究开发和科技成果转化项目中作出主要贡献的人员给予奖励，奖励份额应当不低于该项目奖励总额的50%。

推动产学研合作。与研究开发机构、高等院校合作转化科技成果；自建或者与研究开发机构、高等院校合作建立重点实验室、工程实验室、工程中心、研发中心、研究院等创新机构；自建或者与研究开发机构、高等院校合作建立中间试验、工业性试验等科技成果转化平台，市和区人民政府按照本市有关规定给予财政资金资助、奖励、补贴等政策支持。鼓励企业与研究开发机构、高等院校构建产学研联合体，形成优势互补、利益共享、风险分担的产学研相结合的市场化协同创新机制，通过企业创新联盟、博士后工作站等产学研合作方式，共同开展研究开发、成果应用与推广、标准研究与制定等活动。

2. 市委办公厅、市政府办公厅发布相关文件推动科技成果转化

2018年5月29日，天津市市委办公厅、市政府办公厅印发了《关于实行以增加知识价值为导向分配政策的实施意见》（津党厅〔2018〕38号），结合天津市科研人员关注的问题和需求，更加强调政策能落实落地可操作，从五个方面提出了16条政策措施。16项政策措施中，有6项政策措施完全是从天津市实际情况出发制定的政策措施；有9项政策措施是在落实国家意见的基础上结合天津实际情况进行的细化或补充。具有天津特色的措施包括以下几点。一是“扩大绩效工资分配自主权”。借鉴江西等地的做法，明确提出“高校和科研院所可自主确定单位内部各岗位基础性绩效工资和奖励性绩效工资比例，重点向关键岗位、业务骨干和作出突出成绩的科研人员倾斜”。同时，明确了“科研人员科技成果转化所获奖励与报酬、承担科研项目所列支绩效奖励、以市场委托方式取得的横向项目所获收入或绩效支出”等三类收入，均不纳入绩效工资总额。二是“落实科技成果转化收益分配自主权”。结合《天津市促进科技成果转化条例》的推进实施，明确提出赋予高校和科研院所科技成果使用、处置和收益分配的自主权，并且可自主提高对科技成果完成人和促进科技成果转化作出贡献人员的奖励比例。三是“鼓励高校和科研院所选派符合条件的科研人员（以下称企业科技特派员）到企业挂职或合作开展科技创新项目”。明确提出：“高校和科研院所、企业科技特派员、企业三方依法依规签订协议，约定工作期限、工资待

遇、报酬与奖励、个人所得税缴纳以及科技成果权益分配等事项。企业科技特派员在企业期间，继续享受原单位工资待遇，并可以依照约定在企业领取生活补助金、绩效奖励等报酬或者领取企业年薪，同时享有与原单位在岗人员同等职称评审、项目申报、岗位竞聘、培训、考核、奖励等权利”。四是“规范和保障科研人员离岗创新创业”。明确规定科研人员离岗创新创业的，经所在单位同意，可在 5 年内保留档案和人事关系（国家规定是 3 年），并对离岗科研人员的待遇、职称评审、保密、成果归属、退休和返岗等事项进行了明确规定：“高校、科研院所与离岗科研人员以协议方式约定离岗事项、离岗期限、基本待遇、保密、成果归属等内容，明确双方的权利和义务，变更聘用合同。离岗创新创业项目涉及原单位知识产权、科研成果的，高校和科研院所、离岗科研人员、相关企业三方以协议方式明确相关权属和收益分配等。科研人员离岗创业期间工龄连续计算，档案工资正常晋升，社会保险费仍按原渠道缴存，缴费基数参照原单位同岗人员确定。科研人员离岗创业期间取得的业绩、成果等可以作为其职称评审的重要依据；创业业绩突出，年度考核被评定为优秀档次的，不占原单位考核优秀比例；达到国家规定退休条件的，应当及时办理退休手续。申请返回原单位的，可提前返回，如无相应岗位空缺，可暂时突破岗位总量聘用，并逐步消化。”五是“加大财政科研经费对科研人员的激励力度”。软科学研究、咨询服务类项目等对试验设备依赖程度比较低、试验耗材比较少的智力劳动性的密集项目，建立符合自身特点的劳务费和间接费的管理方式，明确“绩效支出比例可占项目经费扣除设备购置费后的 60%”，解决科研人员反映的“经费花不了、课题组成员拿不到、承担单位也用不了”的问题。六是“下放部分科研项目经费管理权”。针对调研过程中科研人员集中反映的问题，明确将“项目总预算不变的情况下，将直接费用中的材料费、测试化验加工费、燃料动力费、出版 / 文献 / 信息传播 / 知识产权事务费及其他支出预算调剂权下放给项目承担单位”。同时，明确“市属高校和科研院所使用科研项目资金采购科研仪器设备，可自行组织或委托采购代理机构组织实施。在研项目年度结存资金可由项目承担单位结转下一年度按规定继续使用。项目承担单位信用评价较好的，项目结余资金 2 年内可统筹用于科研活动直接支出”。

（三）河北省高校科技成果转化政策环境日益改善

2015 年以来，河北省出台了《河北省促进高等学校和科研院所科技成果转化暂行办法》。此项新政规定高校、院所研发团队在河北省实施科技成果转化、转让所获得的收益，其所得不能低于 70%。研发团队或成果完成人将个人收益直接用于创办企业或者投入因授让企业所形成的股权收入，在形成现金收入后，再按照国家有关政策缴纳个人所得税。这使得高校研发的技术成果能够以股权形式转让，更有利于产学研合作，实现科技成果产出最大化。2015 年又出台了《关于深化科技体制改革加快推进创新发展的实施意见》《河北省促进高等学校和科研院所科技成果转化暂行办法实施细则》，大力改革高校、科研院所的科研评价制度。在高校、科研院所专业技术职称评聘与岗位考核中，将科技成果转化应用情况与论文指标要求同等对待，将技术转让成交额与纵向项目指标要求同等对待，充分调动科技人员创新创业的积极性，促进了高等院校、科研院所科技成果的转化。在中央新《促进科技成果转化法》和河北省各项有关高校科技成果转化法律法规制定实施的背景下，各高校也相应地制定了校内的科技成果转化管理办法。全省高校科技人员的积极性、创造性空前提高，科技成果转化与保护水平也得到了相应的提升。

第五节　京津冀知识产权跨区域转化的需求和基础

2015年，中共中央政治局会议审议通过了《京津冀协同发展规划纲要》。加快京津冀知识产权协同发展是促进京津冀协同发展的重要内容，是促进京津冀加快实施创新驱动发展战略、建设协同创新共同体的重要手段，是加快区域转型升级和全方位对外开放的重要动力。

（一）京津冀知识产权跨区域转化的基础条件

一是从发展条件来看，京津冀是我国知识产权资源最富集的区域之一，具备合作的产业基础，能够实现资源共用。京津冀地区专利的技术含量和专利密度明显高于全国平均水平，发明专利占比为30.6%，显著高于全国19.2%的平均水平；每亿元生产总值的有效专利量达7.72件，显著高于全国7.1件的平均水平（数据来源：国知局2015专利统计年报）。此外，京津冀地区专利资源聚集产业重点相似，京津冀的专利资源均高度集中于少数资本技术密集的行业。其中，通信设备计算机及其他电子设备制造业、仪器仪表制造业、专用设备制造业、化学原料和化学制品制造业、电气机械及器材制造业、金属制品业、医药制造业、电力热力生产供应业最为典型，上述8个行业在京津冀三地均属排名前十的专利资源优势行业，分别占京津冀专利资源总量的67.1%、55.8%、50.4%，共集聚了三地54%的专利资源。

京津冀地区具有丰富的知识产权运营服务资源：截至2016年，三地专利代理机构有491家，高于长三角地区的298家和珠三角地区的216家，仅北京专利代理人就占全国的42%，“中关村知识产权要素一条街”集聚了600余家知识产权服务机构；京津冀技术市场专利许可备案合同金额达到30 381.9万元，占全国的10.5%，北京市有效发明专利许可转让位居全国前列；京津冀专利质押融资376笔，长三角地区423笔，珠三角地区196笔（数据来源：2016全国专利实力状况报告）。作为全国科技金融中心，北京知识产权质押融资全国领先。

二是从问题导向来看，京津冀区域知识产权面临一些共同问题，可以合作解决。尽管京津冀三地处于不同的发展阶段，但是都面临一些共同的问题，如知识产权保护普遍有待加强，知识产权运用有待突破发展，企业知识产权管理普遍薄弱、知识产权优势企业有待培育，亟须开展国际化知识产权经营等，尤其是知识产权服务业推动经济发展的作用有待加强。相比北京而言，天津、河北两地知识产权服务业相对落后、人才不足，尤其是河北知识产权服务业落后、企业知识产权人才缺乏，专利代理机构21家，仅占全国的1.4%，执业专利代理人146人，占全国的1.03%，仅能提供代理低端服务；在企业知识产权人才方面，河北省360家知识产权优势培育单位基本胜任知识产权管理工作的专职人员不足150人（数据来源：2016全国专利实力状况报告）。

三是从需求导向来看，京津冀区域面临产业协同和创新协同的需求，可以通过知识产权成果的跨区域转化，实现科技经济的协同发展。京津冀三地在知识产权规划和计划中有共同的发展内容，可以联合开展，能够实现规模效应。如共同推进区域知识产权运营工作，支持构建京津冀知识产权运营平台和知识产权运营工作多元化发展，加快服务机构跨区域流动，建设知识产权服务业集聚发展试验区，加快京津冀知识产权服务业联盟建设，优化和创新知识产权金融产品，建立跨区域知识产权投融资服务联盟，建立跨区域知识产权保护体系，加大企业知识产权保护力度，共同开展加快知识产权预警分析，推动建立重大经济活动知识产权评议机制，联合推动企业进行知识产权海外预警，支持企业走出去，建立跨区域知识产权人才培养体系和一体化流动市场，加强知识产权人才队伍建设等。

四是从目标导向来看，京津冀区域有着共同的发展任务，可以相互合作，发挥知识产权的协同效应。《京津冀协同发展规划纲要》提出了明确要求，首先，推动京津冀创新驱动发展，促进创新资源合理配置、开放共享、高效利用，推动形成京津冀协同创新共同体，建立健全区域协同创新体系，共同打造引领全国、辐射周边的创新发展战略高地，即围绕核心技术形成一批高价值专利，将创新园区培育成知识产权聚集区，促进区域知识产权体系一体化，培育跨区域知识产权服务体系，加强区域知识产权资源的开放共享；其次，深化体制机制改革，破除限制资本、技术等生产要素自由流动和优化配置的各种体制机制障碍，打造区域体制机制高地，即推进知识产权要素市场一体化，建立区域知识产权行政协同机制，加强区域知识产权公共服务一体化等；最后，推动产业升级转移，理顺产业发展链条，打造立足区域、服务全国、辐射全球的优势产业集聚区，即围绕京津冀三地产业链、创新链，加快知识产权布局，打造知识产权发展载体。

（二）基于专利数据分析的京津冀创新现象

1. 京津冀区域创新整体分析

以2000—2015年历年专利申请量与京津冀三省市人口统计（万人）的比值作为基础数据，计算京津冀三省市的专利申请量变化和万人发明专利申请量变化趋势（图2-1）。从图2-1可以看出，在专利申请总量变化上，2000—2015年京津冀三省市专利总量差距开始逐步拉大，2009 年以后，从曲线的变化斜率上看，创新差距体现得更加明显，北京遥遥领先于天津和河北；在万人发明专利申请指标上，2000—2015 年整体上与发明专利申请总量表现出相似的变化趋势，2009 年以后，京津之间的差距仍然在不断变大，可以看出京津冀作为一个区域创新整体，区域间创新发展的差距是非常明显的。

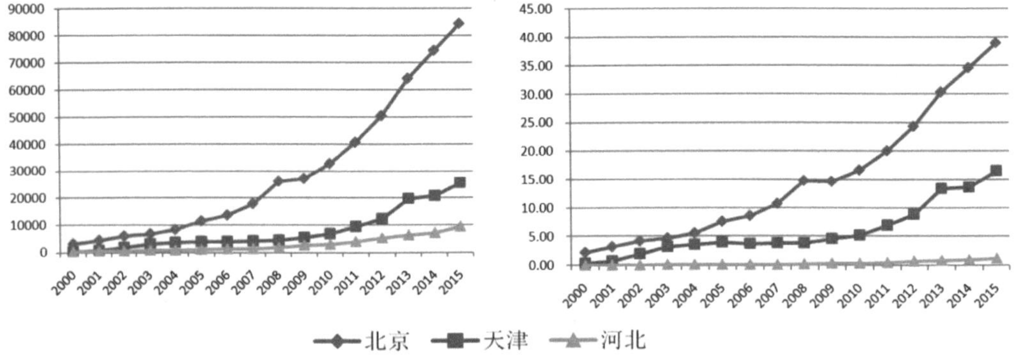

图 2-1 京津冀区域发明专利申请量（左）和万人发明专利申请量（右）变化图

为了进一步深入研究京津冀之间相对创新差异变化的趋势，本节对京津冀之间万人发明专利申请量进行了两两比较研究，绘制 2000—2015 年河北—天津、天津—北京、河北—北京万人发明专利申请量倍数关系图（图 2-2）。从图 2-2 可以看出，河北—天津近年来万人发明专利申请量倍数变化幅度不大，天津—北京、河北—北京自 2009 年以后都有所上升，说明在相对创新变化上，河北—北京、天津—北京之间的差异在缩小，京津冀之间的相对差异呈放缓的趋势，但天津与河北之间对于整体相对差异放缓的贡献度不是很大。

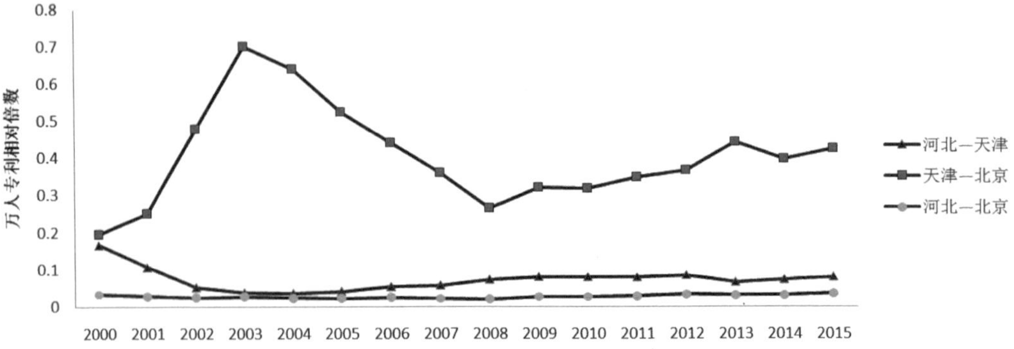

图 2-2 京津冀地区万人发明专利申请量相对倍数分析

2. 京津冀区域内部创新差异分析

IPC 分类号代表技术创新领域。进一步研究京津冀区域三省市内部创新情况，本节对京津冀三地技术创新领域进行分析，分析对象为 2000—2015 年三省市发明专利排名前 10 位专利 IPC 分类号。参照图 2-1 与图 2-2 反映的各个时间段信息，以 3 年为一个时间节点，对 2000—2015 年时间段进行切片处理。以河北省为例，对河北省创新领域的内部差异进行测度（暂不考虑前十名专利 IPC 分类号的变化），绘制出以 IPC 分类号为基础的创新领域变化差异图（图 2-3）。从图 2-3 可以看出 2009 年以前，河北省科技创新领域出现一家独大的情况（A61K，对应制药行业），在 2003 年出现一个最大峰值后，开始逐年缩小；2009 年以后，各个内部创新差异开始出现平稳化发展，前十创新领域创新差异变得非常不明显。采用相同的数据处理方式，计算天津和北京的数据，考虑原始数据过多的因素，此处天津和北京仅给出相应的创新领域变化图（图 2-4、图 2-5）。从图 2-4 可以看出，天津市在技术创新领域内部差异在 2009 年波动性比较大，前三个领域波动比较剧烈，创新差异程度在 2006 年出现最高值，此时最凸显的三个领域是 A61K、C09D 和 A23L，分别对应制药、基础化学和食品饮料行业，随后各个创新领域呈现出逐步缩小的态势。从图 2-5 可以看出，北京市呈现出截然相反的发展态势，2009 年以前，北京市内部创新差异保持平稳；2009 年以后，北京市内部创新差异开始呈现出差距不断扩大的趋势，进一步比对 IPC 分类号发现，北京内部创新差异的扩大得益于 G06F（对应行业分类办公用品和电脑）和 H04L（对应行业分类信号传递，通信）两个行业的爆发式增长。这进一步反映了京津冀区域发展过程中各个区域之间创新力量发展态势的不平衡，北京的优势创新领域逐渐突出，天津和河北的技术创新领域则朝大而全的趋势发展，这一点也可以从河北优势创新领域（A61K，对应制药行业）占历年专利比例的下滑看出。

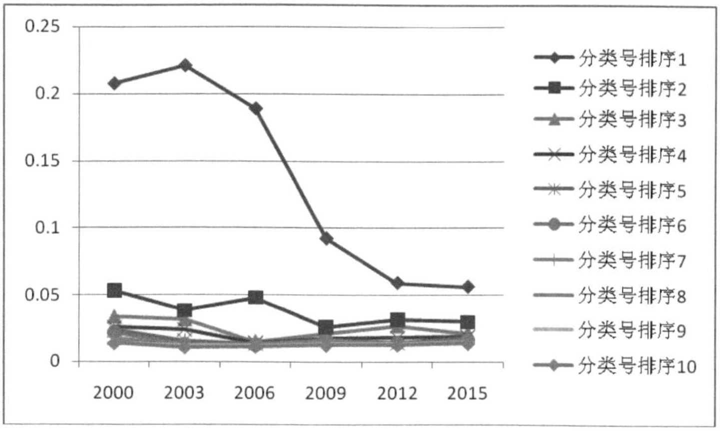

图 2-3　河北省发明专利 IPC 分类号排名前十变化图

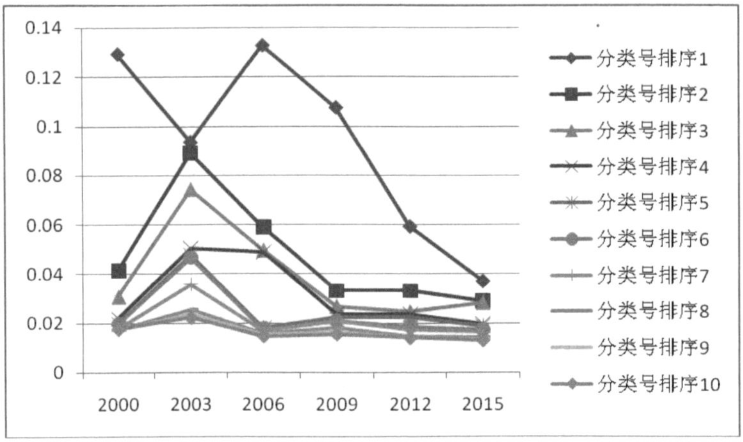

图 2-4 天津市发明专利 IPC 分类号排名前十变化图

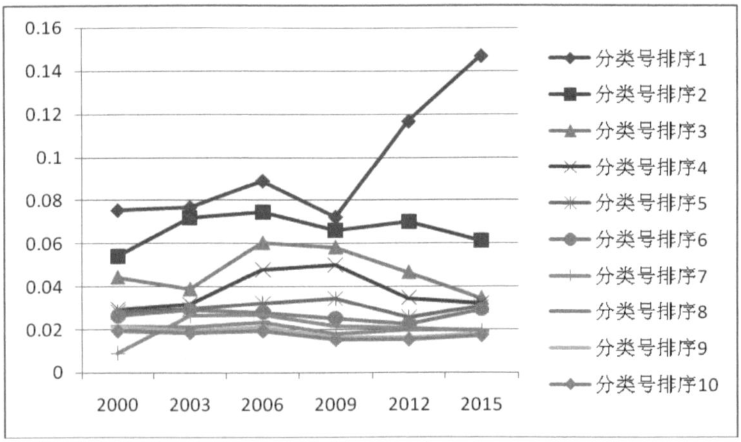

图 2-5 北京市发明专利 IPC 分类号排名前十变化图

3. 京津冀区域间创新差异的分析

京津冀作为一个区域整体，本节通过发明专利创新领域来研究本区域的创新关系。对三个省市排名前十位的专利 IPC 分类号做横向的两两或三地比较研究，将技术创新领域相同的一组分类号记为 1，根据相同组的多少进行逐年统计，形成表 2-1。从表 2-1 可以看出，2009 年以前，河北—北京的创新领域趋同数量要明显高于天津—北京、天津—河北；2009 年以后，随着京津冀协同发展，北京—河北、北京—天津、天津—河北的创新领域趋同数量明显增强，河北—天津之间的变化更为明显。这反映出随着京津冀区域创新走向协同，区域间的联系更加紧密。

表 2-1 京津冀三省市创新领域统计表

对象	年份					
	2000	2003	2006	2009	2012	2015
河北—北京	4	4	2	4	4	3
天津—北京	3	1	2	4	4	3
河北—天津	3	2	4	5	5	6
京津冀三地	1	1	1	2	2	2

4. 主要结论

通过专利申请量及相对倍数变化，并结合专利结构变化对京津冀区域创新进行分析，以期进一步了解京津冀区域创新的能力、变化趋势和演进规律。研究认为京津冀之间存在明显的以北京为中心的创新和产业路径依赖效应，研究得出以下结论。

（1）京津冀区域创新能力的演进，从整体上讲，2000—2015 年三个地区创新能力差异不断扩大，差异扩大不仅表现在专利申请量上，同时也表现在万人专利申请量上。进一步分析研究发现，河北和天津与北京基于万人专利倍数的相对创新能力差距在逐渐缩小，但河北和天津相对差距变化并不明显。

（2）通过对京津冀区域内部创新能力比较研究发现，天津和河北自 2009 年以后，内部创新在技术领域上呈现均衡化发展，各个技术领域之间的差距越来越小，由于新兴技术领域的快速发展，原有的领域优势正逐渐消失，北京则呈现截然不同的差异化发展趋势，原有的优势领域保持了优势方向，并在发展过程中得到了进一步强化，进一步拉大了与其他领域的距离，差异化发展趋势明朗。

（3）京津冀区域间创新能力呈现出创新协同性，从 2009 年开始，区域间相同的创新领域开始增加，保持相对较高的水平，从单一技术领域的发展上看，随机选择的两个领域研究表明，京津冀三地在 2006 年以前变化趋势不同，2006 年以后变化趋势相似，但北京的变化更加缓和，天津和河北的变化相对更大。从产业变化上看，天津和河北之间更多的是保持基础化学、食品饮料方面的产业相似性，天津与北京以及河北与北京则表现出与北京相似的产业结构发展。天津与北京的产业在发展过程中，原本共有的基础化学领域消失，取而代之的是北京的优势产业电视和无线电接收器、视听电子产业。河北对应的是与北京共有的制药产业的消失，取而代之的是电子元器件。北京在京津冀产业更迭发展中起到了重要的引领作用。

第六节　京津冀知识产权成果跨区域转化存在问题和制度障碍

(一)京津冀知识产权成果转化存在的市场环境障碍

一是成果转化动力以政府为主,市场力量不足。当前成果转化仍以政府推动为主,政府出台相应的鼓励成果转化的政策措施,出资建立成果转化中介组织,组织中介机构开展各项成果转化服务。整体来看,政府在成果转化过程中发挥了非常大的作用,成果市场化运作机制还没有确立,在成果的挖掘、加工、交易机制中政府因素还很明显,缺乏有效的市场配置。

二是知识产权成果转化的模式还比较单一。一些新型、有效的知识产权运营模式尚未探索成功。北京中关村、天津国家自主创新示范区、天津自由贸易试验区等的先行先试功能还没有充分发挥,在探索知识产权运营模式上,不但可以有效地借鉴国内外一切先进的成果转化方式,还可以结合自身的实际发展情况,创造性地拓展成果转化方式,对符合市场经济规律的东西要大胆地借鉴尝试,为国内科技成果转化探索出一条新的途径。

三是高校、科研院所与企业和市场的联系不甚紧密。科研人员大部分是从事基础研究和高技术研究方面的专家,对市场需求和企业需求了解得不够全面,定位不够准确,把主要精力投入了争取国家各类科技计划项目和地方创新项目中,对争取横向项目不够重视。而相当一部分院所、高校与成果使用部门和市场需求缺少有机联系。直接从企业、市场接受大的研究开发项目还不多,工程化能力弱的状况依然存在,多年形成的重学术成果轻技术产品、重学术论文轻研究开发的旧观念还没有彻底改变,这就导致科学研究与技术开发、技术开发与推广应用环节之间的联系仍然处于较为松散的状态。目前,高校和科研机构基本上独立于企业,他们很少及时得到企业提供的需求信息,从选题到提供成果都有很大的盲目性;企业却苦于没有“生产型”的、市场前景好的科技成果。笔者与经济技术开发区的研究和管理人员进行了交流,他们并没有与企业建立较多的联系。

四是知识产权运用过程中的中试问题仍没有充分解决。由于体制问题,造成了成果工程化行为主体不明确;由于使用方没有成为成果转化的责任主体,造成需求不旺;由于缺少投入,缺少高素质工程技术人才、中介人才,导致成果工程化难以实现。因此,成果工程化薄弱是体制、需求、资金、人才等问题的综合反映。成果工程化是科技成果转化不可逾越的阶段,这是由自身转化规律所决定的。而成果工程化阶段的断层,又是当前显而易见的事实。我市中试阶段的技术开发能力一直比较薄弱,需要大量的资金、人力投入和配套的设施，科研院所和企业目前对这方面的投入积极性都不高，政府投入也比较少，这就导致相当一批小试成果由于缺少中试开发和工业性试验，未能应用在生产上，许多有产业化前景的成果长期锁在档案柜中。现在已经建设完毕或正在建设的一些中试基地，由于种种原因，还没有发挥应有的作用。

五是金融支持知识产权运用的力量远远不足。最近相关的报告指出，中国的创新系统意识到吸引国内外最前沿的研发技术和创新思维对金融和银行业改革来说是必须的。在此期间，中国中央政府和地方政府已建立风险投资基金。其中，经济技术开发区可能涉及的是青云创投公司、清华大学的绿色风险投资基金，尤其是在太阳能、电力和混合汽车和绿色制造的开发方面。政府对于中小企业的直接资金支持，主要是研发初期阶段的种子基金，没有针对深层融资结构特点，从资本性和债务性融资缺口出发，支持面有限。目前的金融体制，对支持科教成果的迅速转化力度不够。银行的科技贷款是科技成果转化的一个重要资金渠道，但现行的金融体制并不能适应加快科技成果转化的需要，科技贷款受到流动资金贷款额度的限制。科技开发贷款数量少、落实不好，对当前科技工作最薄弱的环节——科技成果转化及其支撑条件的建设支持不够。在银行实施贷款中，存在“三多三少”现象，即高新技术项目少，短期实用性项目多；大中型企业的项目少，小型企业的项目多；大项目少，小项目多。金融界对科技成果转化项目的评估、论证能力薄弱，也就影响了它对科技投入的积极性。由于体制性因素的缘故，商业性质的金融业刚刚起步，股份性质的科技投资公司、风险投资公司等与科技联系密切的金融机构，其业务正处在起步阶段。金融界与科技产业结合的问题还没有引起有关部门的重视。

（二）京津冀知识产权成果转化存在的制度障碍

一是政府支持京津冀知识产权成果转化政策的配套性不够。成果转化政策体系还不够健全，覆盖面不够，激励力度不足。现有的知识产权成果协同运用政策很少，且都是科技政策体系的一部分，体系还不够健全，同时有些政策受到了区域的束缚。对于知识产权转化中的重要人员，现有政策还需要进一步扩大奖励的覆盖面，真正破除科技成果转化中的制度性障碍，提高成果转化政策的引导性。

二是知识产权保护力度不够，阻碍了成果的转化。在科技产业化中，需要强有力的、透明且可信的知识产权法律和法规。执法资源、财政和人力资本也是至关重要的。同样重要的是支持国家的创新体系，包括可以促进或阻碍科技商品化的国家法律和政策。滨海新区和经济技术开发区可能或多或少地受到国外条件的限制。中国的知识产权系统仍在发展。国内支持知识产权的人力资源有限，专业人员的数量也是如此。中国支持科技产业化的财政机制才刚刚开始，虽然由政府负责治理，滨海新区和经济技术开发区的精英也应与外部的精英合作。经济技术开发区知识产权办公室管理知识产权法律法规，倡导知识产权意识。其他办公室有天津工商行政局的经济技术开发区部门,经济技术开发区海关大楼和经济技术开发区法院。经济技术开发区也应与京津唐地区的其他管理部门进行合作,促进在知识产权保护问题上的跨区域合作,为高科技研发和产业化提供帮助。该项举措将加大十多个国家级和省级的发展区、高科技园区的优势,并提高300多家教育机构和培训机构的能力。即便如此,我们与一些专家和企业家进行了交流,他们强调应该建立并落实一个强有力的知识产权系统。并且,在加强知识产权方面,经济技术开发区只在其法律的界线内有执行权力,在经济技术开发区之外的事情需要其他政府实体的努力。

三是京津冀区域政府间知识产权合作机制尚未有效建立,缺少协调。发展规划、知识产权政策和重大项目等区域层面的沟通协调制度化程度较低,区域知识产权体系有待进一步健全。京津冀三地尚未制定知识产权协同发展规划,三地的发展规划和行动计划也未进行有效衔接;三地之间知识产权项目布局协调不够,河北与北京、天津的发展差距较大,《2016年全国专利实力状况报告》显示,京津两地承担国家级项目指数都是50~60分(天津60分,北京51.84分,分别排在第16位和第17位),而河北只有14.97分,排名24位。京津冀三地的政策沟通协调不够,如专利资助政策存在地区差异、新技术和新产品的政府采购政策存在区域歧视和地方保护现象等,这些都阻碍了知识产权资源的高效利用和优化配置。

四是京津冀区域知识产权要素市场体制不完善,缺少分享。京津冀三地资源配置行政色彩浓厚,市场机制发挥得不够充分,重大改革措施尚处于起步阶段,没有构建成一个富有活力,具有统一性、区域性的知识产权要素市场,知识产权要素多数只能为地方服务,不能为区域服务,不能自由流动和迅速集结,知识产权资本、成果、人才等要素自由流动和优化配置受到阻碍,知识产权活动不能有效对接协作和互补互助。受管理体制条块分割的影响,三地没有建立跨区域、一体化的知识产权公共服务平台,信息数据等难以共享。同时,天津、河北支撑知识产权的专业服务体系相对薄弱,这就使得北京的知识产权成果难以在天津、河北两地转化为现实生产力。

(三)京津冀知识产权成果转化存在的基础条件障碍

京津冀区域尚未建立知识产权资源合理配置机制,专利布局与产业链、创新链对接融合不充分,区域知识产权分工格局尚未形成,区域知识产权协同运用体系尚未建立。

一是京津冀知识产权资源配置不合理,导致知识产权出现分散封闭、交叉重复等碎片化、孤岛现象。区域内知识产权人才、资本、服务等要素过于集中,跨省市流动和开放共享程度偏低。如区域内知识产权承接能力不强,知识产权成果主要流向区域以外,知识产权合作大多处于企业自发状态,如2013年首都经济圈的技术合同为58 668项,比长三角少13 509项;京津冀三地都在建设各自的专利信息平台,开展专利预警分析等,但利用率不高,存在重复建设和资源浪费现象。

二是由于知识产权的供给和需求匹配度不高，导致知识产权资源出现“错轨”现象。北京是全国的知识产权中心，但北京的研发高校、研究机构占有重要地位，其知识产权更多的是“高精尖”，而天津、河北受工业化阶段的影响，知识产权的需求更多集中在传统行业领域。从技术层面分析发现，三地多数行业内的技术关注点存在较大差异。在三地专利资源规模平均排名靠前的八大行业中，仪器仪表制造业、化学原料和化学制品制造业、电气机械及器材制造业等行业最为关注的IPC（国际专利分类体系）小类和最为活跃的IPC大类均存在较为明显的差异。这导致知识产权需求与供给出现了结构性错位，创新链、产业链与专利布局对接融合不够充分，知识产权梯度转移对接路径尚未形成。

三是由于发展环境的巨大差距，导致产生“断崖”现象。三地知识产权发展水平存在较大差异，《2016年全国专利实力状况报告》显示，北京综合实力指数为82.68，位居全国第二，处于第一梯队；天津为63.81，处于第二梯队；河北为54.65，处于第三梯队。北京的有效专利占京津冀有效专利总量的64.5%，发明专利占比为39%，显著高于天津、河北的17.8%和14.2%，同时，津冀两地有效发明专利总量之和仅是北京的23%。这些数据表明京津冀之间专利资源实力差距远大于经济规模差距，区域发展差距悬殊，处于不同的发展阶段，难以有效对接和流动。

第七节　促进京津冀知识产权成果跨区域转化的思路与举措

（一）发展思路

一是要将京津冀区域建设成为“将知识和成果转化为资本和产业”的高地，而不只是将其变为把资金转化成知识的地方。要使企业能够通过科技成果转化获取丰厚的利润，要使科研人员能够通过科技成果转化获取丰厚的报酬。在“资本—知识—成果—资本”的循环中，京津冀在协同创新的过程中更应该重视后者，就是将知识、成果更加便捷有效地转化成为资本。

二是要将集聚资源与强化整合相结合。集聚和发挥京津冀资源优势是重要任务，要注重技术、管理、资本和人才等多种资源的有机整合，提升京津冀区域科技成果资源的整合能力，这是京津冀地区未来的竞争力所在。知识产权成果转化的关键是促进技术、管理、资本和人才等多种资源的有机整合，把转化过程组织化、流程化。科技是第一生产力，但科技不是唯一生产力。只有突破京津冀区域行政管理体制机制，建立强有力的载体，把技术、资金、人才和管理等要素有效整合在一起，才能够有效地实现科技成果转化。

三是要将政府集聚与市场配置相结合。强化三地政府协同,引导科技成果资源集聚和配置,积极培育市场化的力量,使民间力量逐渐成为科技成果资源集聚、流动和转化的主体,同时也要将体系建设与机制创新相结合。一方面要加强技术转移体系和科技成果转化体系建设,重视供给、中试、中介和需求等完整的科技成果转化链条;另一方面要加强科技成果转化机制的创新,实现体系建设与机制创新的互动,二者相互促进。

四是要将主体建设与环境优化相结合。要加强知识产权成果运用相关主体的建设,培育知识产权成果转化体系的节点和龙头,同时也要积极优化知识产权成果转化的环境,以便更好地促进知识产权成果转化主体的发展。

(二)发展目标

突破京津冀行政管理体制障碍,健全京津冀知识产权成果转化的市场化体制机制,创新知识产权成果转化和产业化的体制机制,夯实知识产权成果转化的中介机构和专业人才队伍基础,构建京津冀区域以企业需求为导向、大学和科研院所为源头、技术转移服务为纽带、产学研相结合的新型知识产权成果转化体系,营造有利于技术转移转化的政策环境,加快推进知识产权成果向现实生产力转化,提高科技成果转化的效率,形成机制先进、体系健全、基础扎实、政策宽松、富有活力的国家重要的"知识产权成果协同运用的改革示范区"。

(三)重点任务

促进京津冀知识产权协同运用,需要按照资源互享、政策互惠、市场互通、功能互补、融合互动的原则,坚持问题导向、坚持重点突破、坚持改革创新、坚持开放发展、坚持市场主导,以资源要素统筹利用为主线,推动形成京津冀知识产权协同发展。需要"建立三个机制,实现三个协同,打造三大载体,实现三个共建"。

1. 促进京津冀知识产权运用政策、市场和体系的三大协同

一是加强顶层设计,建立京津冀知识产权跨区域转化的统筹协调机制,实现京津冀知识产权战略规划和政策协同。在京津冀协同发展小组的领导下,国家知识产权局会同相关部门成立京津冀知识产权协调推进工作组,建立"一局三地"知识产权会商机制。建立京津冀知识产权轮值办公会议制度和办公室,加强三地城市、园区、协会、企业等各个层面之间的对接交流。开展京津冀知识产权跨区域转化的战略与政策研究,共同制定促进京津冀知识产权跨区域转化的政策体系。依托各地产业基础,加快推进北京、天津等地的高质量知识产权成果转化运用。建立区域知识产权政策共享和衔接平台,加强京津冀区域知识产权政策的协调与沟通。国家知识产权局等中央部委在资源布局、重点项目及扶持政策等方面给予重点倾斜。

二是加强市场导向,建立知识产权要素市场开放机制,突破阻碍要素流动的体制机制障碍,实现京津冀的知识产权要素市场协同。共建共享知识产权服务资源,加强

知识产权信息服务平台对接，组建京津冀知识产权服务联盟，构建资源共享的知识产权服务共同体，建立京津冀战略性新兴产业专利信息平台。促进区域知识产权人才自由合理流动，探索建立多形式、多渠道的京津冀知识产权人才联合培养机制，加强知识产权培训基地的共建共享，建立人才信息共享平台和统一知识产权人才职称制度，建立"一局三地"知识产权管理人员挂职制度，建立京津冀知识产权经理人俱乐部。加大知识产权金融协同，整合金融资源，共建京津冀知识产权质押处置平台，探索建立知识产权银行和互联网知识产权金融平台，成立知识产权投融资服务联盟。

三是加强知识产权保护，实现区域知识产权保护体系协同，为创新成果的转化运用提供保障。建立知识产权执法华北调度中心，推动建立三地知识产权信息共享机制，共建一批京津冀产业知识产权保护联盟，搭建知识产权举报投诉互转和维权援助互通平台，重点在天津自创区、石家庄高新区等建设知识产权快速维权中心，支持建立京津冀知识产权仲裁服务联盟，推进京津冀建立统一的知识产权信用档案，加快形成多元化、一体化、便捷化的纠纷解决机制。

2. 重点建好园区、集群和平台三大载体，构建京津冀知识产权协同运用示范区

一是共建一批知识产权协同运用园区，实现区域知识产权资源、政策和利益共享。加强自主创新示范区和自由贸易试验区的知识产权体制机制创新，推动知识产权管理体制、运行机制、激励政策等方面开展先行先试，建设京津冀知识产权领航区。建设一批知识产权特色产业园区，北京以中关村为核心，以各类产业集聚区为载体、以汇集各类高端知识产权资源为目标建设知识产权原创驱动型园区；天津以滨海高新区为核心，以市级高新区为载体，以促进知识产权转化运用为目标建设知识产权研发转化园区；河北以石家庄高新区、白洋淀科技园等为核心，以各类产业承接集聚区为载体，以专利技术产业化和产业升级为目标建设知识产权产业化园区。

二是打造一批优势产业知识产权集群，提高产业价值链，加快产业转型升级。建设京津冀支柱产业专利导航产业公共信息服务平台，建成国内领先的国家专利导航产业发展实验区。实施京津冀主导产业专利转移对接行动，加速与首都高校院所合作共建研发机构。设立知识产权密集型产业培育专项资金，围绕京津冀产业集聚区推行知识产权集群管理，建设一批知识产权密集型产业。发布京津冀战略性新兴产业知识产权动态信息，引导知识产权布局，构筑知识产权比较优势。

三是加强区域知识产权运营平台建设，构建三地协同运营服务体系。组建"京津冀知识产权交易联盟"，形成跨区域、标准化、梯度化的知识产权交易服务体系。共同建立华北知识产权运营中心，打造一站式服务平台。加强京津冀企业与高校和科研院所对接，探索以合作开展共性关键技术研发为手段、以知识产权利益分享为纽带、以研发机构为平台、以创新成果有效转化为目的的跨区域产学研合作机制。加快京津冀交易平台互联互通，举办区域专利技术交易会、优秀专利技术巡展等活动。

（四）制度突破

一是优先考虑建立跨区域的知识产权保护机制。一方面，京津冀可以率先建立跨行政区域的知识产权法院。十八届三中全会提出了建立知识产权法院的改革措施。从目前民间研讨看，设立跨行政区域的知识产权法院，打破知识产权司法保护受制于区域利益分割的体制障碍，可能是一个方向。另一方面，京津冀需要进一步完善跨区域的执法机制。知识产权行政执法呈现出执法办案量显著上升、办案量区域性特点明显、维权援助中心对执法办案工作支持作用明显、专利侵权纠纷案件中外观设计与实用新型专利案件所占比重较大等特点。可以在已有的京津冀区域执法机制的基础上，进一步深化合作，沟通信息，提高执法效率。

二是力争在跨区域知识产权流转、交易平台及知识产权要素统一市场建设方面取得突破。深化经济体制改革，治疗区域市场分割、经济要素越来越难以流动的长期痼疾，构建区域共同市场，是十八届三中全会部署的新一轮全面深化改革的重要内容，中央对京津冀构建共同市场寄予厚望。知识产权是现代经济中越来越重要的市场要素，无论其本身还是承载其上的人才要素、技术要素、科技企业要素等，都迫切需要通过构建流转交易平台、消除政府干预、统一政策尺度等，形成一个统一的市场，以实现在区域内自由流动。可以考虑由中国技术交易所牵头，整合三地资源，以资本为纽带，联合已有的交易市场，建立综合性知识产权运营平台，形成跨区域的知识产权中介服务体系。

三是发挥各类知识产权主体或载体的主导作用，建立多层次的知识产权协同发展机制。可以在三地共同进行环境治理、产业链协同、创新链协同等环节，依托政府、园区、产业协会等，在大气治理、产业创新、园区创新等方面，围绕提升竞争力，在多层面建立知识产权协同发展机制。京津冀不仅应当成为创新的共同体，实施创新驱动发展战略的先行区，也应当成为知识产权保护、服务、运用的共同体，成为建设知识产权强国的示范区。

四是三地开放知识产权服务市场，共同培育知识产权服务业。京津冀地区政府部门为推动知识产权发展，可以采取政府服务采购等措施，如对企业聘请服务机构开展知识产权战略给予补贴等。建议将京津冀区域内的服务企业同等对待，共同培育区域服务市场，逐步形成服务水平高、规模大的知识产权服务产业，建立知识产权服务联盟。

五是构建区域创新与知识产权保护的共同品牌。京津冀共同打造具有国际影响力的京津冀高科技新干线的创新品牌和知识产权保护的形象品牌，高水平推进新干线沿线高技术产业建设，营造国际一流的创新创业环境，形成创新创业区域高地、驱动原创产业发展的良好局面和品牌效应。

六是加强京津冀区域知识产权政策协调和信息、人才资源共享与交流。三地的知识产权政策应当进行衔接与协调。通过移动互联网,特别是社交化手段,在京津冀率先建立区域多层面的知识产权微博微信群。合作编制发布京津冀知识产权发展年度报告,集中发布三地知识产权发展与保护白皮书。加强人才培训,共享高端师资等人才。加强京津冀区域知识产权合作发展的战略研究,定期召开学术研讨会。

第三章　专利密集型产业发展对策研究——以天津市为例

随着知识经济和经济全球化的深入发展，专利与经济的融合日趋紧密，对国民经济发展的支撑作用日渐凸显。当前国际社会尤其是发达国家注重知识产权对经济发展的核心驱动作用。以美国为代表的发达市场经济国家几乎所有产业都在一定程度上依赖知识产权。知识产权密集型产业已经成为美国和欧盟经济增长最重要的推动力。这些产业对经济发展和贸易均衡的重要作用正受到发达国家的关注。各国都在强化对知识产权资源要素的支配和控制力，希望通过在创新活动过程中取得的知识产权成果来加强其在全球范围内的经济封锁和利益分配控制。

在我国，"创新引领发展战略"的落实需要先促进专利技术创新成果产业化，以便为加快产业升级和提升产业核心竞争力提供创新引擎。随着经济全球化进程的加快和科学技术的迅猛发展，专利等知识产权在经济提质增效发展中的战略地位越来越重要，在国际贸易中的重要性不断提升。目前，知识产权在中国宏观管理中的位置正逐渐由外围向中心转移，专利带动创新成果市场化和产业化的桥梁纽带作用日益凸显。在此背景下，开展中国专利密集型产业研究具有重要的现实意义。

第一节　国内外专利密集型产业评价研究

（一）专利密集型产业的内涵与界定标准

由于知识产权既是创新活动产出，又是技术创新产业化中物化产出与价值增值的重要投入，处于创新价值链中不可缺失的承上启下环节，因此利用知识产权密集作为产业聚集度的一种衡量方式具有重要意义。知识产权（专利）密集型产业的概念已经为各国所广泛接受。从广义来说，专利密集型产业指的是专利强度高于平均水平的产业，即在一定规模投入下专利产出数量相对较多的产业，专利密度高、附加值高、经济贡献高，代表了全产业创新的基本方向。专利密集型产业不仅专利产出数量多，更重要的是对专利制度的高度依赖。在高专利密集度产业中，专利更容易产生经济收益，对国民经济发展具有更重要的作用。

目前主要国家/组织对于知识产权（专利）密集型产业的定义原则基本一致。2012年，美国商务部所发布的报告《知识产权与美国经济：产业聚焦》，在全球首次较为明确地将知识产权密集型产业定义为人均专利量高于所有产业人均专利平均值的产业，具体包括专利密集型产业、著作权密集型产业和商业密集型产业三类。2013年欧盟发布报告《知识产权密集型产业：对欧盟经济表现及就业的贡献》，沿用并扩展了该定义，认为每位员工的知识产权拥有率高于平均水平的行业即为知识产权密集型行业，这些行业主要集中在制造业、技术和商业服务部门。2014年4月，中国知识产权局发布的《中国区域产业专利密集度统计报告》则进一步将专利密集度在整个国民经济行业平均发明专利密集度以上的行业确定为高专利密集度产业。

（二）专利技术分类与产业分类的关联研究

将专利数据用于产业统计和经济分析，需要建立专利分类与产业分类的对应关系，目前主要采用的方法是依靠人工判定、基于语义的自动映射。常用的专利分类方法主要有国际专利分类（IPC）、美国专利分类（USPC）、欧洲专利分类（ECLA）、日本专利分类（FI/FT）以及美欧联合开发的联合专利分类（CPC）；常用的产业分类主要有北美工业分类系统（NAICs）、国际标准产业分类体系（ISIC）、中国国民经济产业分类等。当前国际上还没有标准统一的专利分类与产业分类对照表，且现有对照表中专利分类号有些仅对照到上位的小类水平，还存在同一分类号与多个产业对应的情况，因此难以准确表达产业数据。由国家主管部门或重要组织发布的代表性参考体系有3个：1994年OECD公布了《技术领域与IPC分类号对照表》，建立OST-INPI/FhG-ISI技术领域（行业）与IPC分类的对应关系；2002年美国专利和商标局（USPTO）在美国专利分类体系和北美工业分类体系间建立了对照关系，以确定这些专利涉及的产业类别；中国国家知识产权局2015年发布的《国际专利分类与国民经济行业分类参照关系表（试用版）》建立了专利与国民经济行业的映射关系，为专利的行业分类在中国的应用提供了依据。

学术界也开展了专利分类与产业技术关联的相关研究，如德国弗劳恩霍夫系统与创新研究院为WIPO完成了《国家间技术分类对比》报告，将第8版IPC国际专利分类的ISI-OST-INPI专利与技术领域对照。Kortum采用耶鲁技术对照方法（Yale Technology Concordance）构建了IPC与产业分类对照关系；Johnson提出了产业专利密集度测算方法并通过实证比较了专利分类与ISIC的映射方法；Lybbert基于文本挖掘方法，构建了IPC与国际标准贸易分类（SITC）的映射关系；田创等基于相似度构建了专利与国民经济行业分类映射模型；彭茂祥等则基于关键词提取构建了专利分类与产业对照关系。

（三）产业专利密集度测算方法研究

美欧基于专利和经济发展数据，采用定量和定性相结合的方法分别测度了专利创造活动对产业发展效益的影响。2012年3月，美国商务部和专利商标局在世界范围内率先界定并系统梳理了知识产权密集型产业，认为就业人数可用于反映一个行业的规模，因此通过 NAICS 分类中某产业 5 年专利与行业 5 年平均就业人数之比来测算专利聚集程度。

欧洲专利局（EPO）与欧盟内部市场协调局（OHIM）于 2013 年联合发布了知识产权密集型产业相关研究报告，提出“专利相对强度”的概念，即划分到某个产业的欧洲专利数量与该产业的总就业人数（件/千人）的比值。

中国也进行相关领域的研究，中国国家知识产权局发布的《中国区域产业专利密集度统计报告》（2013 年）则将国民经济各行业的发明专利密集度定义为国民经济行业各分类中每 5 年的发明专利授权总数与该行业在那 5 年的平均就业人员数之比。

美国和欧盟的相关研究报告通过测度专利密集度界定了专利密集型产业，而中国除了专利密集度外，还对专利授权规模提出了要求（表 3-1）。从专利密集度的测算方法来看，各个国家对专利密集度（或专利强度）的计算原理基本相同，即以产业内发明专利数量与业内就业人数的相对值来反映相对于产业规模的专利水平。这种方法使所有产业基准相同，消除了时间波动和不确定因素的影响；专利最密集的产业并非专利数量最多的产业，而是发明专利数量与单位就业人数之比最高的产业。值得注意的是，在专利数量的选取上，美国和中国采用的是发明专利授权总量，而欧洲专利局采用的是专利申请量。部分学者认为，发明专利授权量是体现专利质量的关键指标，也是衡量产业经济就业贡献的重要指标，因此在构建专利密集型产业时，多借鉴美国和中国官方的专利密集型产业构建方法。除此之外，也有部分学者根据专利申请量与就业人数的比值来判定专利密集型产业。

表 3-1 美国、欧盟和中国专利密集型产业测算方法对比

国家/组织	专利与产业的关联方式	专利密集型产业的界定标准	产业专利密集度的测算方法
美国	USPC 与 NAIs	NAICS 分类中专利密集度高于所有产业整体平均水平的产业	$\frac{\text{NAICS分类中某产业（行业）5年专利总数}}{\text{该产业（行业）5年平均就业人数}}$（单位:件/千人）
欧盟	EPO 和 OHIM 收集到的专利信息与 ORBIS 数据库中公司信息匹配	相对专利强度高于所有产业平均水平的产业	$\frac{\text{某产业（行业）受EPC保护的专利总数}}{\text{该产业（行业）的就业人数}}$（单位:件/千人）
中国	国民经济产业分类与国际专利分类对照表	产业发明专利密集度和发明专利授权规模（一定时期内发明专利授权量之和）均达到全国平均水平以上的产业	$\frac{\text{某产业（行业）5年发明专利授权之和}}{\text{该产业（行业）5年平均就业人数}}$（单位:件/千人）

有研究认为，用专利密集度指标来界定专利密集型产业，忽略了专利的质量问题，有可能导致一些拥有专利数量较少但专利价值高的产业或者就业人数众多但十分依赖专利成果的产业没有被认定为专利密集型产业。在此基础上，部分学者采取了更加综合全面的测度指标（表 3-2）对专利密集型产业进行测算。姜南等考虑数据的可获取性和方法完备性，从专利增量和专利存量两个方面量化专利密集度，利用 4 种算法指标计算结果联合认定了中国的专利密集型产业；刘丹选取多个指标对我国中类产业的专利密集程度进行主成分分析，并根据专利密集程度测度结果界定了我国的专利密集型产业中类产业；张劲文以 R&D 投入强度和有效发明专利量为投入指标，以万人专利量为产出指标来综合评价专利密集度，但是没有将产业专利增量作为参考指标（专利申请是产业创新活力的重要表征）；李黎明综合考虑发明申请、有效发明、研发强度和研发人力，利用模糊优选方法计算产业专利密集度。

表 3-2　产业专利密集度测算指标体系对比

计算方法	测度目标		测度指标
频次统计法	专利增量		当年发明专利申请量与当年从业人员的比值
			当年发明专利申请量与当年工业产值的比值
	专利存量		当年发明专利拥有量与当年从业人员的比值
			当年发明专利拥有量与当年工业产值的比值
主成分分析	专利活动投入	人力资源投入	$R\&D$ 人员强度= $\frac{\text{该产业}R\&D\text{从业人数（人次）}}{\text{同期该产业从业人员数（万人次）}}\times100\%$
		资金投入	$R\&D$ 经费强度= $\frac{\text{该产业}R\&D\text{经费投入（万元）}}{\text{周期该产业总产值（亿元）}}\times100\%$
	专利活动产出	数量指标	人均专利申请量（件/万人）
		质量指标	发明专利申请量占专利申请总量的比值
			人均有效发明专利拥有量
	产品中专利的价值		新产品收入占主营业务收入的比值
	专利活动环境	专利制度建设情况	有研发机构的企业占比
		专利市场活跃程度	技术购买费用支出占主营业务收入的比值
模糊优选	专利活动产出	千人发明专利申请量	产业每千名从业人员对应的专利申请数
		万人发明专利拥有量	产业每万名从业人员拥有的有效发明专利数量
	专利活动投入	研发强度	R&D 经费内部支出占工业总产业的比值
		研发人员占比	产业研究人员与全部从业人员的比值

（四）专利密集型产业评价研究

当前，国内外对专利密集型产业的评价研究主要聚焦在以下几个方面：对经济和就业的贡献、对进出口贸易的贡献、产业经济效益和创新效率等。

2016 年美国发布了报告《知识产权与美国经济（2016）》，主要从专利密集型产业对就业的贡献、劳动者的平均工资、员工的受教育水平以及产业增加值等方面对专利密集型产业进行了评价，主要评价目标与指标如表 3-3 所示。

表 3-3 美国专利商标局专利密集型产业评价指标体系

评价目标	评价指标
对就业的贡献	某年提供的直接就业岗位数量
	某年提供的直接就业岗位数量占当年全社会就业岗位总量①的比值
	某年提供的间接就业岗位数量
	某年提供的就业岗位总量
	某年个体经营者数量占就业岗位总量的比值
劳动者报酬	某年劳动者的周平均工资
员工受教育水平	学位（高中以下、高中、大专、学士、硕士以上）
对外贸易	出口额
	进口额

①直接就业岗位数量+间接就业岗位数量。

2016 年欧盟发布了研究报告《欧盟知识产权密集型产业和经济表现（2016）》，主要从专利密集型产业对就业的贡献、劳动者平均工资、员工受教育水平以及产业增加值等方面对专利密集型产业进行评价，主要评价目标与指标如表 3-4 所示。

表 3-4 欧盟专利密集型产业评价指标体系

评价目标	评价指标
对就业的贡献	一定时期内平均每年提供的直接就业岗位数量
	一定时期内平均每年提供的直接就业岗位数量占社会直接就业岗位总量①的比值
	一定时期内平均每年提供的就业岗位总量
	一定时期内平均每年提供的就业岗位总量占全社会就业岗位总量的比值
对经济的贡献	一定时期内平均每年产业增加值
	一定时期内平均每年产业增加值占 GDP 的比值
劳动者报酬	某年劳动者的周平均工资

表 3-4　欧盟专利密集型产业评价指标体系（续）

评价目标	评价指标
对外贸易	出口额
	进口额
	净出口额

①直接就业岗位数量+间接就业岗位数量。

中国国家知识产权局发展规划司发布的《中国区域产业专利密集度统计报告（2013）》，通过将专利统计数据与国民经济行业经济数据对接，对我国高专利密集度产业进行了评价，所采用的评价维度（即评价目标）基本一致。在此基础上，国家知识产权局的《中国专利密集型产业主要统计数据报告（2015）》主要从专利密集型产业对经济和就业的贡献、产业经济效益情况、对外出口、产业创新情况和产业发展活力 5 个维度对专利密集型产业进行了评价。对比（表 3-5）发现，2015 版采用的评价指标体系增加了产业发展活力评价，去除了如企业盈亏、全员劳动生产率和资本所有权这 3 个评价指标。此外，虽然 2 个报告都对专利密集型产业对外出口情况进行了评价，但是具体指标仍存在差异。

表 3-5　中国专利密集型产业评价指标体系比较

评价目标	表征指标	2013	2015
对经济的贡献	产业增加值	√	√
	占国内生产总值比重	√	√
对就业的贡献	就业人员数量	√	√
劳动者报酬	劳动者报酬	√	√
经济效益情况	总资产贡献率	√	√
	成本费用利润率	√	√
	资产负债率	√	√
	企业盈亏	√	—
对外出口	出口交货值①	√ （ ）	√ （ ）

表 3-5 中国专利密集型产业评价指标体系比较(续)

评价目标	表征指标	2013	2015
产业创新情况	研发人员投入	√	√
	研发经费投入	√	√
	新产口销售收入	√	√
	全员劳动生产率	√	—
	资本所有权	√	—
	专利授权数	√	√
产业发展活力	经济产出(增加值)年均增长	—	√
	科技创新投入(研发人员与经费)年均增长	—	√
	科技创新产出(新产品销售收入)年均增长	—	√

① 2013 年的评价指标有 2 个,出口交货值占总出口额比重、出口交货值占销售产值比重;2015 的评价指标只有 1 个,出口交货值占销售产值比重。

在专利密集型产业评价方面,多数学者重点关注专利创新效应,认为专利是驱动技术革新、推动产业结构优化和升级、诱发企业竞争优势加强的关键因素。徐明基于 R&D 投入—创新产出—工业总产值贡献率的投入产出链,探讨了专利等知识产权要素对专利密集型产业创新经济绩效的影响;王黎萤按科技产出、物化产出和价值产出考察专利密集型产业和非专利密集型产业创新效率的差异。

(五)美欧中专利密集型产业评价研究对比

1. 关于评价体系指标构成

目前已构建的专利密集型产业评价指标逻辑框架包括投入和产出两个层面。

产业投入测度包括人员投入和经费投入。人员所代表的智力资源是专利密集型产业投入的重要组成部分,当前指标可分为两类:一是人员投入数量指标,如研发人员数量及占比;二是人员投入质量指标,如员工受教育水平。经费投入可用于购买先进的设备和技术、聘请科研人才,进而提高产业整体创新水平,当前多采用劳动者报酬、研发经费投入等指标来评价。

产业产出测度主要包括对就业、经济、对外贸易的影响。对就业的贡献指标有提供的直接就业岗位数量及占比、间接就业岗位数量、就业岗位总量等,对经济的贡献评价指标有产业增加值及其占 GDP 的比重、总资产贡献率、成本费用利润率等,对外贸易相关评价主要包括进出口额、出口交货值等指标。

各方对专利密集型产业进行评价时,所设计的评价维度和指标有所差异(表 3-6)。就评价维度而言,专利密集型产业对经济和就业的贡献、劳动者报酬以及对外贸易这三个方面是中美欧都有涉及的。除此之外，中国国家知识产权局的评价研究还考虑了专利密集型产业的经济效益和创新情况，相对而言更为全面。

表 3-6　美国、中国和欧盟专利密集型产业评价指标体系对比

国家/组织	优势	不足
美国	从专利密集型产业对就业的贡献、劳动者报酬、员工受教育程度和对外贸易等四方面综合考虑； 某些指标设置得比较详细，如专利密集型产业员工受教育程度的评价、个体经营者占比等	评价维度不够全面，如不能充分反映专利密集型产业的经济效益、创新效率等； 某些指标的评价值难以获取，影响了可操作性，如专利密集型产业提供的间接就业岗位数量
欧盟	采用年度区间均值数据，更为客观合理； 对外贸易指标的设置较为详细； 产业增加值相关评价指标设置最客观合理	侧重考量了专利密集型产业对经济和就业的贡献，缺乏对专利密集型产业自身的经济效益等情况的评价
中国	指标体系设置最完整； 经济效益指标设置更丰富； 增加产业发展活力评价指标	部分指标设置较粗放，如对外贸易情况仅根据“总出口交货值”一项进行评价

在评价专利密集型产业对就业的贡献时，美国除了测算出专利密集型产业直接提供的就业岗位数量外，还测算了间接提供的就业岗位数量，相比之下，中国则只考察了直接就业岗位数量（即就业人员数量）这一指标。由于专利密集型产业所提供的间接就业岗位数量不易获取，因而美、欧的指标设计反映内容比中国更全面，但可操作性较低。值得注意的是，美国在研究中强调，个体经营者在知识产权密集型产业中占据了重要的地位，因此还特别设置了对个体经营者在知识产权密集型产业中所占比值的考察。

关于专利密集型产业的对外贸易，美国研究并未进一步细化具体的评价指标，只是分析了产业的进出口额；中国在研究中设计的评价指标是专利密集型产业占总出口交易额的比重。相比而言，欧盟在对外贸易方面的指标设置得最详细，有 3 个指标。

除了上述几个方面，美国的报告认为受教育水平是一种常见的衡量员工技能和预期生产力的指标，因此设计了“员工受教育程度”指标来评价专利密集型产业的竞争能力。值得注意的是，中国在研究中设计了总资产贡献率、成本费用率、资产负债率和企业盈亏 4 个指标来评价专利密集型产业自身的经济效益情况，而且还从 R&D 人员投入强度、R&D 经费投入强度和新产品销售收入占主营业务收入的比重三个方面对专利密集型产业的创新投入情况进行了评价。

2. 关于评价值采集与处理

在评价专利密集型产业对经济的贡献时，各国都是从“产业增加值”和“产业增加值占 GDP 的比重”入手，但是底层数据采集的时间窗与处理方式存在差异：美国测算的是某一年（如 2014 年）专利密集型产业的产业增加值，而欧盟则测算的是一定时期（2011—2013 年）内专利密集型产业的年平均产业增加值，中国则直接测算的是一定时期内（2010—2014 年）专利密集型产业的增加值总量。采用一定时期内的平均值，可以更好地消除时间波动等不确定因素对样本数据造成的影响，而采用一定时期内的产业增加值总量，也可以更好地看出专利密集型产业的发展趋势。因此，相比而言，在评价专利密集型产业对经济的贡献时，欧盟和中国的采用的研究处理方式更加客观合理。

美欧中都采用了劳动者报酬这一指标来评价专利密集型产业的竞争力，不同的是美国和欧盟计算的都是某一年内专利密集型产业员工的周平均工资，而中国计算的则是专利密集型产业劳动者报酬占全社会劳动者报酬的比重。

第二节　天津市专利密集型产业评价结果

（一）编制方法

参照国家知识产权局专利密集型产业目录编制方法，将天津市专利密集型产业定义为：产业专利密集度和发明专利授权数量规模均达到全市平均水平以上的产业。囿于国民经济中类行业就业数据的缺失，本报告采取按国民经济大类行业分的规模以上工业企业就业人员数据来代替全社会就业数据。专利密集度为某产业每 5 年发明专利授权总数除以该产业 5 年平均从业人员数，发明专利授权数量规模为该产业 5 年的发明专利授权总数。

$$\text{发明专利密集度}=\frac{\text{某产业（行业）5年发明专利授权数之和}}{\text{该产业（行业）5年平均就业人员数}}\text{（件/万人）}$$

课题组组织研究人员对天津市在 2013—2017 年授权的共计 21 627 件发明专利进行行业分类，分类主要依据国家知识产权局公布的《国际专利分类与国民经济行业分类参照关系表（2018）》。根据参照关系表，将全部发明专利归类到国民经济中类行业中，汇总形成了天津市 2013—2017 年各国民经济中类行业获得的发明专利授权数量。

（二）基础数据处理结果

2013—2017 年天津市获得授权的发明专利集中在化学原料和化学制品制造业（大类代码：26）的数量最多，有 3 822 件，占比为 17.7%；排名第二位的是通用设备制造业（大类代码：34），获得授权的发明专利数量为 2 834 件，占比为 13.1%；排名第三位的是专用设备制造业（大类代码：35），获得授权的发明专利数量为 2 590 件，占比为 12.0%（图 3-1 和表 3-7）。

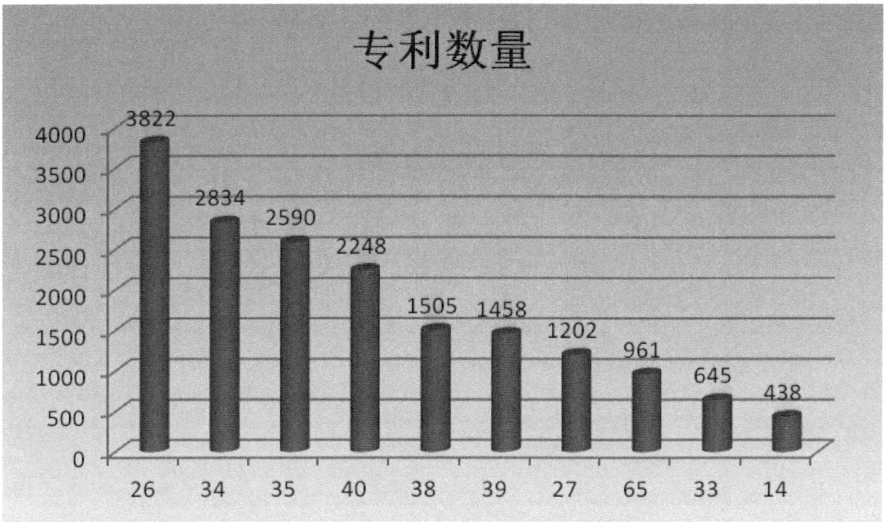

图 3-1　授权发明专利数量前十名大类分布

表 3-7　2013—2017 年授权发明专利数量前十名大类

大类代码	大类名称	专利数量
26	化学原料和化学制品制造业	3 822
34	通用设备制造业	2 834
35	专用设备制造业	2 590
40	仪器仪表制造业	2 248
38	电气机械和器材制造业	1 505
39	计算机、通信和其他电子设备制造业	1 458
27	医药制造业	1 202
65	软件和信息技术服务业	961
33	金属制品业	645
14	食品制造业	438

1. 化学原料和化学制品制造业（大类代码:26）领域专利情况

2013—2017 年，天津市在化学原料和化学制品制造业领域获得授权的专利数量最多，高达 3 822 件。化学原料和化学制品制造业大类包含了 8 个国民经济中类行业分类，其中专用化学产品制造中类获得授权的发明专利数量最多，占比为 53%；基础化学原料制造领域获得授权的发明专利数量排名第二位，占比为 20%；合成材料制造领域获得了12%的授权专利，排名第三位（图3-2和表3-8）。

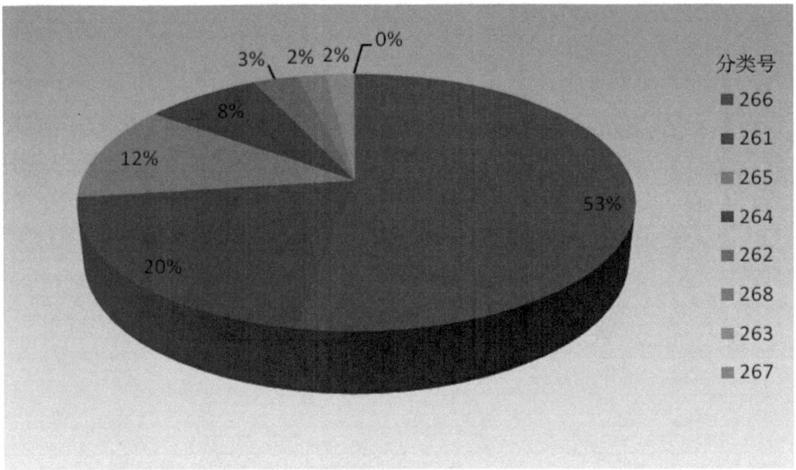

图3-2 化学原料和化学制品制造业各中类行业专利分布

表3-8 化学原料和化学制品制造业各中类行业专利数量

中类代码	中类名称	专利数量
261	基础化学原料制造	769
262	肥料制造	114
263	农药制造	71
264	涂料、油墨、颜料及类似产品制造	305
265	合成材料制造	458
266	专用化学产品制造	2025
267	炸药、火工及焰火产品制造	5
268	日用化学产品制造	75

2. 通用设备制造业（大类代码：34）领域专利情况

2013—2017年，天津市在通用设备制造业领域获得授权的专利数量高达2 834件，在大类行业中排名第二位。通用设备制造业大类包含了9个国民经济中类行业分类，其中金属加工机械制造中类获得授权的发明专利数量最多，占比为30%；烘炉、风机、包装等设备制造领域获得授权的发明专利数量排名第二位，占比为26%；物料搬运设备制造领域获得13%的发明专利，位列第三位；泵、阀门、压缩机及类似机械制造领域获得了10%的发明专利，位列第四位（图3-3和表3-9）。

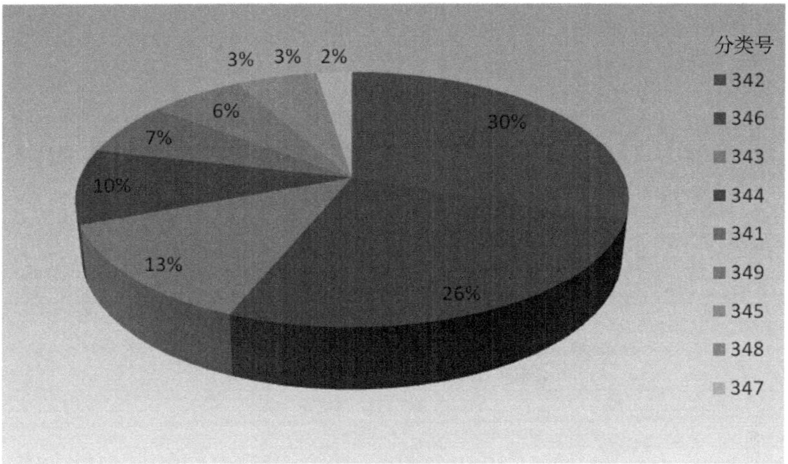

图 3-3 通用设备制造业各中类行业专利分布

表 3-9 通用设备制造业各中类行业专利数量

中类代码	中类名称	专利数量
341	锅炉及原动设备制造	193
342	金属加工机械制造	861
343	物料搬运设备制造	371
344	泵、阀门、压缩机及类似机械制造	269
345	轴承、齿轮和传动部件制造	87
346	烘炉、风机、包装等设备制造	730
347	文化、办公用机械制造	69
348	通用零部件制造	71
349	其他通用设备制造业	183

3. 专用设备制造业（大类代码:35）领域专利情况

2013—2017 年,天津市在专用设备制造业领域获得授权的专利数量高达 2 590 件,在大类行业中排名第三位。专用设备制造业大类包含了 9 个国民经济中类行业分类,其中医疗仪器设备及器械制造中类获得授权的发明专利数量最多,占比为 26%;化工、木材、非金属加工专用设备制造领域获得授权的发明专利数量排名第二位,占比为 21%;环保、邮政、社会公共服务及其他专用设备制造获得了 20%的专利授权;采矿、冶金、建筑专用设备制造领域获得了 16%的专利授权（图 3-4 和表 3-10）。

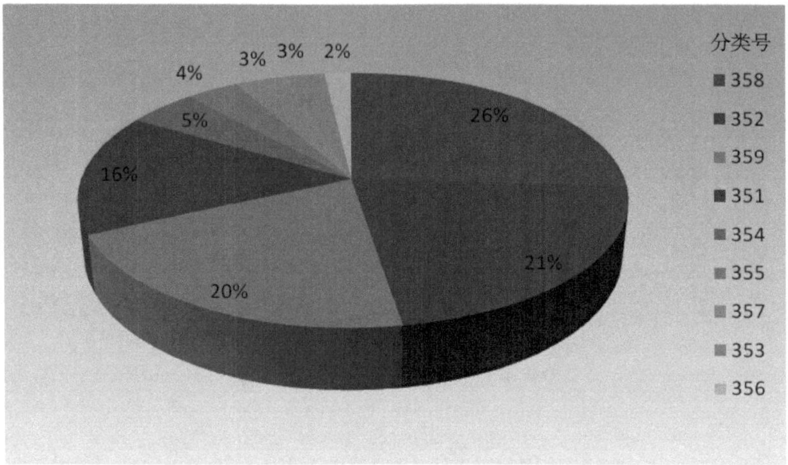

图 3-4 专用设备制造业各中类行业专利分布

表 3-10 专用设备制造业各中类行业专利数量

中类代码	中类名称	专利数量
351	采矿、冶金、建筑专用设备制造	402
352	化工、木材、非金属加工专用设备制造	557
353	食品、饮料、烟草及饲料生产专用设备制造	70
354	印刷、制药、日化及日用品生产专用设备制造	123
355	纺织、服装和皮革加工专用设备制造	96
356	电子和电工机械专用设备制造	47
357	农、林、牧、渔专用机械制造	91
358	医疗仪器设备及器械制造	674
359	环保、邮政、社会公共服务及其他专用设备制造	530

4. 仪器仪表制造业(大类代码:40)领域专利情况

2013—2017 年,天津市在仪器仪表制造业领域获得授权的专利数量为 2 248 件,在大类行业中排名第四位。仪器仪表制造业大类包含了 6 个国民经济中类行业分类,其中专用仪器仪表制造中类获得授权的发明专利数量最多,占比为 62%;通用仪器仪表制造领域获得授权的发明专利数量排名第二位,占比为 32%(图 3-5 和表 3-11)。

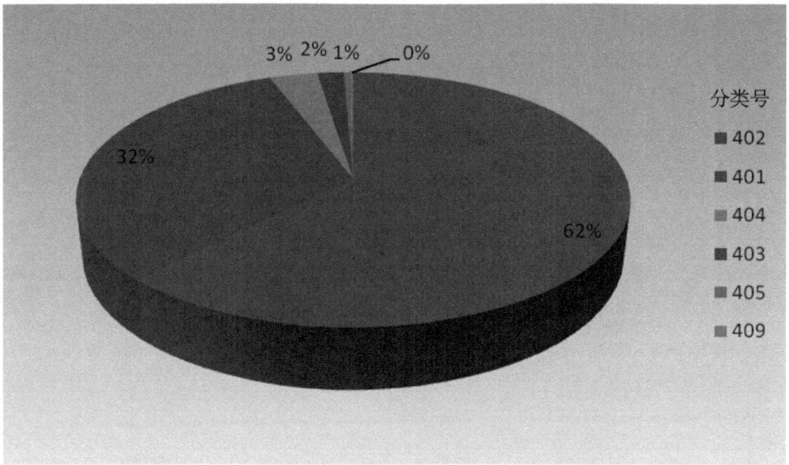

图 3-5　仪器仪表制造业各中类行业专利分布

表 3-11　仪器仪表制造业各中类行业专利数量

中类代码	中类名称	专利数量
401	通用仪器仪表制造	721
402	专用仪器仪表制造	1 398
403	钟表与计时仪器制造	41
404	光学仪器制造	74
405	衡器制造	10
406	其他仪器仪表制造业	4

5. 电气机械和器材制造业（大类代码:38）领域专利情况

2013—2017 年，天津市在电气机械和器材制造业领域获得授权的专利数量为 1 505 件，在大类行业中排名第五位。电气机械和器材制造业大类包含了 8 个国民经济中类行业分类，其中输配电及控制设备制造中类获得授权的发明专利数量最多，占比为 43%；电池制造领域获得授权的发明专利数量排名第二位，占比为 19%。电机制造领域获得授权的发明专利数量排名第三位，占比为 11%（图 3-6 和表 3-12）。

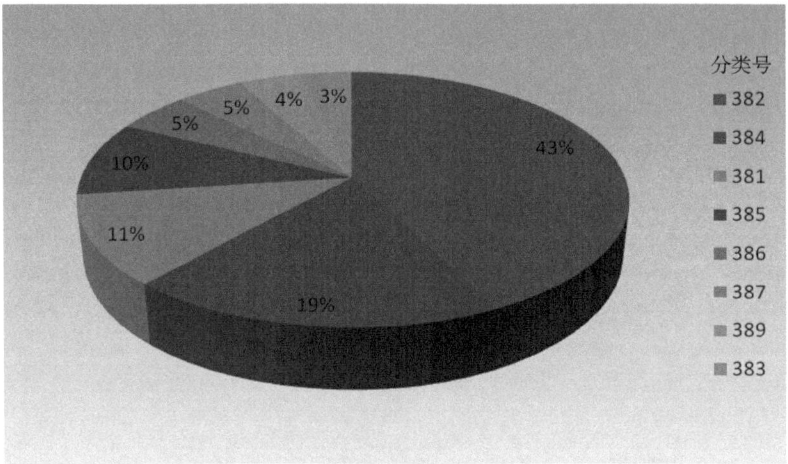

图 3-6 电气机械和器材制造业各中类行业专利分布

表 3-12 电气机械和器材制造业各中类行业专利数量

中类代码	中类名称	专利数量
381	电机制造	171
382	输配电及控制设备制造	641
383	电线、电缆、光缆及电工器材制造	52
384	电池制造	286
385	家用电力器具制造	144
386	非电力家用器具制造	76
387	照明器具制造	70
389	其他电气机械及器材制造	65

6. 计算机、通信和其他电子设备制造业（大类代码：39）领域专利情况

2013—2017 年，天津市在计算机、通信和其他电子设备制造业领域获得授权的专利数量为 1 458 件，在大类行业中排名第六位。电气机械和器材制造业大类包含了 9 个国民经济中类行业分类，其中电子器件制造中类获得授权的发明专利数量最多，占比为 33%；计算机制造领域获得授权的发明专利数量排名第二位，占比为 17%；通信设备制造领域获得授权的发明专利数量排名第三位，占比为 17%；广播电视设备制造领域获得授权的发明专利数量排名第四位，占比为 14%（图 3-7 和表 3-13）。

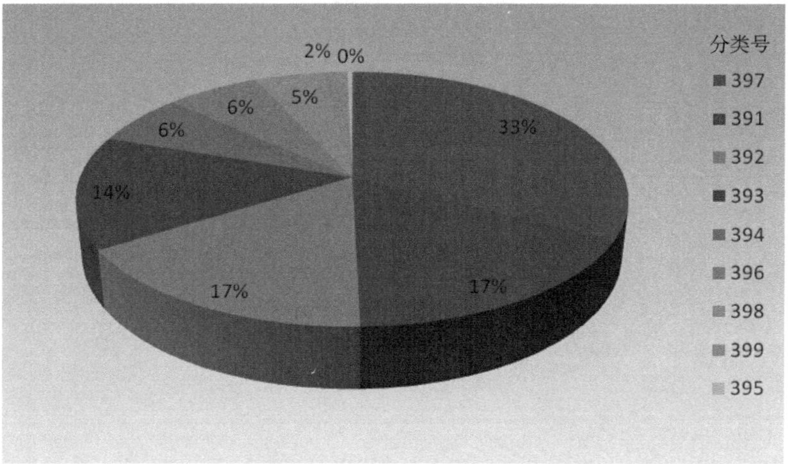

图 3-7 计算机、通信和其他电子设备制造业各中类行业专利分布

表 3-13 计算机、通信和其他电子设备制造业各中类行业专利数量

中类代码	中类名称	专利数量
391	计算机制造	246
392	通信设备制造	240
393	广播电视设备制造	209
394	雷达及配套设备制造	94
395	非专业视听设备制造	5
396	智能消费设备制造	94
397	电子器件制造	477
398	电子元件及电子专用材料制造	69
399	其他电子设备制造	24

7. 医药制造业（大类代码：27）领域专利情况

2013—2017 年，天津市在医药制造业领域获得授权的专利数量为 1 202 件，在大类行业中排名第七位。医药制造业大类包含了 8 个国民经济中类行业分类，其中生物药品制品制造中类获得授权的发明专利数量最多，占比为 36%；中成药生产领域获得授权的发明专利数量排名第二位，占比为 29%；化学药品制剂制造领域获得授权的发明专利数量排名第三位，占比为 19%（图 3-8 和表 3-14）。

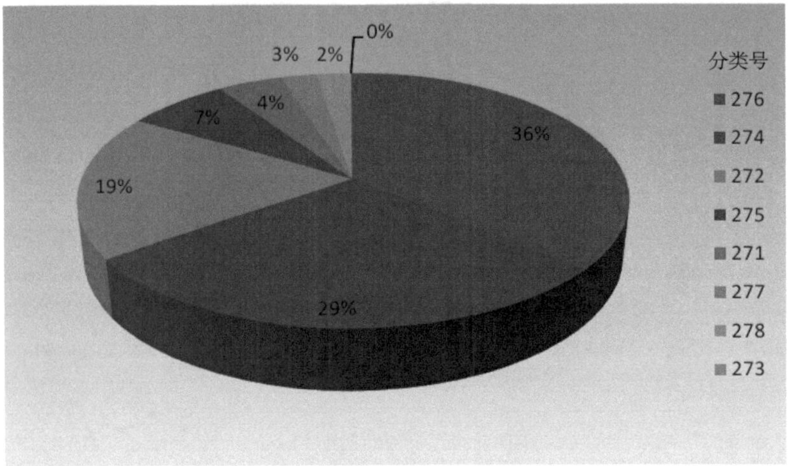

图 3-8 医药制造业各中类行业专利分布

表 3-14 医药制造业各中类行业专利数量

中类代码	中类名称	专利数量
271	化学药品原料药制造	53
272	化学药品制剂制造	222
273	中药饮片加工	1
274	中成药生产	347
275	兽用药品制造	84
276	生物药品制品制造	437
277	卫生材料及医药用品制造	30
278	药用辅料及包装材料制造	28

8. 软件和信息技术服务业(大类代码:65)领域专利情况

2013—2017 年,天津市在软件和信息技术服务业领域获得授权的专利数量为 961 件,在大类行业中排名第八位。软件和信息技术服务业大类包含了 7 个国民经济中类行业分类,其中软件开发中类获得授权的发明专利数量最多,占比为 37%;信息处理和存储支持服务领域获得授权的发明专利数量排名第二位,占比为 31%;数字内容服务领域获得授权的发明专利数量排名第三位,占比为 24%(图 3-9 和表 3-15)。

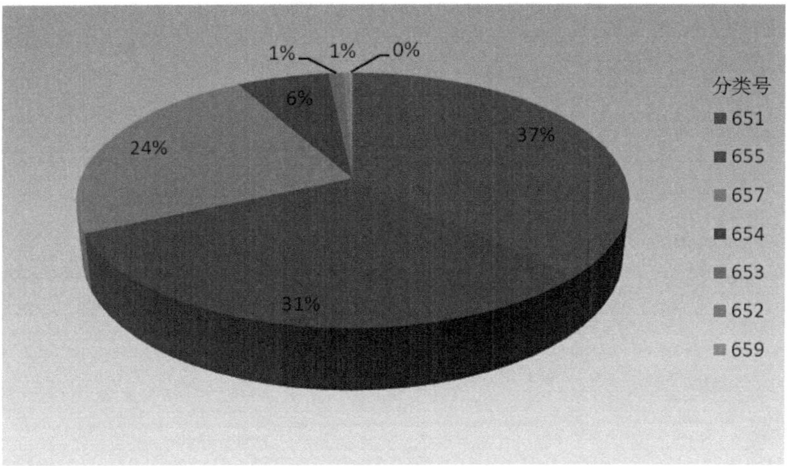

图 3-9　软件和信息技术服务业各中类行业专利分布

表 3-15　软件和信息技术服务业各中类行业专利数量

中类代码	中类名称	专利数量
651	软件开发	359
652	集成电路设计	4
653	信息系统集成和物联网技术服务	10
654	运行维护服务	61
655	信息处理和存储支持服务	298
657	数字内容服务	227
659	其他信息技术服务业	2

9. 金属制品业（大类代码:33）领域专利情况

2013—2017 年天津市在金属制品业领域获得授权的专利数量为 645 件，在大类行业中排名第九位。金属制品业大类包含了 9 个国民经济中类行业分类，其中结构性金属制品制造中类获得授权的发明专利数量最多，占比为 26%；金属表面处理及热处理加工领域获得授权的发明专利数量排名第二位，占比为 19%；建筑、安全用金属制品制造领域获得授权的发明专利数量排名第三位，占比为 18%；铸造及其他金属制品制造领域获得授权的发明专利数量排名第四位，占比为 15%（图 3-10 和表 3-16）。

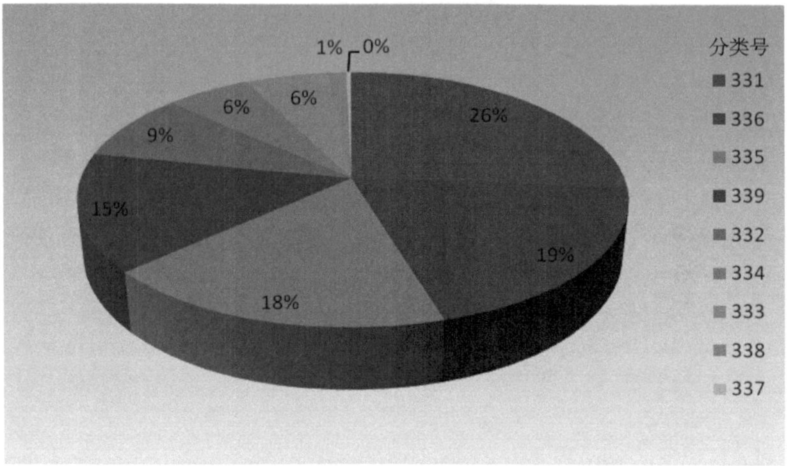

图 3-10 金属制品业各中类行业专利分布

表 3-16 金属制品业各中类行业专利数量

中类代码	中类名称	专利数量
331	结构性金属制品制造	168
332	金属工具制造	56
333	集装箱及金属包装容器制造	37
334	金属丝绳及其制品制造	38
335	建筑、安全用金属制品制造	115
336	金属表面处理及热处理加工	125
337	搪瓷制品制造	2
338	金属制日用品制造	8
339	铸造及其他金属制品制造	96

10. 食品制造业（大类代码：14）领域专利情况

2013—2017 年天津市在食品制造业领域获得授权的专利数量为 438 件，在大类行业中排名第十位。食品制造业大类包含了 7 个国民经济中类行业分类，其中其他食品制造中类获得授权的发明专利数量最多，占比为 51%；调味品、发酵制品制造领域获得授权的发明专利数量排名第二位，占比为 42%（图 3-11 和表 3-17）。

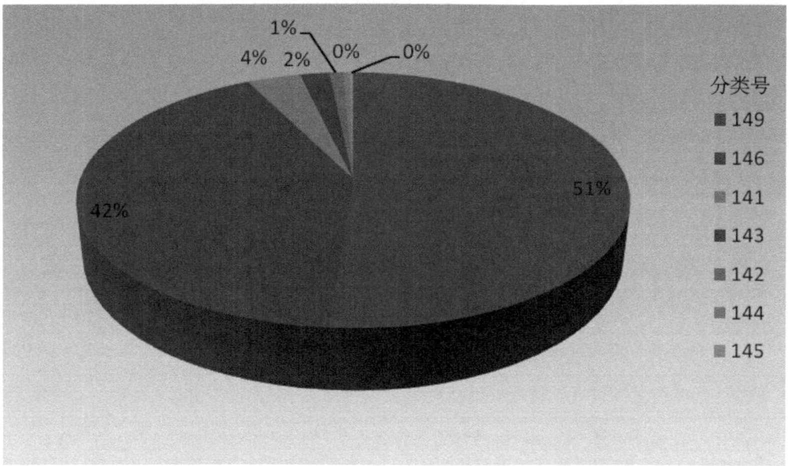

图 3-11 食品制造业各中类行业专利分布

表 3-17 食品制造业各中类行业专利数量

中类代码	中类名称	专利数量
141	焙烤食品制造	16
142	糖果、巧克力及蜜饯制造	4
143	方便食品制造	9
144	乳制品制造	2
145	罐头食品制造	1
146	调味品、发酵制品制造	182
149	其他食品制造	224

（三）确定天津市专利密集型产业

专利密集型产业是指发明专利密集度、规模达到规定的标准，依靠知识产权参与市场竞争，符合创新发展导向的产业集合。依据国家知识产权局知识产权（专利）密集型产业分类方法，规定天津市专利密集型产业至少具备下列条件之一：

一是行业发明专利规模①和密集度②均高于全市平均水平（表 3-18 和表 3-19）；

二是行业发明专利规模和 R&D 投入强度③高于全市平均水平，且属于战略性新

① 发明专利规模，指连续 5 年期间发明专利授权量之和。

② 发明专利密集度，指单位就业人员连续 5 年期间获得的发明专利授权量，即发明专利规模与同一时期年平均就业人员数之比。

③ R&D 投入强度，指企业 R&D 经费支出与主营业务收入之比。R&D 是指为增加知识存量（也包括有关人类、文化和社会的知识）以及设计已有知识的新应用而进行的创造性、系统性工作。

兴产业、高技术制造业、高技术服务业；

三是行业发明专利密集度和R&D投入强度高于全市平均水平，且属于战略性新兴产业、高技术制造业、高技术服务业。

经过计算，天津市2013—2017年发明专利密集度即每千人就业人员平均获得的发明专利授权量为13.27件，各大类行业平均获得的发明专利授权数量为572件。

表3-18 每千名就业人员发明专利授权量高于全市平均水平的行业

序号	大类行业名称	发明专利强度
1	仪器仪表制造业	189.53
2	化学纤维制造业	155.68
3	金属制品、机械和设备修理业	85.63
4	化学原料及化学制品制造业	68.66
5	水的生产和供应业	43.24
6	通用设备制造业	32.14
7	专用设备制造业	28.73
8	医药制造业	26.78
9	电气机械和器材制造业	23.91

表3-19 高于平均发明专利授权量的大类行业

序号	大类行业名称	发明专利强度
1	化学原料及化学制品制造业	3 822
2	通用设备制造业	2 834
3	专用设备制造业	2 590
4	仪器仪表制造业	2248
5	电气机械和器材制造业	1 505
6	计算机、通信和其他电子设备制造业	1 458
7	医药制造业	1 202
8	软件和信息技术服务业	961
9	金属制品业	645

经计算，2017年，天津市各国民经济大类行业规模以上工业企业的平均R&D投入强度为1.31%，超过平均R&D投入强度的行业，见表3-20。

表 3-20　高于平均 R&D 投入强度大类行业

序号	大类行业名称	发明专利强度
1	非金属矿采选业	4.51%
2	开采辅助活动	3.68%
3	皮革、毛皮、羽毛	2.52%
4	铁路船舶航空航天	2.51%
5	印刷和记录媒介复制业	2.19%
6	计算机、通信	2.09%
7	橡胶和塑料制品也	1.97%
8	家具制造业	1.80%
9	造纸和纸制品业	1.61%
10	木材加工	1.59%
11	非金属矿物制品	1.57%
12	黑色金属冶炼	1.56%
13	金属制品业	1.52%

将表 3-18、表 3-19 和表 3-20 中的大类行业取交集，可以得出天津市 2017 年专利密集型产业为“仪器仪表制造业”“化学原料及化学制品制造业”“通用设备制造业”“专用设备制造业”“医药制造业”“电气机械器材制造业和计算机”和“通信和其他电子设备制造业”，共 7 个大类行业。

由于无法采集到软件行业的 R&D 投入强度，但是考虑到软件行业是典型的知识密集型行业，R&D 投入强度几乎可以确定在全部行业的平均水平之上，所以软件和信息技术服务业也被列入 2017 年天津市专利密集型产业中。

对各大类专利密集型产业进一步分析得出以下结论：

仪器仪表制造业 94%专利分布在“通用仪器仪表制造”① 和“专用仪器仪表制造”②2 个中类行业；

化学原料及化学制品制造业中，85%的专利分布在“专用化学产品制造”“基础化学原料制造”和“合成材料制造”3 个中类行业中；

通用设备制造业中，79%的专利分布在“金属加工机械制造”“烘炉、风机、包装

① 主要包括“工业自动控制系统装置制造”“电工仪器仪表制造”“绘图、计算及测量仪器制造”“实验分析仪器制造”“试验机制造”“供应用仪器仪表制造”等小类行业。

② 主要包括“环境监测专用仪器仪表制造”“运输设备及生产用计数仪表制造”“导航、测绘、气象及海洋专用仪器制造”“农林牧渔专用仪器仪表制造”“地质勘探和地震专用仪器制造”“教学专用仪器制造”“核子及核辐射测量仪器制造”“电子测量仪器制造”等小类行业。

等设备制造”“物料搬运设备制造”“泵、阀门、压缩机及类似机械制造”；

专用设备制造业中，83%的专利分布在“医疗仪器设备及器械制造”“环保、邮政、社会公共服务及其他专用设备制造”“采矿、冶金、建筑专用设备制造”和“化工、木材、非金属加工专用设备制造”4个中类行业中；

医药制造业中，84%的专利分布在“生物药品制品制造”“中成药生产”和“化学药品制剂制造”3个中类行业中；

电气机械和器材制造业，83%的专利分布在“输配电及控制设备制造”“电池制造”“电机制造”“家用电力器具制造”4个中类行业中；

通信和其他电子设备制造业中，81%的专利分布在“电子器件制造”“计算机制造”“通信设备制造”和“广播电视设备制造”4个中类行业中；

软件和信息技术服务业中，92%的专利分布在“软件开发”“信息处理和存储支持服务”以及“数字内容服务”3个中类行业中。

以下按照国家知识产权局《知识产权（专利）密集型产业统计分类（2019）》标准对专利产业进行分类（表3-21）。

表3-21　2017年天津市专利密集型产业目录

大类名称	中类名称
信息通信技术制造业	通信设备、雷达及配套设备制造
	计算机制造
	广播电视设备制造
	电子器件制造
	电子元件及电子专用材料制造
	智能消费设备制造
	其他电子设备制造
信息通信技术服务业	软件开发
	信息技术服务
新装备制造业	通用设备制造
	专用设备制造
	电气设备制造
	仪器仪表设备制造
新材料制造业	化学原料及化学制品制造
医药医疗产业	医药制造业
	医疗设备制造

表 3-21 2017 年天津市专利密集型产业目录(续)

大类名称	中类名称
环保产业	环保专用设备仪器制造业
	环境污染处理专用药剂材料制造

第三节 天津市专利密集型产业贡献度分析

2017 年,天津市专利密集型产业从业人员为 25.87 万人,占当期天津市规模以上工业企业从业人员的比重为 24.60%。

(一)专利密集型产业对经济的贡献度分析

规模以上工业企业主营业务收入为 16 139.54 亿元,其中专利密集型产业主营业务收入为 5 204.68 亿元,占比 32.25%。从绝对量来看,全市主营业收入超过 2 000 亿的规模以上工业企业的行业有 1 个,为“黑色金属冶炼和延压加工业”, 1 000 亿以上的规模以上工业企业的行业有 3 个,分别为“计算机、通信和其他电子设备制造业”“汽车制造业”和“化学原料和化学制品制造业”,上述四个行业主营业务收入占全市规模上工业企业总收入的 42.73%。

专利密集型产业人均主营业务收入为 140.32 万元,是非专利密集型产业的 0.88 倍。从各个专利密集型产业来看,“化学原料及化学制品制造业”人均主营业务收入最高,达到了 251.38 万元,远高于专利密集型产业的平均水平。“电气机械和器材制造业”人均主营业务收入与均值相当,而其余 4 个专利密集型产业人均主营业务收入均低于平均水平。从各个行业人均主营业务收入来看,机械化程度较高的资源类行业人均主营业务收入普遍较高,详见表 3-22 和表 3-23。

表 3-22 人均主营业务收入 300 万元以上的行业 单位:万元

序号	行业名称	人均主营业务收入
1	黑色金属矿采选业	786.28
2	石油加工、炼焦和核燃料加工业	588.84
3	石油和天然气开采业	382.44
4	电力热力生产	335.69
5	有色金属冶炼	320.77
6	农副食品加工业	307.91
7	黑色金属冶炼和延压加工业	300.18

表 3-23 专利密集型产业人均主营业务收入情况 单位:万元

序号	行业名称	人均主营业务收入
1	化学原料及化学制品制造业	251.38
2	计算机、通信和其他电子设备制造业	158.43
3	电气机械和器材制造业	135.69
4	通用设备制造业	109.70
5	医药制造业	104.99
6	专用设备制造业	83.90
7	仪器仪表制造业	61.67

从利润总额看，2017 年天津市规模以上工业企业利润总额为 1 061.38 亿,其中专利密集型产业利润总额为 336.27 亿,占比 31.68%。从绝对数量看,“石油和天然气开采业”利润总额最高,达到了 356.75 亿,占全部行业的 33.83%,“汽车制造业”和“化学原料及化学制品制造业”两个行业的利润总额也超过百亿。上述 3 个行业的利润总额占全部行业利润总额的 55.68%。

专利密集型产业人均利润为 9.07 万元,是非专利密集型产业的 0.86 倍。“石油和天然气开采业”人均利润也是最高的,高达 177.45 万元,“石油加工、炼焦和核燃料加工业”人均利润排名第 2 位,高达 53.40 万元。“黑色金属矿采选业”人均利润排名第 3 位,高达 27.45 万元。在 6 个专利密集型产业中,“化学原料及化学制品制造业”人均利润高达 23.65 万元,高于平均值的 153%;“医药制造业”人均利润为 12.46 万元,高于平均值 33%。其余 4 个专利密集型产业人均利润低于平均水平(表 3-24 和表 3-25)。

表 3-24 人均利润前三名的行业 单位:万元

序号	行业名称	人均利润
1	石油和天然气开采业	177.45
2	石油加工、炼焦和核燃料加工业	53.40
3	黑色金属矿采选业	27.45

表 3-25 专利密集型产业人均利润情况 单位:万元

序号	行业名称	人均利润
1	化学原料及化学制品制造业	23.65
2	医药制造业	12.46

表 3-25　专利密集型产业人均利润情况（续表）

序号	行业名称	人均利润
3	计算机、通信和其他电子设备制造业	8.44
4	通用设备制造业	5.66
5	电气机械和器材制造业	4.40
6	专用设备制造业	4.04
7	仪器仪表制造业	2.75

（二）创新投入大

2017 年天津市规模以上工业企业 R&D 人员折合全时当量总量为 57 849 人/年，其中专利密集型产业为 27 363 人/年，占比 47.30%。所有行业中，“计算机、通信和其他电子设备制造业”R&D 人员全时当量最高，为 8 064 人/年；“黑色金属冶炼和压延加工业”R&D 人员折合全时当量第 2，为 6 505 人/年。专利密集型产业 R&D 人员折合全时当量平均高达 3 909.0 人/年，是非专利密集型产业 1 016.2 人/年的 3.85 倍（表 3-26）。

表 3-26　2017 年专利密集型产业 R&D 人员折合全时当量情况　单位：人/年

序号	行业名称	R&D 人员折合全时当量
1	计算机、通信和其他电子设备制造业	8 064
2	电气机械和器材制造业	4 699
3	医药制造业	3 583
4	化学原料及化学制品制造业	3 377
5	专用设备制造业	3 310
6	通用设备制造业	3 179
7	仪器仪表制造业	1 151

从 R&D 人员折合全时当量占就业人员比重看，专利密集型产业占比达到了 7.38%，而非专利密集型产业占比为 4.48%，专利密集型产业比非专利密集型产业高出了 2.9 个百分点。分产业看，“专用设备制造业”比重最高，占比达到了 9.93%，“仪器仪表制造业”和“医药制造业”也高于平均水平，而“通用设备制造业”比重最低（表 3-27）。

表 3-27 2017 年专利密集型产业 R&D 人员折合全时当量占就业人员比重情况

序号	行业名称	R&D 人员折合全时当量占就业人员比重
1	专用设备制造业	9.93%
2	仪器仪表制造业	8.50%
3	医药制造业	8.47%
4	化学原料及化学制品制造业	7.20%
5	计算机、通信和其他电子设备制造业	7.19%
6	电气机械和器材制造业	6.53%
7	通用设备制造业	5.49%

2017 年天津市规模以上工业企业 R&D 经费内部支出总额为 241.07 亿元，其中专利密集型产业 R&D 经费内部支出 113.10 亿元，占比 46.92%。全部行业中，“计算机、通信和其他电子设备制造业”R&D 经费内部支出总额最高，达到了 37.11 亿元，“黑色金属冶炼和压延加工业”R&D 经费内部支出 33.59 亿元，排名第 2 位。2017 年天津市 7 个专利密集型产业，平均每个产业 R&D 经费内部支出额达到 16.16 亿元，是非专利密集型产业平均 4.27 亿元的 3.78 倍（表 3-28）。

表 3-28 2017 年专利密集型产业 R&D 经费内部支出情况 单位：万元

序号	行业名称	R&D 经费内部支出
1	计算机、通信和其他电子设备制造业	371 113
2	化学原料及化学制品制造业	188 881
3	电气机械和器材制造业	148 655
4	专用设备制造业	146 030
5	通用设备制造业	121 159
6	医药制造业	117 098
7	仪器仪表制造业	38 098

在 R&D 经费内部支出占主营业务收入比重方面，2017 年专利密集型产业平均值为 2.17%，而非专利密集型产业平均值为 1.18%，专利密集型显著优于非专利密集型产业。分产业看，“仪器仪表制造业”的比重是最高的，是平均水平的 2 倍以上，“专用设备制造业”和“医药制造业”的比重也高于平均水平（表 3-29）。

表 3-29 2017 年专利密集型产业 R&D 经费内部支出占主营业务收入比重情况

序号	行业名称	R&D 经费内部支出占主营业务收入比重
1	仪器仪表制造业	4.56%
2	专用设备制造业	3.68%
3	医药制造业	2.64%
4	电气机械和器材制造业	2.16%
5	计算机、通信和其他电子设备制造业	2.09%
6	通用设备制造业	1.91%
7	化学原料及化学制品制造业	1.60%

2017 年规模以上工业企业 R&D 经费外部支出总额为 13.20 亿元，其中专利密集型产业 R&D 经费外部支出 8.92 亿元，占比 67.58%。所有产业中，"计算机、通信和其他电子设备制造业"R&D 经费外部支出总额最高，达到了 4.71 亿元，"医药制造业"R&D 经费外部支出 1.84 亿元，排名第二位，"电力、热力生产和供应业"R&D 经费外部支出 1.01 亿元，排名第三位。2017 年天津市 7 个专利密集型产业，平均每个产业 R&D 经费外部支出额达到 1.27 亿元，是非专利密集型产业平均 0.14 亿元的 9.07 倍。

表 3-30 2017 年专利密集型产业 R&D 经费外部支出情况 单位：万元

序号	行业名称	R&D 经费外部支出
1	通信和其他电子设备制造业	47 075
2	医药制造业	18 372
3	专用设备制造业	8860
4	通用设备制造业	7239
5	化学原料及化学制品制造业	5132
6	电气机械和器材制造业	1377
7	仪器仪表制造业	1184

（三）创新产出高

2017 年天津市规模以上工业企业新产品产值为 4 097.83 亿元，其中专利密集型产业新产品产值为 1910.81 亿元，占比 46.63%。专利密集型产业人均新产品产值为 51.52 万元，是非专利密集型产业 34.89 万元的 1.48 倍。全部行业中，"计算机、通信和其他电子设备制造业"新产品产值最高，达到了 928.29 亿元。"汽车制造业"新产品产值 690.60 亿元，排名第二位，“黑色金属冶炼和压延加工业”新产品产值为 450.47 亿元，排名第三位。专利密集型产业新产品产值“计算机、通信和其他电子设备制造业”“化学原料及化学制品制造业”和“电气机械和器材制造业”三个产业新产品产值最高，分别为 286.60 亿元和 284.70 亿元，远高于其他 4 个产业。专利密集型产业平均每个行业新产品产值为 163.75 亿元，是非专利密集型产业 100.49 亿元的 1.63 倍（表 3-31）。

表 3-31　2017 年专利密集型产业新产品产值情况　　单位：万元

序号	行业名称	新产品产值
1	通信和其他电子设备制造业	9 282 888
2	化学原料及化学制品制造业	2 866 008
3	电气机械和器材制造业	2 847 030
4	专用设备制造业	1 458 646
5	医药制造业	1 425 478
6	通用设备制造业	1 057 074
7	仪器仪表制造业	170 949

2017 年天津市规模以上工业企业新产品销售收入为 4 094.02 亿元，其中专利密集型产业新产品销售收入为 1 876.51 亿元，占比 45.84%。专利密集型产业人均新产品销售收入为 50.59 万元，是非专利密集型产业 35.32 万元的 1.43 倍。全部行业中，“计算机、通信和其他电子设备制造业”新产品产值最高，达到了 910.17 亿元；“汽车制造业”新产品产值为 692.20 亿元，排名第二位“黑色金属冶炼和压延加工业”新产品产值为 479.46 亿元，排名第三位。专利密集型产业新产品产值“计算机、通信和其他电子设备制造业”“化学原料及化学制品制造业”和“电气机械和器材制造业”三个产业系产品产值最高，分别为 910.17 亿元、292.16 亿元和 276.44 亿元，远高于其他 4 个产业。专利密集型产业平均每个行业新产品产值为 268.07 亿元，是非专利密集型产业 73.92 亿元的 3.63 倍（表 3-32）。

表 3-32　2017 年专利密集型产业新产品销售收入情况　　单位：万元

序号	行业名称	新产品销售收入
1	计算机、通信和其他电子设备制造业	9 101 680
2	化学原料及化学制品制造业	2 921 578

表 3-32　2017 年专利密集型产业新产品销售收入情况（续表）

序号	行业名称	新产品销售收入
3	电气机械和器材制造业	2 764 360
4	医药制造业	1 383 918
5	专用设备制造业	1 347 492
6	通用设备制造业	1 076 625
7	仪器仪表制造业	169 406

（四）出口贡献大

2017 年天津市规模以上工业企业出口交货值为 2 140.54 亿元，其中专利密集型产业出口交货值为 1 631.50 亿元，占比 76.22%。专利密集型产业人均出口交货值为 43.99 万元，是非专利密集型产业 8.36 万元的 5.26 倍。全部产业中，“计算机、通信和其他电子设备制造业”出口交货值为 1 165.73 亿元，高居第一位，占全部行业出口交货值的 54.46%，一家独大。此外，“电气机械和器材制造业”出口交货值为 173.66 亿元，“通用设备制造业”为 104.45 亿元，分列第二、三位。其他产业出口交货值都没有超过百亿（表 3-33）。

表 3-33　2017 年专利密集型产业出口交货值情况　单位：万元

序号	行业名称	出口交货值
1	通信和其他电子设备制造业	11 657 284
2	电气机械和器材制造业	1 736 645
3	通用设备制造业	1 044 545
4	化学原料及化学制品制造业	773 858
5	专用设备制造业	655 533
6	医药制造业	327 604
7	仪器仪表制造业	119 536

专利密集型产业平均每个产业出口交货值为 233.07 亿元，是非专利密集型产业平均出口交货值 16.97 亿元的 13.73 倍。从出口交货值占主营业务收入比重指标来看，专利密集型产业比重为 31.35%，非专利密集型产业的比重为 4.68%，专利密集型产业比重是非专利密集型产业的 6.70 倍。

（五）经济效益好

2017 年天津市规模以上工业企业中，专利密集产业资产负债率为 51.49%，而非专利密集型产业资产负债率为 63.24%，专利密集型产业优于非专利密集型产业 11.75%。专利密集型产业中，“医药制造业”资产负债率最低，仅为 36.88%；“化学原料及化学制品制造业”资产负债率最高，为 57.13%，仍然低于非专利密集型产业的平均资产负债率（表 3-34）。

表 3-34 2017 年专利密集型产业资产负债率情况

序号	行业名称	资产负债率
1	医药制造业	36.88%
2	计算机、通信和其他电子设备制造业	49.09%
3	专用设备制造业	51.25%
4	仪器仪表制造业	51.32%
5	电气机械和器材制造业	53.43%
6	通用设备制造业	56.83%
7	化学原料及化学制品制造业	57.13%

2017 年天津市规模以上工业企业中，专利密集产业主营业务收入利润率为 6.46%，而非专利密集型产业主营业务收入利润率为 6.61%，专利密集型产业比非专利密集型产业低了 0.15%。分产业看，“医药制造业”主营业务收入利润率最高，达到了 11.87%，“化学原料及化学制品制造业”为 9.41%，也高于平均值。其余 4 个产业主营业务收入利润率均低于非专利密集型产业平均的主营业务收入利润率，“电气机械和器材制造业”主营业务收入利润率仅有 3.24%（表 3-35）。

表 3-35 2017 年专利密集型产业主营业务收入利润率情况

序号	行业名称	主营业务收入利润率
1	医药制造业	11.87%
2	化学原料及化学制品制造业	9.41%
3	通信和其他电子设备制造业	5.33%
4	通用设备制造业	5.16%
5	专用设备制造业	4.82%
6	仪器仪表制造业	4.46%
7	电气机械和器材制造业	3.24%

第四节　天津市专利密集型产业发展对策研究

(一)信息通信技术制造业

信息通信技术制造业生产具有高集成度、高性能的嵌入式软硬件和开放式操作系统的智能化设备,涉及芯片、操作系统、重要元器件、整机设计与制造等领域,产品包括智能手机、平板电脑、智能电视、智能机顶盒、智能穿戴设备等。

1. 重点任务

(1)加快引进和培育骨干龙头企业

扶持壮大一批龙头企业和企业集团成为支撑信息通信技术产业发展的主导力量。加大政策、资金的支持力度,在终端设计、制造及代工领域引进一批行业龙头企业;积极吸引芯片设计、制造、操作系统、液晶面板、传感器等领域的龙头企业在津设立研发中心;鼓励有能力的整机制造企业通过联合、兼并、收购等方式进行整合,加快形成一批具有国际竞争力的企业集团;围绕整机企业需求,培育一批规模优势明显、专业化水平较高的零部件配套骨干企业。

(2)集中力量突破核心关键技术

跟踪和把握信息通信技术产业发展方向,集中力量和资源突破一批核心关键技术。引导信息通信技术企业加强与高校、科研机构的合作,引导企业联合组建产业联盟、建设企业技术中心,集中力量开展技术攻关。集中资源加大扶持力度,在操作系统和核心芯片环节形成一批具有自主知识产权的成果;加快研发面向云服务的新型智能终端,在装备制造、医疗、教育、文化、家居、能源、政务、公安、金融等多个领域形成一批新型产品;利用已有的电子信息产品制造优势,在传感器、小尺寸屏幕面板以及电子元器件等领域集中提供支持,力争有所突破。

(3)增强产业本地配套能力

围绕信息通信技术产业重点领域,以龙头企业和关键产品为核心,注重产业链的横向一体化和纵向一体化的结合,推进产业链的完善和延伸。依托重点产业园区和产业基地,摸清产业配套情况,科学规划布局,优选产业配套项目,重点引进核心芯片设计、电子元器件、电子基础材料等领域的配套项目,加快培育一批中小型配套企业,引导龙头企业在本地配套,鼓励本地企业主动为龙头企业配套,促进信息通信技术配套产业向高端化、专业化和集群化方向发展。

(4)建立起完整的产品体系

推进信息通信技术产品向高端化和规模化发展,支持有实力的企业在产品的形态、功能、商业模式上加强创新,研发更多贴近用户个性化需求的特色信息通信技术产品。加强对信息通信技术产业发展趋势以及产品创新趋势的研究,制定产业发展路线图，科学预测产业发展路径与模式，确定重点领域和重点产品，在医疗、教育、文化、物流、工业制造、个人应用等领域加快布局，研发更多面向市场需求的新型信息通信技术产品，建立起较完整的产品体系。

（5）完善公共技术服务平台

充分利用已有的基础，依托产业基地和专业园区，联合产业链上下游企业，由第三方机构牵头，建立面向信息通信技术关键环节的公共技术服务平台，重点建设芯片分析专业技术平台、手机测试公共服务平台、智能电视公共服务平台等，形成对关键技术和关键环节的试验、评测能力以及产业链监测和服务能力，为推动信息通信技术产业快速发展提供有效支撑。

（6）推动产业集群化发展

按照实施重大项目—引进龙头企业—推进产业链式聚集—打造信息通信技术产业集群的发展思路，提升智能终端产业聚集水平，提高产业的规模效应和整体协作能力，重点在经济技术开发区、滨海高新区、西青开发区打造信息通信技术产业集群。经济技术开发区重点发展智能手机制造、行业嵌入式智能系统、智能金融终端等产业；滨海高新区重点发展平板电脑、集成电路、电子元器件等产业；西青开发区围绕信息通信技术制造企业需求，发展以中小企业为主体的信息通信技术零部件配套产业，加快发展智能家居终端、智能金融终端等产业。

2. 对策建议

（1）加大招商引资

进一步优化招商引资环境，完善招商引资规划，创新招商引资模式，有针对性地加大招商引资力度。对信息通信技术产业细分行业的产业结构、市场情况、知识产权布局等进行深入调研，明确招商引资的重点方向和目标企业。把握京津协同发展机遇，吸引国家级科研院所、高校以及中科院等机构的科研成果到天津进行转化，形成产业化。瞄准信息通信技术领域的国内外知名企业，采取合作研发、设立分支机构等多种形式，支持企业在天津建立研发生产基地，做好对引进企业的服务工作。

（2）强化项目支持

加速引进一批对产业发展具有带动作用的大项目、好项目。实施一批重大专项，突破智能终端产业的核心关键技术。支持龙头企业瞄准产业发展方向，实施一批重大项目，积极争取国家和天津市项目支持，抢占产业发展制高点；实施一批产业化项目，加速科技成果的转化和产业化；实施一批产业配套项目，引导本地中小企业快速形成配套能力，提升产业的本地配套率。

（3）完善资金保障

引导信息通信技术企业积极申报国家电子信息产业发展基金、集成电路产业研究与开发专项资金、核高基专项等国家级项目，用好国家促进电子信息产业发展的各项资金。支持信息通信技术企业所在区县、功能区为获得国家基金资助的项目给予配套。引导银行等金融机构加大对信息通信技术产业的支持力度,引导民间资金投向信息通信技术产业项目,为信息通信技术产业发展提供充足的资金保障。

(4)加强交流合作

抓住全球信息通信技术产业发展的重大机遇,立足自主创新,强化国际合作。围绕京津冀协同发展,加强与北京在产业、人才、技术等方面的合作,完善信息通信技术产业交流合作机制,充分利用北京在信息通信技术产业研发和人才方面的优势,通过优惠政策吸引更多信息通信技术龙头企业在我市设立研发中心,提升信息通信技术产业技术水平。鼓励企业多渠道开展国内外交流合作,引导企业发挥本土优势,积极参与国际竞争。

(5)构建人才支撑

加快信息通信技术产业对高层次研发人才、产业技术人才和产业工人的引进和培育。采取团队引进、核心人才带动等多种方式,引进技术领军人才。通过职业培训、校企合作、工学结合等多种方式,建立信息通信技术产业人才培养基地、高技能人才实训基地,培养产业技术人才和产业工人。创新激励机制,完善社会保障,营造良好环境,为信息通信技术产业发展构筑强大的人才支撑队伍。

(二)信息通信技术服务业

1. 发展现状

近年来,我市信息通信技术服务业保持了良好的发展态势,规模、质量、效益全面跃升,综合实力进一步增强,发展水平已进入全国先进行列。

产业规模稳步提升。2017 年我市软件和信息技术服务业产业规模达到 1 352 亿元,同比增长 14.1%。其中云计算、大数据、互联网等新兴领域收入增长较快,信息技术服务所占份额超过 70%,标志着产业结构进一步优化,产业层级持续提高,创新能力不断增强。

前沿技术攻关取得突破。天河一号、曙光高性能计算机是国内首批千万亿次高性能计算机,展讯基带芯片是国内首款基于 28nm 工艺的手机芯片,飞腾 CPU 和麒麟操作系统项目落户,以及国产数据库龙头企业南大通用在金融、电信、政务、国防、企事业等领域广泛应用,使我市在安全 CPU、安全操作系统、安全数据库三大领域占据国内优势地位。神舟通用、曙光、麒麟、中星电子、飞腾等企业分别获得国家核高基重大专项支持。

企业培育成效突出。扶持出一批创新能力强、品牌形象优、特色鲜明的骨干企业,培育出一批快速发展、前景广阔、潜力巨大的中小企业。我市软件和信息技术服务业规模以上企业超过 700 家,从业人员有 10 万人以上,系统集成获证企业达到 184 家。业务收入超过 10 亿元的企业达到 22 家,超过亿元的企业达到 108 家,过亿元企业收入占总收入的90%以上,大企业对产业的带动作用进一步显现。

服务能力不断提升。基本建成覆盖产业的公共服务体系,软件测试评估、质量保障、知识产权、投融资、人才服务、企业孵化和品牌推广等专业化服务能力显著提升,产业标准体系进一步完善,行业协会、产业联盟等在服务行业管理、促进产业创新发展方面的作用日益突出。

模式创新初显成效。全市建成100余家众创空间,大企业“双创”有序开展。信息化与工业化深度融合加快发展,有26家企业被列入工信部两化融合管理体系贯标试点名单,滨海工业云被列入工业云创新试点名单,4家企业被列入互联网与工业融合创新试点名单,培育壮大了融宝支付、长荣健豪云印刷、九安云健康、天物大宗商城等一批创新平台。

1. 重点任务

坚持以项目建设带动产业结构提升,促进产业规模壮大,充分发挥产业资金的引导作用,积极推进一批重点项目建设,为全市软件和信息技术服务业发展提供动力。

工业APP软件和平台。结合天津市工业发展的需要,瞄准国家百万工业APP实施战略的发展目标,重点支持工业智能控制软件、工艺过程分析模拟和优化软件、供应链管理软件的研发与推广应用。建立以机器人控制系统和数字化工厂为核心的示范应用。重点推动工业技术软件化发展,提高基础工业软件及相关服务供给能力,支持建立工业技术软件化共性基础平台、重点行业通用平台及面向业务应用的工业APP。建设符合开放标准的嵌入式软件开发平台、嵌入式操作系统和智能通信软件。着力研发支持装备智能化、机电一体化、工业自动化的工业嵌入式软件。到2020年,工业APP和平台收入达到200亿元。

IC设计。鼓励企业与新一代终端厂商合作,扩大IC设计企业的发展规模,在数字电视、智能手机、物联网、三网融合等领域,形成系列化的IC产品,大力发展系统级芯片(SoC)、通信芯片、物联网传感器芯片、射频标签(RFID)芯片、数字电视IC设计等。开展无线移动通信集成电路、基带、射频多媒体芯片、数字电视音视频芯片及其应用方案的研发,做好与集成电路制造、封装和测试的衔接,培育全产业链竞争优势。到2020年,IC设计收入达到100亿元。

互联网。加快互联网应用软件和服务的发展,支持面向新兴媒体、医疗健康、文化教育等领域的应用软件研发,支持基于互联网的移动化、社交化、个性化服务,推动搜索服务、资讯服务和社交网络的发展,加大对电子商务、工业互联网、共享经济等新兴业态的支持力度,注重互联网与各行各业的融合发展,强化对“中国制造2025”“互联网+”行动计划等战略的支撑与服务。到2020年,互联网领域收入可达600亿元。

安全可靠。推进天津市安全可靠产业的发展,营造良好的生态环境。建设完成自主可靠信息平台及应用示范项目,搭建全国领先的安全可靠的软件产业适配和示范平台。建立安全可靠的基础软件产品体系,支持企业和科研机构搭建通用技术创新和应用平台,完善基础通用软件开发和应用生态。促进天津市曙光高性能服务器、飞腾 CPU、麒麟操作系统、神舟通用和南大通用数据库、书生电子公文系统、360 安全软件等产品的适配和应用,推动天津市成为安全可靠软件聚集高地。到 2020 年,安全可靠领域收入达到 100 亿元。

大数据。推进大数据通用处理、实时处理、海量数据存储管理等关键技术研发和产业化,鼓励开发基于大数据技术的人工智能产品。培育大数据龙头企业和创新型中小企业,积极引导和鼓励相关园区创建、申请国家级大数据产业示范基地,推动大数据产业聚集发展,培育国家大数据企业试点示范项目。推进工业大数据应用,着力提高天津市工业自动化、数字化水平和数据采集能力。继续推进京津冀大数据综合试验区建设,实现数据互联互通和资源共享。继续推进大数据在便民服务、城市管理、社会治理等方面的应用,提升政府治理能力和服务水平。到 2020 年,大数据领域收入达到 500 亿元。

云计算。支持发展云计算产品、服务和解决方案,推动各行业领域信息系统向云平台迁移,促进基于云计算的业务模式和商业模式创新。支持大企业开放云平台资源,推动中小企业采用云服务。鼓励云计算中心运营企业为中小企业提供信息基础设施租用服务和云桌面等基于 IaaS 的增值服务。支持 PaaS 服务提供商面向专业领域提供定制化服务,形成行业解决方案和工具库。支持面向工业、医疗健康、教育、视频信息等行业提供服务的 SaaS 平台,鼓励 SaaS 服务提供商与 PaaS 服务提供商形成良性互动。到 2020 年,云计算领域收入达到 100 亿元。

游戏动漫和网络视听。发挥国家动漫产业综合示范基地作用,紧抓 VR、AR 和 MR 等新兴前沿领域技术和产业化发展的契机,鼓励创意创新、推进"电竞 O2O"等新兴商业模式发展,整合 IP 资源、制作技术、资本合作等领域,重点支持手机游戏、动画漫画、娱乐终端等技术与产品的研发,大力提升影视、游戏、动漫企业的创新能力,推进短视频、视频直播等领域发展,鼓励打造更大规模、更具发展潜力的大 IP 产品体系。到 2020 年,游戏动漫和网络视听领域收入达到 200 亿元。

行业应用。推进软件和信息技术服务业与各行业领域的深度融合,着力培育一批在医疗、电力、金融、教育等行业内领先的应用软件研发企业。面向智能制造关键环节的系统集成应用、协同运行和综合服务等需求,发展关键应用软件、行业解决方案和集成应用平台,强化应用创新和商业模式创新,提升服务型制造水平,扩大信息消费规模。到 2020 年,行业应用领域收入达到 200 亿元。

2. 保障措施

（1）加强顶层设计，统筹产业发展

依托天津市软件和信息服务业发展领导小组，加强对软件和信息服务业的统筹规划，研究制定推进产业发展的政策措施，用足用好用活各项优惠政策。完善天津市支持软件和信息技术服务业发展的政策环境，加大对财政、融资、知识产权保护等方面的支持力度，提升中介机构的服务水平，鼓励行业协会充分发挥桥梁作用，全市上下形成合力，为进一步优化天津市产业结构提供支撑。

（2）完善人才保障机制

统筹各高校相关专业人才，打造校企交流平台，打通人才供给渠道，实现人才培养与产业升级互动的可持续协同发展模式。完善政策措施，鼓励企业加大人才培训力度，积极开展人才交流活动，利用“海河英才”政策，吸引和集聚各界优秀人才特别是高端人才来津就业创业。

（3）强化项目支撑

充分发挥全市智能科技产业支持政策的引导放大作用，每年列支 1~2 个亿的专项资金，支持大数据产业、软件和信息技术服务业发展。鼓励企业瞄准产业重点方向和前沿领域，实施一批重大项目，支持各领域战略共同体联合申请国家项目和试点示范。发挥好项目的带动作用，完善产业链条，使本土企业快速形成配套能力。通过项目推进，提升产业发展水平、优化产业结构、培育龙头企业，推动软件和信息服务业、大数据产业高质量发展。

（4）加大开放、交流与合作

发挥各种合作机制的作用，多层次、多渠道、多方式推进科技合作与交流。加大招商引资、招才引智和重大项目的引进力度。把握京津冀一体化发展机遇，积极承接非首都功能，做好总部基地建设，引导和鼓励三地软件企业、科研院所等加强联合攻关。支持企业开拓国际市场，参与国际标准制定，提高国际规则制定话语权，增强国际竞争能力。

（三）新装备制造业

1. 国内外形势与发展需求

（1）国外智能制造形势与发展需求

智能制造的概念于 20 世纪 90 年代提出，其后各发达国家纷纷将智能制造列为国家级计划并着力发展。2012 年 2 月，美国国家科技委员会发布了《先进制造业国家战略计划》报告，将促进先进制造业发展提高到了国家战略层面。2013 年 4 月，德国发布《实施“工业 4.0”战略建议书》，提出智能工厂、智能生产、智能物流三大主题。2013 年 9 月，法国政府推出了《新工业法国》战略，旨在通过创新重塑工业实力，使法国处于全球工业竞争力第一梯队。2013 年 10 月，英国政府科技办公室推出了《英国工业 2050 战略》,拟通过此战略重振英国制造业,恢复其全球制造业中心的地位。另外,日本、印度、巴西、墨西哥等国家也在加强谋划和布局,积极融入全球再分工体系。

(2)国内智能制造形势与发展需求

在发达国家高端制造业回流、发展中国家低端制造业优势突出的国际分工格局下,我国政府也在加强引导与布局。2015 年,李克强总理在《政府工作报告》中指出,推动产业结构发展,实施"中国制造 2025"。目前,工信部的《中国制造 2025 战略规划》已经出台,科技部的《智能制造重大工程》即将出台,智能制造作为解决我国制造业发展面临一系列问题的重要途径,将成为我国制造业落实创新驱动发展战略和加速转型升级的具体举措。

围绕"中国制造 2025",各地方政府积极行动。目前,全国共建有以机器人为代表的智能制造产业园区大小共计 50 余个,形成长三角、珠三角、京津冀及山东、重庆等几个主要聚集区。作为智能制造主要领跑者之一的上海市,2015 年主攻两化深度融合,以智能制造为切入点,正在编制产业规划和政策,并将出台首台套支持办法,鼓励智能制造开展示范应用。率先实施机器换人工程的浙江省,从 2013 年开始每年实施 5 000 个机器换人项目,实现 5 000 亿元机器换人投资,推动工业生产方式由"制造"向"智造"转变。2014 年 68.9%的企业实现生产成本下降 5%以上。西部后起之秀重庆市,2013 年机器人销售超过 2 200 台,约占全国机器人销量的 7%,现已建成智能制造产业园区 3 个,正大力发展数控机床、工业机器人等智能制造装备产业。

(3)天津市新装备制造业发展现状

一是装备制造业实力雄厚,产业优势突出。目前天津市制造业产品已形成以通用装备制造业为主导,以专用设备制造业、电气机械及器材制造业等为支撑,门类较为齐全的装备制造体系,部分领域形成了比较优势,拥有一批在细分领域具有较高的知名度和市场占有率的"小巨人"企业和"杀手锏"产品,形成了中材装备、永昌焊丝、福臻工业装备、航天精工、优瑞纳斯、建科机械等一批行业龙头。

二是科研实力较强,已初步形成产学研紧密合作的创新体系。天津市智能制造行业创新驱动发展特征显著,呈现出人才多、技术强、成果优、氛围浓的特点,以企业为主体的技术创新体系进一步完善。先进制造领域,全市共拥有国家级和省部级重点实验室 54 个,国家级工程(技术)研究中心 33 个,科技产业化基地 24 个,国家级企业技术中心 41 家,市级企业技术中心 501 家,博士后流动站、工作站 229 个。制造业研发经费达 300.04 亿元,占全社会研发经费的 84.14%。人才集聚优势突出,拥有各类人才 200 万人以上,其中两院院士 37 人,制造业专业技术技能人才 21.9 万人,形成以特聘专家、高级技术专家、专业技术骨干、高技能人才为主体的高素质人才队伍。

三是区域错位发展，产业聚集明显。通过顶层设计、政策引导和平台建设等手段，在国家自主创新示范区“一区二十一园”建设和京津冀一体化产业对接中实现区域错位发展，所涉及的核心区有 3 个，分园中有 11 个制造业产业园，已形成各具特色的空间与产业布局，如武清汽车产业园、北辰高端装备产业园、滨海新区智能制造装备产业园等，已经吸引了智通、纳恩博、霍尼韦尔、森精机、西门子、卡麦龙等百余家智能制造重点企业，在智能仪器及控制系统、工业机器人与专用机器人、智能化高端装备等特色产业领域形成明显优势。目前天津市已开始实施以高端装备为代表的 18 个重点产业三年行动计划，这将极大地提升智能制造产业的聚集度。

四是加快布局，智能制造初现雏形。围绕智能制造开展一系列工作。通过启动实施智能机器人、新能源汽车等一批重大专项，开发出真空分子泵和磨削机器人等一批国际领先的技术和产品，有力地促进了产业结构优化升级和企业自主创新能力的快速提升，智能制造已现雏形。通过组织“首届中国机器人峰会”，打造氛围，扩大影响。通过推动成立天津市智能机器人产业技术创新战略联盟，实现智能制造领域内信息共享、联合攻关，推动产学研合作、引进资源等。同时，“天津市高端加工技术创新战略联盟”正在积极筹建中，该联盟将结合“互联网+”建设高端数控装备服务平台，将在加工制造技术、信息化技术等方面组织资源，开展相关服务活动。

（4）存在的问题与不足

尽管天津市装备制造业取得了长足发展，形成了一批具有较强竞争力的优势领域，但仍存在一些问题和不足。一是缺乏统筹规划布局，产业集群发展不够。全市没有专门的制造业产业发展规划，各区县产业园区功能定位特色不够鲜明，没有形成完整的产业链条，本地配套率偏低；二是依然存在核心技术瓶颈问题，产业链高端市场占有率不高。亟须在关键技术、共性技术方面获得突破，加快培育一批拥有自主技术和核心能力、具有国际竞争力的大型企业，打造面向国内外高端市场的智能制造装备领域优势企业集群；三是企业自主创新能力不强，研发基地水平不够高。企业研发投入强度和积极性普遍偏低，产业长期被锁定在国际价值链的中低端环节。缺乏配套成熟和拥有国际化高新技术的研发基地，技术研发与经济发展脱节，技术成果转化率还不高。

2. 重点发展方向

（1）智能制造装备

以提升装备制造业数字化水平和智能化水平为目标，依托优势企业，统筹技术开发，结合天津市传统装备制造业实现转型升级，突破智能装备产业创新发展过程中的关键技术、关键部件及重大智能制造成套装备，加快产业化进程。

——通用智能制造装备

研究智能数控系统、自学习自适应监测优化运行、智能工艺规划、CPS 网络通信标准等关键技术和应用，实现数控机床从高性能化向智能化升级发展；研究大型自由锻造水压机/油压机，开展成型数值模拟和仿真与设备控制的一体化、自动化；成型过程热参数的收集以及对不同材质锻件组织与性能影响的仿真技术，并与控制系统的一体化；研究 3D 打印专用材料、工艺规律与控制、分析检测与质量控制、多材料复合制造等技术，攻克 3D 打印装备关键零部件及专业软件，开发高温合金、高强度塑料、复合材料、低成本普及型等 3D 打印整机。

——专用智能制造装备

围绕印刷、橡胶、轧钢、建筑等重点传统产业，突破动力学控制及抑振控制技术、自动定位控制技术、轨迹跟踪控制技术、物品输送及张力控制技术、数字化伺服多轴联动控制技术，以及高可靠实时通信网络技术等，开发一批专用智能制造成套装备与生产线，实现机械产品从数字化向智能化转型升级。

通过三年建设，掌握通用智能制备和专业智能装备的核心技术，大幅提升现有机床和锻压机智能化水平；形成 3D 打印龙头企业 1 家以上；实现印刷设备、橡胶装备、轧钢装备等 8 个以上细分领域智能化水平国内领先。

（2）智能基础零部件

围绕智能制造面临的主要瓶颈问题，重点发展与制造业相关的智能基础零部件。以项目支持为手段，以提升企业创新能力为目的，以发展经济、产业为宗旨，通过专项的实施，争取打造一批在全国甚至全球范围的尖端技术，培育一批在全国甚至全球具有高水平的科技企业，提升天津市在高端装备制造领域的国际地位及影响力。

——精密传动零部件与装置

开展新型磁悬浮轴承和具有感知、分析、推理、决策、控制功能的新型减速机或动力输出单元，高速智能精密齿轮传动装置，高精重载智能型主轴成套功能部件，高速高精智能型旋转工作台成套功能部件等精密传动装置关键技术研究并实现工程化应用与产业化。

——智能通用零部件

研发具有运行状态实时采集、实时通信和控制功能的高端阀门、泵、压缩机等功能部件，多物理新型传感器、检测模块和控制系统等通用零部件及关键技术研究，实现工程化应用与产业化，为智能制造装备提供关键配套设备。

通过三年建设，攻克智能基础零部件关键技术和基础工艺，实现磁悬浮轴承批量化生产，液压零部件门类齐全，从而促进阀门、泵等功能部件智能化水平大幅提升。

（3）“机器换人”工程

“机器换人”是推动传统制造业实现产业转型升级的一项重要举措。充分挖掘天津市相关高校、科研院所在智能制造领域内的智力资源，面向钢铁、汽车、机械、船舶、石化、医药、电子、食品饮料等领域，实施“机器换人”工程，以技术服务队模式开展产学研协同创新，为天津市优势产业和基础产业提供智力支持。

面向天津市基础产业，以企业发展需求为导向，积极推进“机器换人工”“自动换机械”“成套换单台”不同层次的技术改造与提升，提高企业劳动生产率和技术贡献率，培育新的经济增长点，加快传统制造业实现产业转型升级，形成特色鲜明、优势突出的产业集群，建设100家智能制造推广企业，提升我市智能制造产业整体竞争力。

（4）“智能工厂”工程

“智能工厂”是实现两化深度融合的重要载体。通过制造业信息化工程，有效提高企业的运行效率，加速企业的数字化进程，促进企业之间、产业集群之间形成较完备的产业链，催生制造业新的发展模式。工程将重点建立智能工程示范单位；推广电子商务、云计算等技术；培育一批信息化企业和信息化服务机构，提升社会服务能力；开展制造业企业信息化培训工作；打造基于云计算技术的科技公共服务平台，提高制造业信息化公共服务水平。

面向天津市18个重点规划产业和10大优势产业，在数字化水平较高的企业，推进“智能换数字”建设，瞄准国际前沿，大幅提升制造业设计和管理水平，整体达到国际先进水平，培育一批示范企业，真正迈入“智造”时代。

（四）医药医疗产业

推进本市生物医药产业提品质、增品种、创品牌，促进技术、产品、质量升级，使本市生物医药产业从整体上实现向中高端迈进。

1. 实施化学药转型升级工程

加强关键药物中间体和高端原料药的研发与制造，突破高附加值化学药物剂型改造技术，提高通用名药物研发效率和质量，加大药用先导化合物库的研究力度。

①化学创新药。紧跟国际医药技术发展趋势，引导骨干企业和科研院校开展重大疾病新药的研发，重点研究针对恶性肿瘤、心脑血管疾病、糖尿病、精神性疾病、病毒感染等疾病的创新药物，特别是采用新靶点、新作用机制的新药以及复方药物。

②化学仿制药。开展临床急需、供应短缺、疗效确切、新专利到期药物的仿制开发以及上市药物的适应症拓展，提高患者用药可及性。对仿制重大传染病防治和罕见病治疗所需药品、处置突发公共卫生事件所需药品、儿童使用药品以及专利到期前一年尚未提出注册申请药品的企业给予重点鼓励。提高仿制药质量水平，重点关注与口服固体制剂、注射剂一致性评价相关的重点品种，结合仿制药质量和疗效一致性评价提高口服固体制剂、注射剂生产技术和质量控制水平。

③高端制剂。重点发展单剂量滴眼剂、脂质体、脂微球、纳米制剂等新型注射给药系统，口服速释、缓控释、多颗粒系统等口服调释给药系统，粉雾剂、软雾剂等吸入制剂，经皮和粘膜给药系统，儿童等特殊人群适用剂型等，推动高端制剂达到国际先进质量标准。

④化学原料药。支持化学原料药产业加快提高环保、安全和智能化水平，实现“机械化换人、自动化减人”，化学原料药生产工艺涉及危险化工工艺的，应加装自动化控制系统和安全仪表系统，实现规模化发展。鼓励规模化原料药生产企业进行转型升级，依靠技术进步，加强投入，运用信息化、自动化手段逐步实现智能制造，达到行业领先的环保、安全水平，实现绿色发展。

⑤鼓励化学药物国际注册。鼓励化学药制药企业在欧美发达国家注册，支持本市企业产品在欧美日等地区和国家实现出口上市，尤其是进行口服固体制剂、注射剂等具有代表性药物制剂的注册申请。鼓励企业运用国家优先审评审批政策，加快通过国内仿制药一致性评价，增强市场竞争力，进一步提高产品市场占有率和利润率，带动本市制药行业整体水平提升，实现本市制药行业与发达国家的对接。

2. 实施中药现代化国际化工程

推动一批创新中药的临床研究和产业化，推进传统中药产品的二次开发。突破中药材有效成分提取、分离与纯化技术，加强组分中药研究，加快研究中药制剂技术，实现中药产品剂型多样化。开展名贵中药材人工替代品的研究，积极扶持优质饮片发展，加快中药国际化步伐。

①中成药。推动现代中药创新中心建设，开展一批现代中药领域高水平共性关键技术研发。充分发挥达仁堂、乐仁堂、隆顺榕、宏仁堂、同仁堂等老字号的品牌效应，大力发展抗感冒类、虚证类、头痛失眠类中成药。针对心脑血管疾病、自身免疫性疾病、妇儿科疾病、消化科疾病等中医优势病种，挖掘经典名方，开发复方、有效部位及有效成分中药新药，加快推动疗效确切、临床价值高的中药创新药的研发和产业化。

②中药饮片。建设一批初加工基地。重点推进中药材保障基地项目、中药“精标饮片”产品开发与技术创新项目、中药产品自动化生产基地项目建设。打造先进研发、制造配方颗粒生产基地，全面提高配方颗粒的生产技术和管理水平，为配方颗粒行业乃至整个中药工业的智能制造提供示范。

③加快中药国际化进程。鼓励中药企业进行核心关键技术开发，与国内外龙头研究机构和企业开展合作，为中药“走出去”创造条件。引进国际高水平人才和产业化项目，搭建与海外学术机构交流的平台，使企业更多地了解海外注册法规，鼓励中药企业参与国际认证及注册，简化中成药出口报关手续，加快出口通关速度，对老字号中成药给予通关便利。

3. 实施生物制药研发转化产业化工程

加快推进单克隆抗体、干细胞等生物制品的研发和产业化，研发肿瘤疫苗、艾滋病疫苗等先进疫苗，以及抗肿瘤、抗类风湿等单克隆抗体药物，开发以检测传染病、血液病、肿瘤为主的特异性诊断试剂。支持基因测序产品、生物检测产品以及与仪器配套使用检测品的研发和产业化。

①细胞产业。开展干细胞和血液病细胞免疫治疗药物的临床研究，加快干细胞药物和再生医学、基因治疗、免疫细胞治疗、嵌合抗原受体T细胞免疫疗法（CAR-T细胞治疗）、精准医疗、高端医疗等开发和应用。开展新生儿耳聋基因检测、无创孕妇产前筛查、药物靶点筛查与预测等业务。鼓励医疗生物资源收集与储存的进一步开放，开展干细胞存储中心建设，加快细胞产业发展。

②重组蛋白质药物。推动重组人血清白蛋白、粒细胞刺激因子融合蛋白、长效干扰素融合蛋白等长效重组蛋白药物项目建设。推动具有重大需求的重组人血清白蛋白、基因重组凝血因子等产品的产业化。建立与国际接轨的质量控制体系，积极开拓国际市场。

③疫苗。加快开发4价脑膜炎球菌结合疫苗、13价肺炎结合疫苗、多组分百白破、B型流感嗜血杆菌、流脑联合疫苗，填补国内高端人用多价多联疫苗的空白，抢占疫苗领域技术制高点，推动世界卫生组织（WHO）预认证在国内的进行。推动口蹄疫复合表位疫苗、鸡传染性法氏囊病基因工程建设。

4. 实施医疗器械培育成长工程

充分发挥天津医疗器械企业在临床诊疗、家用医疗器械、高端耗材、植入物、诊断试剂等细分领域的既有优势，大力发展具有自主知识产权的高端医疗器械，鼓励发展以云计算、物联网、人工智能等现代信息智能技术为特色的健康信息服务产品。

①临床诊疗设备领域。重点发展A/B型超声测量仪、角膜相关检测设备、激光诊断、治疗设备及眼科、皮肤科、泌尿科等专科诊疗设备，高标准移动化数字影像系统及三维高清内窥镜系统等。

②家用医疗器械领域。重点发展以电子血压计为重点的家用可穿戴式健康监控仪器设备以及理疗床、上下肢康复训练系统等家用理疗康复产品，利用移动互联网等通讯工具建设社区健康监控网络。

③高端耗材领域。重点发展以功能性、安全性为主要发展方向的非聚氯乙烯、避光输液、自充停精密输液器等高端注射和输液耗材产品，以及血液回路、呼吸回路、心外手术体外循环管路、血液透析器等多样化、专业化的高端医用一次性用品。

④植入物领域。重点发展关节、脊柱、创伤系列骨科相关植入器材及配套手术器械，微创外科领域高端吻合器、超声刀，以及生物降解心血管载药支架、颅内药物支架、椎动脉药物支架等相关产品。

⑤诊断试剂领域。重点发展单克隆抗体临床检测试剂盒、化学发光免疫分析试剂盒及相关配套设备。

5. 实施公共服务平台建设工程

构建产学研协同创新模式，形成优势互补、利益共享、风险共担的机制，释放人才、技术等创新要素活力。运用数据库、互联网等信息技术，建设医药产品技术研发、产业化、安全评价、临床评价、成果展示等公共服务平台，加快科研成果孵化、转化、产业化。鼓励龙头企业发起建立专业联盟，组织专业会议，搭建本市生物医药行业交流平台。

①建设国家合成生物技术创新中心。以全面提升本市合成生物技术创新能力、实现合成生物技术重大应用为目标，抓好本市与中科院合作共建的合成生物技术创新中心建设，推动中科院天津工业生物技术研究所升级为创新研究院，充分发挥中科院人才、技术、成果优势，建成世界级水平、机制灵活的合成生物技术研发转化基地。支持以天津大学为主建设合成生物技术国家重点实验室。

②建设现代中药创新中心。由天津中医药大学为牵头单位，与天津医药集团、天士力集团、天津红日药业股份有限公司及扬子江药业集团、上海医药集团等国内中药行业研发实力较强的单位联合创建。建成辐射全国乃至全球的现代中药创新体系。在科技投入、成果转化、人才培养等方面取得突破。

③建设天津药物研究院药物创新中心。建立以释药技术与药代动力学国家重点实验室为代表的多个国家及省部级重点实验室。形成以国家创新药物药代动力学研究技术平台、国家创新药物临床前安全性评价研究技术平台、国家创新药物药效学研究天津综合大平台为主体的药代动力学、安全性评价和药效学研究三大优势学科。加快儿童药研发及产业化平台建设。

④建设天津国际生物医药联合研究院。建设药物发现平台、药物分析测试平台、药物研发信息平台、生物药生产质量管理规范（GMP）中试平台、中药新药研发平台和临床研究平台等核心技术平台，引导本市优势产学研机构联合天津市肿瘤医院、泰达国际心血管病医院等建设系列化的支撑技术平台。

⑤建设生物医药行业交流平台。加强与中国化学制药工业协会、中国医药企业管理协会、中国医药保健品进出口商会等国家级医药行业协会、商会合作，发挥龙头企业的行业带动作用，培育本市生物医药领域的品牌会议、特色活动，不断扩大本市生物医药行业影响力。

6. 实施生物医药质量品牌提升工程

引导企业增强质量品牌意识，加强质量管理，加大智能制造软硬件投入，提高创新水平，培育重大产品，开发具有重大临床价值的创新药物和生物新产品，创造高价值专利，提升核心竞争力，形成品牌效应。

①严格生产质量管理。全面实施并严格执行新版药品生产质量管理规范（GMP），加强质量安全培训，严格“环境、职业健康和安全”（EHS）管理。规范生产经营行为，加强基本药物质量监管，督促医药生产企业全面提升质量管理水平。健全仿制药一致性评价方法、技术规范，开展第三方检测、评价，提高仿制药质量。开展中

药有害残留物风险评估，加强中药注射剂安全性评价，维护中药产品质量安全。

②实施智能、绿色制造。建设包括工业互联网应用、企业资源计划系统（ERP）深化应用、制造执行系统（MES）构建，以及生产线数据采集系统、数据挖掘分析平台（PAT）技术、智能物流及条码识别系统等内容的智能制造项目。加快推广应用无毒无害原材料，加强对研发外包企业新化学物质的管理，推动环境污染源头治理，建设绿色工厂。

③培育知名品牌。落实国家消费品标准和质量提升规划（2016—2020年），推动全国生物医药知名品牌示范区建设，促进示范区内知名品牌的快速形成和发展，进一步优化本市生物医药产业品牌发展环境。推动隆顺榕、乐仁堂等津门老字号创新销售模式，扩大老字号知名度。大力宣传品牌建设成就突出的龙头企业和优秀企业家，激发更多生物医药企业培育发展品牌的积极性。

7. 实施产业一体化发展工程

构建一二三产业协同发展模式，推进中药种植和研制一体化发展，建立现代药品流通体系，发展多业态混合经营。鼓励企业建立研发生产一体化新模式，提高研发效率，降低研发风险，降低企业生产成本。

①建立研发生产服务一体化平台。支持凯莱英等医药合同定制研发生产（CDMO）优势企业建立研发生产一体化发展新模式，在药学研究、临床前安全性评价、新药临床研究和新药生产工艺开发及产业化、已上市药物规模化委托加工等方面提供高质量、国际化服务，促进本市生物医药专业化分工，促进制药企业降低成本，提高研发效率，降低研发风险，构建良好的生物医药产业发展生态。

②建立现代药品流通体系。进一步提升行业集中度，借助"两票制"政策契机，鼓励药品流通企业通过兼并重组、上市融资、混合所有制改革等多种方式做强做大，加快实现规模化、集约化和现代化经营。支持中小型药品流通和零售企业发展采购联盟和药店联盟，采用联购分销、统一配送等方式，降低经营成本，提高组织化程度。鼓励实行批零一体化、连锁化经营，发展多业态混合经营。构建以本市大型骨干企业为主体、中小型企业为配套补充的现代药品流通网络。

③推进中药种植和研制一体化发展。发展中药农业，促进中药产业链的形成与健康发展，培育具有自主知识产权的"卫药"品牌。重点发展地产药材如酸枣、津枸杞、山豆根、柴胡、黄芩等，提升大宗道地药材标准化生产和产地加工技术，从源头提升中药质量水平。引导中药龙头企业建立包括中药材产地初加工、第三方检测、仓储物流、中药材全过程追溯服务等在内的中药上中下游一体化发展体系。

（五）新材料制造业

以实施重大工程为引领，大力发展基础材料、关键战略材料和前沿材料，加快推进智能制造应用，搭建公共服务平台，推动产业聚集发展。

1. 实施先进基础材料提升工程

以性能优异、量大面广且“一材多用”的基础材料高端品种为突破口，大力发展高性能、差别化、功能化的先进基础材料，推进传统材料工业转型升级和可持续发展。

①先进钢铁材料。巩固优势产品，优化品种结构，大力发展优特钢。发展高品质特殊钢、高性能管线钢、高性能海工钢、高强度结构板、高性能轴承钢、高强度建筑钢材等，提高市场占有率，提供高品质基础钢铁材料。

②先进有色材料。重点发展特种稀贵金属、高精度纯无氧铜箔、高性能轻合金材料等先进有色金属材料，突破材料性能及成分控制、生产加工及应用等工艺技术，提高质量稳定性。

③先进化工材料。立足石化产业基础优势，加大技术装备智能化改造力度，大力发展高端润滑油脂、高性能聚烯烃、高性能工程塑料、高端氟化工等先进化工材料，加快产业向高端转型。

2. 实施关键战略材料突破工程

围绕重大工程和国防军工，突破重点领域急需关键战略材料，加快推进产业化发展，支撑和保障战略性新兴产业创新发展。

①新一代信息技术材料。突破 8~12 英寸 IC 级硅单晶材料及外延片的关键技术，4~6 英寸超薄锗片及其切割和抛光工艺技术，3~6 英寸砷化镓、磷化铟材料及其抛光工艺技术，碳化硅、氮化镓等第三代半导体衬底及外延材料关键技术，形成 4~6 英寸碳化硅材料的批量生产能力。提高大尺寸光纤预制棒、高精度高稳定性传感光纤材料、高功率激光光纤材料等特种光波导纤维材料、高性能复合介质基板、压电陶瓷材料、高纯金属及合金溅射靶材、异型蓝宝石晶体材料溅射镀膜靶材、抛光液、电子粉末包封料、辐射固化材料生产技术水平。

②航空航天装备材料。开发超高强铝合金中厚板及型材制品、大规模锻件及型材、大型复杂结构铝材焊接件、大型钛合金材、特种稀土合金等产品，提升新型轻合金材料整体工艺技术水平。突破高强高模碳纤维产业化技术、高性能芳纶工程化技术，开展大型复合材料结构件研究及应用测试。突破碳纤维与金属、陶瓷、高分子等材料的复合关键技术，实现高性能碳纤维复合材料的规模化制备与应用。进行高温耐蚀镍基固溶强化合金、耐高温涂层技术的开发。

③海洋工程装备材料。加快海洋工程用高强度特厚齿条钢、超高强度钢、海水淡化和化工用双相不锈钢、石油钻采用无缝钢管、钛合金钻杆产品、海洋用纯钛管和舰船用大口径高强度厚壁钛合金气瓶管、耐蚀盘条、海洋平台专用焊丝、油船用高品质耐蚀不锈钢复合船板和耐蚀钢管等产业技术开发。

④先进轨道交通装备材料。推进高速铁路轨道系统用大直径螺旋肋钢丝，高强度、低松弛、高粘结、高抗疲劳性的预应力钢材，重载铁路用钢，机车专用耐候焊丝，高

铁用聚氨酯,高质量成套配件的研发和生产。制定符合高速轨道交通需求的材料技术规范。推动实现稀土磁性材料在高铁永磁电机中的规模应用。开发钢轨焊接材料加工技术,发展风挡和舷窗用高品质玻璃板材。加强先进阻燃及隔音降噪高分子材料、制动材料和轨道交通装备用镁铝合金制备工艺研究,加快碳纤维复合材料在高铁车头等领域的推广应用。

⑤高档数控机床和机器人材料。提升稀土永磁材料、非晶和纳米晶软磁材料、磁敏材料的产业化技术水平,推进应用器件产业化。开发高柔性电缆材料、耐高温绝缘材料。调整超硬材料品种结构,发展低成本、高精密人造金刚石和立方氮化硼材料。

⑥电力装备材料。重点开发核电压力容器大锻件系列钢种。开发智能电网用高容量稀土储氢材料。突破5兆瓦级大型风电叶片制备工艺。

⑦节能和新能源汽车材料。提升镍钴锰酸锂/镍钴铝酸锂、5伏尖晶石型镍锰酸锂、富锂锰基材料、磷酸盐聚阴离子材料和中间相碳微球、硅碳复合负极材料以及钛酸锂材料的性能一致性与循环寿命,开展高容量LaYNi储氢材料、质子交换膜燃料电池及防护材料研究,实现先进电池材料合理配套。开发适用于汽车零部件的轻质、高强、高韧铝合金产品,加快镁合金、稀土镁(铝)合金在汽车仪表板及座椅骨架、转向盘轮芯、轮毂等领域应用,扩展高性能复合材料的应用范围,支撑汽车轻量化发展。

⑧农机装备材料。进行高强高硬耐磨钢系列化产品开发,在农机装备及配件中实现对高碳弹簧钢的应用替代。开发农机离合器活塞材料、湿式离合器摩擦材料等,满足农业作业环境及特种装备需求。

⑨生物医药材料。推进医用钛丝、自体软骨组织再生技术和生物基高分子材料的研发产业化,发展己烯共聚产品、茂金属聚丙烯等医用高分子材料,提高卫生材料、药用包装的安全性。

⑩节能环保材料。加快新型高效半导体照明、稀土发光材料技术开发。突破非晶合金在稀土永磁节能电机中的关键应用技术。大力发展稀土永磁节能电机及配套稀土永磁材料、高温多孔材料、人工光催化合成燃料、功能膜材料及膜组件,推进其在节能环保重点项目中应用。提升汽车尾气、工业废气、废水净化用催化材料寿命及可再生性能,开展稀土三元催化材料、脱硝催化材料质量控制、总装集成技术等开发,降低生产成本。开发纳米陶瓷胶凝材料及新型耐火材料、节能玻璃、气凝胶绝热保温材料、完全生物降解的生物基高分子材料。

3. 实施前沿新材料培育工程

瞄准科技和产业前沿,加强前瞻性基础研究与应用创新,攻克一批核心关键技术,形成一批标志性前沿新材料创新成果与典型应用,抢占产业竞争制高点。

①石墨烯。突破石墨烯材料规模化制备技术和工艺,攻克两亲性碳材料、高密度多孔碳和碳/非碳杂化材料,高体积能量密度碳基储能材料,超长循环寿命和超高倍

率性能的三维石墨烯网络/金属锡基复合材料等关键技术，开发大型石墨烯薄膜制备设备及石墨烯材料专用计量、检测仪器，重点发展利用石墨烯改性的储能器件、功能涂料、改性橡胶、热工产品、生物医用碳材、高效膜以及特种功能产品。依托东丽石墨烯产业化基地、天津滨海高新区石墨烯工程技术中心、宝坻天津北方石墨烯产业研究院等构建石墨烯产业链，形成产业集聚区。

②纳米材料。开发结构明确且形貌、尺寸、组成均一的纳米材料，提升纳米材料规模化制备水平，积极开展纳米材料在光电子、新能源、生物医药、节能环保等领域的应用。开展长脉宽激光可控合成纳米光电功能材料、碳纳米触摸屏、高效安全的基因/药物递送和纳米诊疗系统、彩色喷墨打印纳米涂料的研究和产业技术开发。突破二硫化钼纳米晶体管薄膜均一性技术、二硫化钼层数可控生长等关键技术，制备出 2 英寸二硫化钼薄膜材料，实现典型器件应用，加快纳米技术成果转化和产业化。

③超宽禁带半导体材料。开展氮化铝单晶、氧化镓单晶、金刚石单晶、立方氮化硼单晶等超宽禁带半导体材料研究，突破超宽禁带半导体材料生长系统构建、快速生长、晶径扩大、超硬材料加工等关键技术，制备出 2 英寸氮化铝、2 英寸氧化镓、15 × 15 平方毫米单晶金刚石材料，实现典型器件应用。

④超导材料。突破高性能低成本超导线束拉拔塑形加工技术、大型高效长寿命制冷技术和低漏热低温容器制备技术、不同波段和频率超导应用产品制备技术，积极开发强磁场用高性能超导线材、铁基超导线带材、钇系列高温超导电缆、低成本高温超导千米长线等，在电力输送、医疗器械等领域实现应用。

⑤三维（3D）打印材料。突破电子束选区融化、熔丝沉积、分层实体制造和立体喷印等关键技术，重点发展高分子粉末、金属合金粉末、陶瓷粉末、光敏树脂、粘结剂等材料制备，攻克多轴联动、高速扫描控制、高精密传动等核心控制技术，深入推动在航空航天、机械船舶、汽车、生物医药、家电、新型显示等领域的应用，形成集装备、材料、软件、服务于一体的产业链。

4. 实施新材料“互联网+”工程

抓住本市大力推进智能科技产业发展机遇，发挥本市高性能计算、大数据的优势，引导启动材料基因组工程，构建专业领域材料数据库，组织智能制造示范工程，深入推进“互联网+”新材料行动。

①材料基因组工程。依托国家新材料产业研究院等研究机构，开发材料多尺度集成化高通量计算模型、算法和软件，开展新材料的高通量实验、材料成分—组织结构—性能的高通量表征与服役行为评价等技术研究，参与国家高通量材料计算应用服务、多尺度模拟与性能优化设计实验室与专用数据库建设。

②专业材料数据库。依托中国汽车技术研究中心、中国电子科技集团公司第四十六研究所等专业机构，建立车用材料、半导体材料等重点领域新材料数据库、牌号

标准库、工艺参数库、工艺知识库，积极参加国家新材料牌号和指标体系建设，支持开展材料试验大数据分析，开展技术创新、应用模拟、性能评价、风险分析、检验测试等服务。

③智能制造示范。深入推进互联网与新材料深度融合，提高新材料产业发展水平。推动渤化南港基地新工厂“环境、职业健康和安全”（EHS）管理、生产管理与企业资源计划平台建设和荣程集团智能制造管理与执行系统建设。推进工业机器人在钨钼材料生产线的示范应用，探索发展新材料大规模个性化定制、网络化协同制造等新模式。

5. 实施示范服务平台建设工程

建设示范服务平台，强化协同体系建设，提高产业应用推广水平和创新能力，建立数据采集和共享制度，营造开放、融合的产业生态。

①新材料生产应用示范平台。在航空航天、海工装备、电子信息、轨道交通等重点领域，依托中国航空工业集团、中国海洋石油集团有限公司、中国电子科技集团有限公司、中国中车股份有限公司等建设生产应用示范平台，加强新材料生产与应用衔接，推动新材料产业标准化试点示范，完善上下游联合攻关协同发展机制。

②新材料测试评价平台。在稀土功能材料、半导体材料、纳米材料、功能高分子材料等关键领域，依托包钢稀土研究院、国家纳米技术和工程研究院、国家新材料产业研究院、天津大学、南开大学等建设新材料测试评价平台，构建测试评价体系，具有较完备的测试评价服务能力。

③新材料资源共享平台。联合产学研用等各方力量，整合政府、行业、企业和社会资源，运用智能技术建立垂直化、专业化新材料资源共享平台，加快产业资源交流互通，开展材料生产企业与设计、应用单位供需对接，建立重大工程、重大项目配套材料应用公共服务平台。

6. 实施产业聚集工程

整合资源、集中要素、突出特色，形成一批优势明显的产业聚集区，构建一批特点突出的产业链，引进一批带动力强的企业群，推进产业聚集发展。

①建设一批优势产业聚集区。继续推进东丽石墨烯、津南电子信息材料、宝坻动力电池新材料产业化基地、蓟州稀土磁性材料、南港工业区化工新材料产业园等聚集区建设，推动空港经济区功能高分子材料、静海高档金属新材料、武清轻量化材料、北辰特种金属材料等特色产业聚集区建设，整合生产要素，完善产业配套服务能力，发挥协同效应，形成区域特色新材料产业发展基地。

②打造一批特色产业链。化工新材料形成“石化基础产品和原盐—高聚物—合成树脂/合成橡胶/合成塑料/精细化学品—复合材料—制品应用”的产业链；半导体照明、显示材料形成“衬底材料—外延片生产—芯片制作—封装—应用产品”的产业

链;电子信息材料形成“单晶硅棒—单晶硅片—电子元件—电子产品”的产业链;动力电池材料形成“原材料—电池正负极材料—电解液—电池隔膜—动力电池—应用产品”的产业链。

③引育一批行业领军企业。围绕本市高端装备制造、轨道交通、航空航天、新能源汽车等产业发展重点领域,瞄准行业500强、上市公司和独角兽企业,引进和培育一批龙头和特色新材料企业,形成材料—部件—装备完善的产业链,构建完整的产业配套体系。

(六)环保产业

1.节能技术装备

①工业锅炉。加快研发高效低氮燃烧器、智能配风系统等高效清洁燃烧设备和波纹板式换热器、螺纹管式换热器等高效换热设备。支持开发锅炉系统能效在线诊断与专家咨询系统、主辅机匹配优化技术等,不断提高锅炉自动调节和智能燃烧控制水平。推进高效环保的循环流化床、工业煤粉锅炉及生物质成型燃料锅炉等产业化。鼓励锅炉制造企业提供锅炉及配套环保设施设计、生产、安装、运行等一体化服务。

②电机系统。加强绝缘栅极型功率管、特种非晶电机和非晶电抗器等核心元器件的研发,加快特大功率高压变频、无功补偿控制系统等核心技术以及冷轧硅钢片、新型绝缘材料等关键材料的应用,推动高效风机水泵等机电装备整体化设计,促进电机及拖动系统与电力电子技术、现代信息控制技术、计量测试技术相融合。加快稀土永磁无铁芯电机等新型高效电机的研发示范。

③能量系统优化。加大系统优化技术研发和推广力度,鼓励先进节能技术、信息控制技术与传统生产工艺的集成优化运用,加强流程工业系统节能。针对新增产能和具备条件的既有产能,以整合设计为突破口,形成贯通整个工业企业生产流程的综合性节能工艺技术路线。

④余能回收利用。加强有机朗肯循环发电、吸收式换热集中供热、低浓度瓦斯发电等技术攻关,推动对中低品位余热余压资源的回收利用。加快炉渣、钢坯和钢材等余热回收利用技术开发,推进固态余热资源回收利用。探索余热余压利用新方式,鼓励余热温差发电、新型相变储热材料、液态金属余热利用换热器技术等研发。推动余热余压跨行业协同利用和余热供暖应用。

⑤照明和家电。推动半导体照明节能产业发展水平提升,加快大尺寸外延芯片制备、集成封装等关键技术研发,加快硅衬底LED技术产业化,推进高纯金属有机化合物(MO源)、生产型金属有机源化学气相沉积设备(MOCVD)等关键材料和设备产业化,支持LED智能系统技术发展。大幅提高空调、冰箱、电视机、热水器等主要用能家电能效水平,加快智能控制、低待机能耗技术等通用技术的推广应用。

⑥绿色建材。鼓励开发保温、隔热及防火性能良好、施工便利、使用寿命长的外

墙保温材料、低辐射镀膜玻璃、断桥隔热门窗、遮阳系统等，开发推广结构与保温装饰一体化外墙板，引导高性能混凝土、高强钢等建材的应用。支持发展环境友好型建筑涂料和胶黏剂，推广应用高分子防水材料、密封材料和热反射膜。

⑦重点行业能量系统优化的重点节能技术。

——钢铁行业

开发热态炉渣余热高效回收和资源化利用技术、复合铁焦新技术、换热式两段焦炉技术等。推广"一罐到底"铁水供应、烧结烟气循环、高温高压干熄焦等技术。

——有色行业

开发铝电解槽大型化及智能化技术、连续或半连续镁冶炼技术等。推广铝液直供、新型结构铝电解槽、高效强化拜耳法氧化铝生产、富氧熔炼、粗铜连续吹炼等技术。

——石化和化工行业

开发油品及大宗化工原料绿色制备技术、石化装置换热系统智能控制技术等。推广炼化能量系统优化、烯烃原料轻质化、高效清洁先进煤气化等技术。

——建材行业

开发水泥制造全流程信息化模糊控制策略、平板玻璃节能窑炉新技术、浮法玻璃生产过程数字化智能型控制与管理技术等。推广高效熟料煅烧、玻璃熔窑纯低温余热发电、陶瓷薄形化和湿改干等技术。

——煤化工行业

大力发展焦炉煤气、煤焦油、电石尾气等副产品的高质高效利用技术。

2. 环保技术装备

①大气污染防治。加快烟气多污染物协同处理技术及其集成工艺、成套装备与催化剂开发，攻克低氮燃烧和脱硝工艺氨逃逸控制、PM2.5 和臭氧主要前体物联合脱除、窑炉多污染物协同控制技术，研发脱硫、脱硝、除尘、除汞副产物的回收利用技术。探索挥发性有机物（VOCs）源头控制方法，研发推广吸附浓缩、低温等离子体净化、生物法脱臭、光氧化和光催化等末端治理及组合治理技术，在石油石化、汽车喷涂、印刷等行业开展 VOCs 治理，推进吸附材料再生平台示范建设。促进发动机、汽轮机等机内净化、尾气治理、蒸发排放控制等移动源环保升级，以及柴油机（车）排放净化。加强大气污染来源识别及区域联防联控技术集成研究。推进钢铁、水泥等行业以特别排放限值或更高标准为目标的技术研发示范和应用。

②水污染防治。加强高浓度难降解工业废水处理、水体富营养化控制、总磷达标排放等关键技术的研发力度，着力突破藻毒素处理、饮用水消毒副产物去除等水安全保障技术。开展地下水污染溯源技术、修复材料及技术研究，开展工业废水生物毒性、急性毒性等前瞻性技术研究，开发新型高效水处理材料及高效水处理生物菌剂。

加快反渗透膜、纳滤膜的推广，提高膜生物反应器性能，降低成本。开展高效低耗生活污水处理与回用工艺研发和示范，示范推广污泥无害化资源化处理技术。大力推行低成本、微动力的小型水处理技术和畜禽养殖面源污染控制技术，推动对小城镇和农村生活污水以及施工营地生产生活污水进行分散处理。

③土壤污染防治。增强土壤污染诊断水平，增强风险识别、污染物快速检测、土壤及地下水污染阻隔等风险管控能力。突破功能材料（药剂）、土壤调理剂和修复药剂的技术和成本瓶颈。加快实现原位修复专用工程设备国产化。加强生命科学技术在土壤修复领域的技术储备。提升农田土壤重金属和持久性有机污染物快速检测修复技术水平，以及污染场地风险评价数值模拟技术水平。开展污染场地和矿山修复，推动土壤污染治理试点示范。

④城镇生活垃圾和危险废物处理处置。提高生活垃圾焚烧飞灰、浓缩渗滤液、填埋气利用技术水平，加快村镇低成本小型垃圾处理成套设备开发示范。着力突破重金属废物、抗生素菌渣、高毒持久性废物综合整治工作，推动与我国危险废物基本特征相适应的利用处置技术研发，提升危险废物利用处置过程的风险控制水平，促进危险废物高效焚烧装备产业化，提升危险废物环境管理的精细化、信息化水平。

⑤噪声和振动控制。开发新型吸声、隔声、隔振、减振材料，重点推进阻尼弹簧浮置板轨道隔振技术国产化，提升配套产品的自动化和集成化水平。推动燃煤电厂低频噪声源头治理成套设备研发和应用。推进施工场地、机场等环境噪声在线连续监测技术设备的研发和应用，加强低成本、可移动降噪设备的研究与推广。

⑥环境大数据。推动在线监测技术与信息化技术的深度融合，加强环境物联网与大数据建设，实现环境监测数据模型化、精细化、准确化。以突出环境问题为重点，加强挥发性有机污染物（VOCs）、重金属、火电厂 ppb 级 PM2.5 在线监测和现场快速检测技术，以及相关标准物质的研发和应用。开展大气新型污染物、空气环境颗粒物、工业排放气体在线监测计量、水质生物毒性监测、土壤和地下水监测等技术研究。研究适用范围广、监测数据准确的多参数水质自动检测仪器和连续监测装备，推进水质自动化监测。提高在线监测仪器的测量精度和性能稳定性，提升仪器仪表智能化水平。

3. 新能源领域

（1）锂离子动力电池

不断提高电池性能。依托天津力神电池股份有限公司、天津银隆新能源有限公司等重点企业，加快三元电池、钛酸锂电池批量化生产和应用，推动力神 21700-0.5 安时（Ah）电池产品和中聚 48 伏电源系统设计研发，不断提高锂离子动力的电池单体和系统比能量、循环寿命和充电倍率，降低生产成本。依托中国电子科技集团公司第十八研究所和南开大学等高校院所，加快推进固态电池、锂硫电池、金属空气电池等新型电池研发,探索能够突破当前动力电池瓶颈的新技术路径。

扩大电池产业规模。支持天津国安盟固利新能源有限公司、力神电池、天津捷威动力工业有限公司等重点企业,利用智能制造生产方式,扩大企业生产规模,推动国安盟固利年产 10 吉瓦时(GWh)动力电池智能制造基地和企业创新中心项目、力神产业园项目、捷威锂离子动力电池三期工程项目建设,按照国际先进动力电池生产线设计,打造国内一流、全球领先的动力电池技术研发、生产制造基地和锂离子电池研发、制造平台,保障高品质动力电池供应。

重点研发关键材料。推动天津巴莫科技股份有限公司 5 万吨正极材料项目建设,加快高镍系、高电压三元等材料在动力电池正极材料的应用;支持天津市贝特瑞新能源科技有限公司开展硅碳复合负极材料结构构筑、制备及产业化研究,加快开发高容量、长循环、低成本的人造石墨负极材料,推动充放电容量大且效率高、循环性能和倍率性能好的快速充电负极材料制备;支持天津东皋膜技术有限公司开发基膜厚度介于 8~12 微米之间的动力电池隔膜产品。

推进电池检测与回收。依托国家轿车质量监督检验中心,建立涵盖动力电池电芯、模组和系统的创新测试评价方法,完善验证服务体系。鼓励力神电池、天津捷威动力工业有限公司等企业加快动力电池编码化追溯体系建设,与回收利用企业合作,开展动力电池回收利用技术开发与回收网络建设,率先建成覆盖全市、体系完善的动力电池回收、交易、拆解、梯次利用网络。

(2)风力发电。

加强风力发电整机研发。依托维斯塔斯风力技术(中国)有限公司、天津明阳风电设备有限公司等重点企业,着力推动制造流程和工艺智能化、清洁化升级,巩固 3 兆瓦级整机优势,加快大功率风电整机、海上风电整机,以及适用于高寒、高湿、风沙环境的风电整机产品开发,积极抢占新兴市场。

提升关键部件研制。依托天津瑞能电气有限公司、天津华建天恒传动有限责任公司等重点企业,加快大功率发电机、齿轮箱、叶片、偏航变桨系统、冷却系统,以及大型铸锻件等关键部件的开发。重点推进 2 兆瓦以上陆上风电机组开发,开发 5 兆瓦以上海上风电机组,研发 3 兆瓦以上风电叶片、发电机、齿轮箱等核心部件。

建设智能电站。支持平高电气风电光伏新能源智能电站一体化等项目,促进现代先进的数字信息技术、通信技术、互联网技术、云计算技术、大数据挖掘技术与新能源技术深度融合,通过对风电变流器、光伏逆变器、硬件控制系统、变流器控制程序、滤波控制系统等产品和技术的研发,形成智能一体化箱式变电站。

(3)光伏发电

提高光伏电池性能。依托天津三安光电有限公司、天津蓝天太阳科技有限公司等重点企业,重点发展正向失配(UMM)三结太阳能电池外延及芯片工艺、类单晶硅锭铸造与黑硅电池、锗基空间用多结砷化镓电池、正向失配(UMM)四代三结太阳能电池、薄膜电池、聚光电池等重点产品和技术,提高太阳能电池的转化效率。

提升光伏组件附加值。积极推动天津英利新能源有限公司、天津中环半导体股份有限公司等龙头企业,研发直拉法生长太阳能级硅单晶、导体超薄硅片、金刚线切割多晶硅、5栅线多晶太阳能组件等太阳能电池组件,实现涵盖“硅料—硅棒/硅锭/硅片—电池—组件”的全产业链,加强对产业链的高利润环节控制,提升产品附加值。

实现系统部件工艺突破。依托中电科十八所、南开大学等在国内具有较高水平的科研院所和高校,联合重点企业开展低能耗、高效率、环保型生产工艺研发,实现光伏逆变器、配电箱等系统部件的技术和工艺突破。积极发展光伏电池测试仪器设备,推动相关企业开展国际认证和互认。

(4)氢能及氢燃料电池。

加快燃料电池发展。推动国氢新能源科技有限公司引进吸收加拿大巴拉德动力系统公司30千瓦电堆技术;引导北京蓝吉新能源科技有限公司与力神电池深入合作,开展高性能氢能燃料电池及其关键材料、燃料电池发动机等核心部件技术研发和产品开发;依托银隆燃料电池研究院,加快推进高功率密度钛氢动力系统产品开发。

加强关键零部件研究。依托南开大学等高校开展质子交换膜、膜电级、新型催化剂的研究,促进关键材料技术国产化,降低成本。着力推动关联企业开发燃料电池堆、空压机组件、氢气再循环泵等关键辅助系统零部件,提升电堆组件集成性能,开展长寿命燃料电池发动机研发和测试评价技术。

完善配套产业。引导和支持渤化集团等大型化工、能源企业开展技术改造,提升工业副产品安全制氢能力。加快天津市大陆制氢设备有限公司碱性水电解制氢设备的研发,降低制氢耗电量。积极对接北京科泰克科技责任有限公司等企业,加快引入35兆帕和70兆帕车载储氢瓶。加大加氢站核心装备(氢气压缩机、高压储氢罐、氢气加注机)生产企业的引进力度,鼓励上海氢枫能源技术有限公司等企业在本市探索加氢站与加油站、充电站合建的技术可行性。

第四章　区域知识产权与产业发展协同分析——以天津国家自主创新示范区为例

第一节　天津国家自主创新示范区基本情况

（一）自主创新示范区建设历程

2015 年 2 月，天津市政府正式印发《天津国家自主创新示范区“一区二十一园”规划方案》（津政发〔2015〕3 号）。“一区”即天津国家自主创新示范区，“二十一园”即在各区县、滨海新区有关功能区分别规划建设 21 个分园。到 2020 年，把天津国家自主创新示范区建设成为创新主体聚集区、产业发展先导区、转型升级引领区和开放创新示范区。

2015 年 12 月，科技部同意并印发《天津国家自主创新示范区发展规划纲要（2015—2020 年）》（国科发高〔2015〕445 号），提出产业竞争力显著提升、创新创业主体高度集聚、创新创业环境显著优化、开放式创新形成新局面，要建成具有国际竞争力的产业创新中心和国家重要的区域创新中心。

2015 年 12 月，为深入贯彻落实《天津国家自主创新示范区“一区二十一园”规划方案》（津政发〔2015〕3 号）和《天津国家自主创新示范区发展规划纲要（2015—2020 年）》（国科发高〔2015〕445 号），充分发挥知识产权推动产业转型升级和支撑创新驱动发展的重要作用，全面提升自创区知识产权创造、运用、保护、管理和服务能力，天津市知识产权局、天津市科学技术委员会联合发布了《天津国家自主创新示范区“一区二十一园”知识产权强区建设方案（2015—2020 年）》，推动建设知识产权保护环境优良的国家自主创新示范区。

2020 年 5 月 18 日，天津市十七届人大常委会第十九次会议审议通过了《天津国家自主创新示范区条例》（以下简称《条例》），自 2020 年 7 月 1 日起施行。把自创区建设和改革探索的重要成果和经验以法治的形式固化下来，把改革决策转化为制度保障，明确了自创区的战略定位、建设目标、发展方向和管理体制，并对推动开放合作、吸引要素聚集、鼓励探索创新、增强人才支撑等方面作出具体规定。

自主创新示范区行政规划。《天津国家自主创新示范区“一区二十一园”规划方案》提出，“一区”即天津国家自主创新示范区，“二十一园”即在各区县、滨海新区有关功能区分别规划建设 21 个分园。天津市将统一产业布局,统一管理创新,广泛聚集国内外创新资源与高端科技要素,大力培育战略性新兴产业,加快形成优势特色产业集群,鼓励和促进各分园科技资源开放共享,要素合理流动,产业发展优势互补,推行绿色低碳循环发展模式,强化高端、绿色等产业和项目准入标准,推动产业发展和生态建设相互促进。到 2020 年,把天津国家自主创新示范区建设成为创新主体聚集区、产业发展先导区、转型升级引领区和开放创新示范区。

根据空间布局规划,"一区二十一园"用地总面积为 244.67 平方千米。核心区(包括华苑科技园、北辰科技园、南开科技园、武清科技园和塘沽海洋科技园)用地面积为 55.24 平方千米,未来科技城为核心区的拓展区。21 个分园(共 31 个片区)用地面积为 189.43 平方千米,其中,市内六区各分园用地面积为 9.15 平方千米;滨海新区(包括开发区、空港经济区、东疆保税港区、中新天津生态城、中心商务区、临港经济区)各分园用地面积为 46.03 平方千米;其他区县各分园用地面积为 134.25 平方千米。依据天津市市级高新技术产业开发区认定管理办法,将 31 个片区认定为市级高新区。

自主创新示范区发展规模。天津示范区坚持优化经济结构,加快开发开放,在区域发展中的地位显著提升。2016 年,新增注册企业超过 2.6 万家,累计达到 8.8 万家,实现总收入 2.32 万亿元;其中规模以上法人企业达 4 093 家,总收入为 1.92 万亿元。示范区科技型企业累计达 2.8 万家,新增科技型企业超 6 000 家,占全市新增数量的 41%。科技小巨人企业累计达 1 585 家,新增 382 家,占全市新增数量的 80%。国家级高新技术企业累计达 1 849 家,新增 547 家,占全市新增数量的 51%。天津国家自主示范区呈现出了核心区示范带动,各分园竞相发展的局面,已成为全国创新型产业集群的重要高地、科技型中小企业发展最具活力的区域,为下一步主动适应和引领经济新常态,实现要素和投资驱动向创新驱动转变,推动经济转型升级、产业提质增效打下了坚实基础。

园区主导产业加快发展。核心区启动新能源汽车动力电池创新中心、中科深圳先进技术研究院等高端研发机构建设,实施"独角兽"企业培育计划,引进聚集国能汽车、恒天汽车、中文在线等重点项目,加快打造新能源汽车、新一代信息技术两大千亿产业集群。各分园积极推进产学研合作、领军企业培育和重大产业化项目建设等方面的工作,加快主导产业发展。如东丽分园以大院名企为核心打造产业集群,与汽研中心合作打造汽车科创园项目,累计对接 40 余个汽车行业高新技术项目;通过与中科院医工所合作,成功引进中科院系统医疗器械产业联盟、移动 CT、纳米压印等项目,加快汽车零部件、医疗器械产业发展。北辰分园与河北工业大学积极组建高端装备产业平台和贵重仪器设备共享平台,引进聚集西门子、欧瑞康莱宝、SMC、七所高科、福云天翼等领军企业,实现高端装备制造产业集群发展。武清区积极对接首都资源，生物健康产业规模不断壮大。

创新创业环境不断优化。核心区和各分园纷纷加大投入，加强与知名高校和科研院所的合作，建设一批产业研究院等创新平台。清华大学天津高端装备研究院、军民融合产业技术研究院等产业技术研究院加快建设，聚集高端资源要素，促进科技成果转化和产业化，发挥对产业的辐射带动作用。清华大学天津电子信息研究院、浙江大学研究院、南京理工大学北方研究院、中科院电工所天津先进电气技术研究院、天津市智慧物联信息技术研究院、天津大学前沿技术研究院、南开大学津南研究院等示范区新型研发机构建设进展顺利，不断创新管理体制和管理体系，在人才引进、成果转化、项目孵化和创新服务等方面积极探索新模式、新机制，加快科技成果研发、转化和产业化。河西分园提升改造渤海无线电厂老旧厂房，打造智能制造科技园区；南开分园引进北京东方嘉诚有限公司，提升改造现有建筑，建设“南开创新创业十字街区”；宝坻分园树立闲置空间不是包袱而是招商资源的理念，重点推动现有厂房用地与高端项目的对接。

综合服务能力加速提升。东丽、南开、河北、北辰等分园建设了集展示服务于一体的展示服务中心，西青分园建设综合性行政事务大厅，宁河分园规划建设未来科技城创新创业中心，将实现入驻企业服务不出园区。东丽分园正式获批国家公共检验检测认证服务平台示范区，建设国家知识产权局天津审协中心；西青分园建设标准化厂房，打造各类产业园，吸引高端企业入驻；北辰分园与券商、银行及投资机构建立长期合作关系，搭建综合性金融平台；开发区分园开发国家级高新技术企业服务券管理系统；中心商务区搭建于家堡投融资服务平台，筹建股权众筹平台，为示范区内企业提供检验检测、知识产权、投融资等一条龙服务；蓟县分园规划建设 10 栋 32 000 平方米公寓楼，完善分园配套服务功能。“猪八戒”、36 氪、瀚海置业、中关村 e 谷、龙信数据等一批品牌社会化、市场化服务机构落户示范区，提升了示范区服务能力和水平。

（二）自主创新示范区产业规划目标

《天津国家自主创新示范区发展规划纲要（2015—2020 年）》提出，到 2020 年，天津示范区实现总收入达到 6 万亿元，发明专利年授权量达到 5 000 件，创新创业主体高度集聚、创新创业环境显著优化、开放式创新形成新局面，建成具有国际竞争力的产业创新中心和国家重要的区域创新中心。

——产业竞争力显著提升

形成若干全球领先的科技成果，研制出一批提升国家竞争力、保障国家安全、国际国内领先的战略性核心技术。发明专利年授权量达到 5 000 件，高端装备制造、新能源与新能源汽车等主导产业具备国际竞争力。

——创新创业主体高度集聚

大众创业精神活跃，万众创新氛围浓郁，创新型企业蓬勃成长，高水平研发机构加速汇聚。培育 10 家以上具有全球竞争力的创新型企业，在统筹考虑现有科研资源的基础上，建成一批高水平科技研发基地。

——创新创业环境显著优化

形成创新要素聚合、创新文化融合的发展环境，打造 100 个众创空间，引进 10 000 名创新型高层次人才，吸引 100 000 人创业。天使投资、风险投资等各类资本聚集发展。公共服务体系完善，社会管理水平显著提高。

——开放式创新形成新格局

建立与北京、河北及环渤海周边腹地的创新发展合作机制，吸纳转化在京高水平科研成果 1 000 项。建成一批国际开放合作发展平台，形成与国际接轨的发展环境和经营理念，成为全球创新网络的重要节点。

推进自主创新示范区产业规划布局。根据产业布局规划，天津市将统一产业布局，统一管理创新，鼓励和促进各分园科技资源开放共享，要素合理流动，产业发展优势互补，着力建设“一线、两带、一城”的产业聚集区。

“一线”即京津科技新干线，从北京中关村到天津滨海新区，借助首都创新资源，构建天津市高新技术产业发展中轴线。沿线重点布局武清区、宝坻区、北辰区、东丽区各分园及空港科技园、天津经济技术开发区科技园 2 个分园，重点建设京津协同创新载体，承接首都科技成果和资源溢出。依托特色园区、大院大所和龙头企业，发展电子信息、先进制造、生物医药、现代服务业等区域主导产业，做大高端装备、新能源新材料、节能环保等特色优势产业。

“两带”即围绕京津科技新干线主轴延伸形成的两条高新技术产业研发转化带。向西南延伸，重点布局华苑科技园及南开区、西青区、静海县各分园，发展以新能源新材料、新一代信息技术、科技服务业、高端装备制造等主导产业，培育发展大健康产业；向东延伸，重点布局津南区、东丽区、宁河县和蓟县各分园，形成以高端装备制造、汽车零部件、科技服务业、现代农业等行业为主导的若干个产业集群，促进周边高校及科研院所科技成果转化与资源开放共享。

“一城”指中心城区，包括和平区、河西区、南开区、河东区、河北区、红桥区各分园，依托中心城区高端工业布局及都市工业园区、科教资源聚集区等空间载体，以研发设计、科技咨询、文化创意、科技金融、创业孵化等科技服务业和现代服务业为主导，形成各具特色的空间与产业布局。

“一区二十一园”产业布局情况表分别见表 4-1、表 4-2、表 4-3、表 4-4。

表 4-1 "一区二十一园"产业布局情况表(滨海新区)

序号	分园(片区)	主导产业	细分领域
1	滨海高新区	新一代信息技术 医药与健康 新能源新材料 高端装备制造 现代服务业	互联网与移动互联、信息安全、大数据与云计算 生物医药、医疗器械 新能源电池、新能源汽车 航空航天、智能装备、专用装备 科技服务业
2	开发区分园	新一代信息技术 医药与健康	大数据与云计算、信息安全、互联网与移动互联、基于信息技术的智能制造 医疗器械、生物医药、医药外包服务
3	空港分园	高端装备制造 新一代信息技术 医药与健康 现代服务业	航空航天、专用装备、智能装备 集成电路、物联网与移动互联 生物制药、医疗器械 科技服务
4	临港分园	高端装备制造	海洋工程装备、智能装备
5	东疆港保税区分园	现代服务业	融资租赁、现代物流航运和进出口贸易
6	商务区分园	现代服务业	总部经济、现代金融、跨境电商、科技服务
7	生态城分园	文化创意产业 节能环保	动漫产业 节能环保服务业

表 4-2 "一区二十一园"产业布局情况表(环城四区)

序号	区县	分园(片区)	主导产业	细分领域
1	东丽区	天津海河高新区	现代服务业 医药与健康	科技服务业 医疗器械
		天津华明高新区	高端装备制造 现代服务业 医药与健康	航空航天、轨道交通装备、电力电气装备 科技服务业 生物医药
2	西青区	天津学府高新区	新能源新材料 新一代信息技术	高新能复合材料 信息安全、互联网与移动互联、大数据与云计算
		天津中北高新区	高端装备制造 新一代信息技术	智能装备、汽车整车及零部件 大数据与云计算、互联网与移动互联
3	津南区	天津海河科教园区	现代服务业	高技术服务
		天津八里台高新园区	高端装备制造 新一代信息技术	智能装备 互联网金融、物联网、软件服务

表 4-2 “一区二十一园”产业布局情况表(环城四区)(续)

序号	区县	分园(片区)	主导产业	细分领域
4	北辰区	天津高端装备制造高新区	高端装备制造	智能装备、专用装备
		天津医药医疗器械高新区	医药与健康	生物医药、医疗器械
		北辰科技园	高端装备制造、医药与健康	智能装备、专用装备、生物医药

表 4-3 “一区二十一园”产业布局情况表(5县)

序号	区县	分园(片区)	主导产业	细分领域
1	武清区	京津科技谷高新区	新能源新材料	高端金属材料、高端复合材料、高性能高分子材料
		天津京滨高新区	新一代信息技术、高端装备制造	信息技术应用、电子商务 智能装备、专用装备
		武清科技园	新一代信息技术、现代服务业	互联网与移动互联 科技服务业
2	静海区	天津静海高新区	高端装备制造 医药与健康	汽车整车及零部件 大健康产业
		天津健康产业高新区	医药与健康	大健康产业
3	蓟州区	天津专用汽车产业高新区	新能源新材料 高端装备制造	高端功能材料(磁性材料) 汽车整车及零部件、专用设备
		天津上仓高新区	医药与健康	绿色食品、生物医药
4	宝坻区	天津天宝节能环保高新区	节能环保 新一代信息技术	节能环保设备 大数据与云计算、电子商务
		天津低碳产业高新区	高端装备制造 新能源新材料	专用装备 新能源电池
5	宁河区	天津宁河高新区	高端装备制造	汽车整车及零部件、专用装备
		宁河现代产业高新区	医药与健康	绿色食品

表 4-4 “一区二十一园”产业布局情况表(市内六区)

序号	区县	分园(片区)	主导产业	细分领域
1	和平区	和平分园	医药与健康 文化创意 现代服务业	生物医药 创意设计 科技服务
2	河西区	河西分园	现代服务业 文化创意产业	会展、科技服务 创意设计
3	南开区	环天南大知识经济创新圈	现代服务业	科技服务业
		南开都市科技园	现代服务业 新一代信息技术	科技服务业 信息服务、互联网与移动互联
4	河东区	河东分园	高端装备制造 现代服务业	智能电气装备 工程技术咨询
5	红桥区	红桥分园	新一代信息技术 现代服务业 文化创意产业	互联网与移动互联、大数据与云计算联网 科技服务业、工程技术咨询服务 文化创意
6	河北区	河北分园	现代服务业 文化创意	科技服务 创意设计

(三)自主创新示范区产业发展现状及特点

天津示范区已成为全国创新型产业集群的重要高地、科技型中小企业发展最具活力的区域,为下一步主动适应和引领经济新常态,实现要素和投资驱动向创新驱动转变,推动经济转型升级、产业提质增效打下了坚实基础。

2020 年,示范区规模以上企业营业收入 4 764 亿元,营业利润 305 亿元,全口径从业人员 28 万人,企业研发经费支出占营业收入的比重为 3.13%。一是已形成天津市创新主体核心集聚区。截至 2020 年底,示范区拥有国家高新技术企业 2 118 家,国家科技型中小企业 1 796 家,雏鹰企业 730 家,“瞪羚”企业 87 家,“独角兽”企业 4 家,省级以上研发机构及平台 400 余家,国家级孵化器 14 家,主要创新指标占天津市的比重达到四分之一左右。二是率先在天津市形成和布局战略新兴产业集群。全力打造“中国信创谷”,信创产业在全国率先实现全链条布局,获批全国唯一网络信息安全产品与服务产业集群。麒麟、飞腾、曙光、360 等一批龙头企业加速聚集,“PKS”体系成为自主可控领域的“国之重器”。以云账户、今日头条等为代表的新经济服务业加速发展,形成引领产业结构调整、发展质量提升的新动能。三是搭建引领天津市转型升级的科技创新体系。国家“双创”示范基地、国家服务业综合改革试点等一系列国家改革任务在天津示范区试点,国家先进计算产业创新中心、先进操作系统创新中心、国家网络信息安全适配基地、现代中药创新中心等一批高能级创新平台落户示范区；通过深化与中关村科技园等平台的合作，持续构建京津冀协同创新体系；搭建科技型企业梯度培育体系，致力于形成全生命周期的科技型企业管理模式；创新科技服务手段，在全国率先上线“技术合同认定智能服务平台”。具有天津特色的区域协同创新生态和转型升级引领发展新模式已经形成。四是在改革创新发展方面作出了良好示范。首创“创通票”制度，通过“互联网+政府服务”新模式，解决企业融资难、政策兑现难问题，服务区内企业近 4 000 家，在全国形成了良好的示范；优化新经济制度供给，以资源开放、场景供给等方式支持新经济企业发展，支持云账户公司面向共享经济平台编制地方标准，推动共享经济快速发展；创新产业项目审批模式，在项目审批中施行“以函代证”，保障“拿地即开工”，进一步提高审批效率；滨海高新区在全国高新区中率先实施法定机构改革，实行企业化管理、全员竞聘上岗，干部队伍平均年龄较改革前年轻了 5.3 岁，干事创业活力进一步激发。

形成了最具活力的科技型中小企业群体。天津示范区在全国率先启动“小巨人计划”，实施“聚合、培育、创新、服务、载体”五大工程，推动科技型中小企业成为全市经济发展、科技创新的重要力量。截至 2017 年底，预计示范区科技型企业新增 3 600 家，达到 3.1 万家；科技小巨人企业新增 160 家，达到 1 700 家；国家级高新技术企业新增 300 家，超过 2 100 家，新培育市级高新技术企业 600 家。截至 2022 年底，自创区培育国科小 2 115 家，占全市比例的 19.8%；“雏鹰”企业 1 215 家，占全市比例的 21.6%；“瞪羚”企业 85 家，占全市比例的 19.0%；科技领军（培育）企业 84 家，占全市比例的 28.0%；国家高新技术企业达到 2 470 家，占全市比例的 22.9%。天津示范区坚持强化企业在技术创新中的主体地位，开创了全国科技型中小企业创新发展的先行典范。

培育了一批竞争优势突出的创新型特色产业集群。依托天津工业基础雄厚、产业门类齐全的优势，天津示范区在高端装备制造、新一代信息技术、新能源与新能源汽车、生物医药等领域打造了一批创新型产业集群，构建了航空航天、高端计算机、新能源汽车等一批特色产业链。目前，已授牌国家新型工业化产业示范基地 8 家，涵盖装备制造、电子信息、软件和信息服务等行业。现代服务业快速发展，文化创意、科技服务、节能环保等高端服务业格局初步形成。若干细分领域在全国乃至全球具备竞争力，在高端计算机领域，拥有国产高性能计算机 90%以上的份额，在装备制造领域，高端印刷包装设备产业的印后设备产销量位居亚洲第一、全球第二。天津示范区坚持产业高新发展和特色集聚，成为全国创新型产业集群重要高地。

开放式创新和跨区域合作成果丰硕。天津示范区积极融入全球创新体系、推进京津冀协同发展，创造了开放创新的良好局面。依托滨海新区开发开放优势，天津示范区积极开展国际合作，建设了一批国际产业合作载体。推进京津冀协同发展，搭建了国家“863”计划成果展示交易平台、京津高村科技创新园、滨海—中关村科技园等一批合作载体，引入了北大新一代信息技术研究院、军科院天津分院、中海油新能源等一批高端研发院所及产业化项目。积极推进院市合作，截至 2017 年，中科院累计落地项目超过 500 项。

创新创业资源高端汇聚。天津示范区坚持面向区域产业创新需求，优化创新创业环境，聚集了高端技术、人才、资本要素，成为我国创新资源的重要集聚地。截至 2017 年底，建设了天津国际生物医药联合研究院、国家超级计算天津中心等大型公共研发平台，引进中科院工业生物技术研究所、清华大学高端装备研究院等一批高水平研发机构，全市国家级院所总数达到 132 家；有机化学、内燃机、现代中药等国家重点实验室、国家部委级重点实验室和市级重点实验室分别达到 12 家、49 家和 107 家；国家级工程技术研究中心、市级工程中心和市级企业重点实验室分别达到 12 家、241 家和 177 家。集聚国家重点计划人才 187 人，天津市重点计划人才 887 人，国家杰出青年科学基金获得者 90 人，国家万人计划入选者 71 人，长江学者 139 人。启动创新人才推进计划，实施百万技能人才培训计划，开展企业家系列培训，培育高水平科技人才。实施创业天津引领工程，举办创业大赛，打造"科技淘宝超市"，涌现出一批创新型孵化器。设立船舶产业投资基金，创新性地探索出"担保换期权"融资模式。开展科技型中小企业信用贷款风险补偿试点，设立了 60 亿中小微企业贷款和保险风险补偿基金。

体制机制创新深入推进。天津示范区积极深化改革，简化政府行政审批，积极探索体制机制创新。围绕科技创新，在知识产权、大学生创业、科技金融、科技型中小企业"撒手锏"产品认定和技术先进认定等方面共出台政策 21 项。加大落实企业研究开发费用税前加计扣除政策，企业研发费用同比增长 18.9%。深化金融改革创新，成立了全国首家民营金融租赁公司，率先成立村镇民营银行。全面取消非行政许可事项，实现"一份清单管边界、一颗印章管审批、一个部门管市场、一个平台管信用、一份单卡管通关"，企业"四证一章"一天办结。通过积极推进体制机制创新，营造了公平高效、充满活力的市场环境。

（四）自主创新示范区先行先试特点

《国务院关于同意天津滨海高新技术产业开发区建设国家自主创新示范区的批复》要求天津示范区要按照党中央、国务院决策部署，全面实施创新驱动发展战略，充分发挥天津创新资源集聚和开发开放优势，积极开展创新政策先行先试，激发各类创新主体活力，着力研发和转化国际领先的科技成果，打造一批具有全球影响力的创新型企业，努力把天津国家自主创新示范区建设成为创新主体集聚区、产业发展先导区、转型升级引领区、开放创新示范区。

"先行先试"包括自主创新体制机制、企业扶持政策、用人制度、分配制度等多方面。先行先试政策要用活，就不能狭隘地理解先行先试权。先行先试权不同于具体的政策待遇，它是赋予地方一定的自主权，允许地方大胆探索，改革创新。要充分发挥地方的积极性主动性，就不能守着政策要政策，更不能套政策，先行先试给予了地方"活学活用"足够的发挥空间。政策是"死"的，把政策用活，需要干部的科学思维和智慧，他们既要理解政策，也要对当地情况有充分的了解。所以，政策要用活，一个重要的方面，就是要有一大批注重调查研究、抓落实能力比较强的各级党员干部。

截至目前，天津示范区基本形成了以"6+4"先行先试政策为主的政策体系，主要包括科技成果处置权和收益权改革、税收优惠、股权激励、科研经费管理改革等方面。具体内容如下。

已确定向全国推行的 6 项中关村先行先试政策：

（1）中央级事业单位科技成果处置权和收益权改革试点政策；

（2）税收优惠试点政策；

（3）股权激励试点政策；

（4）科研经费管理改革试点政策；

（5）高新技术企业认定试点政策；

（6）建设全国场外交易市场试点政策。

已确定在现有国家自主创新示范区推广实施的 4 项先行先试政策：

（1）给予技术人员和管理人员的股权奖励可在 5 年内分期缴纳个人所得税；

（2）有限合伙制创投企业投资未上市中小高新技术企业 2 年以上的，可享受企业所得税优惠；

（3）对 5 年以上非独占许可使用权转让，参照技术转让给予所得税减免优惠；

（4）对中小高新技术企业向个人股东转增股本应缴纳的个人所得税，允许在 5 年内分期缴纳。

第二节　天津国家自主创新示范区专利资源分析

（一）天津国家自主创新示范区科技发展现状

科技活动人员数量。经过几年的发展，滨海新区人才集聚效应显著。截至 2021 年，滨海新区科技活动人员已经达到 2 599 人，与 2017 年的 1 327 人相比，增加了 95.9%，年均增长率达到 18.3%（图 4-1）。

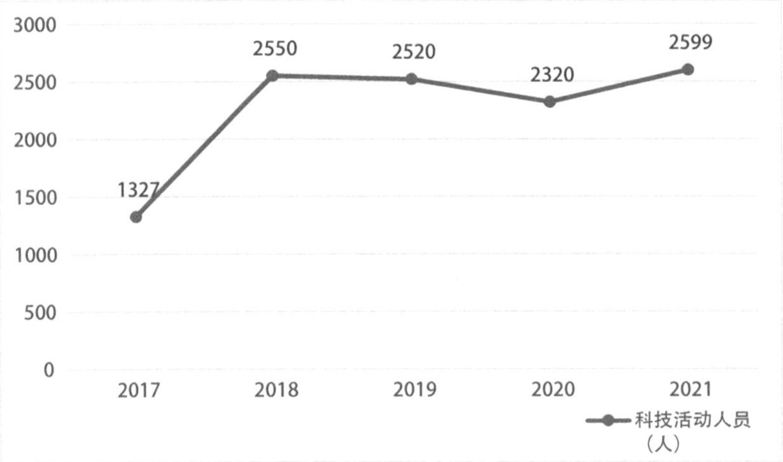

图 4-1 滨海新区 2017—2021 年科技活动人员数量

R&D 机构数量。作为全国先进制造研发基地之一，滨海新区有着较强的科研实力和技术水平。截至 2021 年，新区经认定的国家级、市级研发中心已有 522 家，包括重点实验室 153 个，工程（技术研究）中心 89 个，企业技术中心 280 个，主要分布于生物医药、电子信息、先进制造、新材料与新能源等高科技及新兴产业领域，已成为区域创新的重要载体。其中，以企业为主体的研发中心达到 386 家，占全区研发中心总数的 92.6%。在技术创新体系中，企业研发中心主体地位逐步凸显，已成为创新资源聚集、引领支撑经济体系建设发展中的关键一环。总体上看，滨海新区完善的科研、教育和人才资源与良好的科技创新环境为自主创新发展奠定了良好基础，提供了丰富的科教创新资源。截至 2021 年，天津滨海新区共建成院士专家工作站 41 家、国家和省部级研发机构 417 家、博士后工作站 153 家、科技孵化器 70 家；国家级高新技术企业累计达到 3 890 家，科技型中小企业近 2.6 万家，年营业收入过亿元的科技型中小企业有 1 300 多家。新区已形成 6 个国家级新型工业化示范基地，4 个千亿级产业集群，57 家国家级研发平台，410 家省（市）级以上研发平台，集聚了各类高端人才 688 人，人才总量已达 90 万人，集聚了一大批科技创新创业人才。

R&D 经费与人员。近年来，滨海新区的 R&D 经费支出和 R&D 人员全时当量也以可观的速度呈现出稳步增长的态势。截至 2021 年底，新区的 R&D 人员全时当量已达到 51 283 人年，与 2009 年相比增加了 137%；R&D 经费支出达到 249.87 亿元，与 2016 年相比增加了 62.93%（图 4-2）。

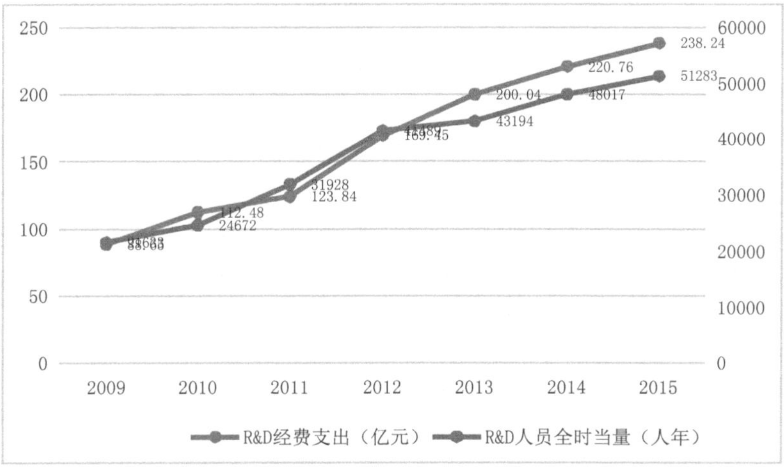

图 4-2　滨海新区 2009—2015 年 R&D 人员与经费支出趋势

自主创新示范区各分园发展。围绕“一区六园”产业特色和发展定位，按照“项目集中园区、产业集群发展、资源集约利用、功能集成建设”的开发思路，打造一批具有国际竞争力的战略性新兴产业集群，建设创新主体集聚区、产业发展先导区、转型升级引领区、开放创新示范区，各功能区之间优势互补、错位发展、互为依托、互相促进，形成了“东港口、南重工、西高新、北旅游、中服务”的产业发展格局。

滨海高新区领航作用凸显。国务院批复同意天津高新区建设国家自主创新示范区，建设天津高新区正式上升为国家战略。实现经济总量超高速发展，年均复合增长率分别达到 36.2%，产业实力达到新高度。园区扩展近 5 倍，形成“一区四园两街”的全新发展格局。依托龙头企业，坚持高新导向，着力做大规模，打造了一批具有全球、全国竞争力的创新型产业集群。全面落实示范区“6+4”政策，探索出台“津领七条”政策，全国首推创通票制度，实施“一个体系、五个突破”工程，科技创新工作取得积极进展。新型孵化载体不断涌现，初步打造了天津高新区“iV 创新空间”品牌。创新要素加速集聚，千人计划创业人才总数占全市的比重超过 50%，新三板同盟会、百家机构科技金融服务中心相继组建。创新环境不断优化，创新创业公共服务平台全面上线，“数据观”等科技创新公共服务平台加速落成。滨海高新区全国首推创通票。

天津高新区坚持以经济高质量发展为导向，聚焦培育新业态、引育新动能，内生增长动力显著提升。产业结构不断优化，2020 年二、三产比例达到 35.6：64.4，较 2016 年的 46.8：53.2 实现大幅优化，其中服务业带动作用持续放大，占比较 2016 年提升了 11.2 个百分点。工业战略性新兴产业增加值占规模以上工业增加值的比重达 47%，高技术（制造业）增加值占规模以上工业增加值的比重达 30.9%，高技术（服务业）增加值及以互联网为代表的现代新兴服务业增加值占服务业增加值的比重达

55.7%，三项指标均高于全市平均水平 20 个百分点以上。形成了以信创产业为首位，以新经济服务为特色带动，以生物医药、新能源、高端装备制造为支撑的产业体系。信创产业实现全链条布局，获批全国唯一网络信息安全产品和服务产业集群，集聚中科曙光、飞腾、麒麟、360 等一批龙头企业，突破多项“卡脖子”关键技术，具备了“PKGS 信创包”供给能力。新经济服务业近三年复合增速超 55% ，实现爆发增长，天百数字经济服务基地获批市级生产性服务业集聚示范区，涌现了云账户、今日头条、易生支付等优势企业，在全市营利性服务贡献率前五强企业中，天津高新区占三家。生物医药持续发力，“细胞谷”建设提速，在细胞研究、创新药研发等细分领域具备全国领先优势。新能源产业布局动力电池、光伏及风电三大优势领域，获批建设新能源（储能电池）产业示范基地。高端装备制造智能化特色明显，在天津市智能制造专项资金项目申报中，天津高新区项目数占全市 19.02% 。

经济技术开发区转型升级加快。地区生产总值、规模以上工业总产值等主要经济指标在国家级开发区中保持领先，主力军和排头兵作用更加突出。开发区围绕建设“先进制造研发集聚区”，积极推动区域产业转型升级，构建以五大先进制造业为主体、生产性服务业为支撑、若干新兴产业为先导的“5+1+N”现代产业体系。2015 年，区域工业总产值达到 8 000 亿元，先进制造业总产值占工业总产值的比重超过 60%，战略性新兴产业增加值占生产总值的比重为 15%。全区孵化场地面积达到 100 万平方米，吸引跨国公司新建研发中心 10 家，国家级和省部级研发机构 20 家，高新技术企业超过 300 家。吸引了创客总部、YOU+国际青年社区、36 氪等一批创新创业平台落户。国家超算中心、国际生物医药联合研究院、中科智能识别产业技术研究院、国家数字交换系统工程技术研究中心天津中心等创新平台成为科技创新的重要载体。

2020 年，经开区地区生产总值在国家级经开区中名列前茅，全员劳动生产率达到 51.2 万元/人，全口径财政收入达到 665 亿元。“十三五”期间，累计建设 5 000 万以上重点项目 480 个，完成固定资产投资 1 884.71 亿元。百亿级企业达到 18 家，十亿级企业达到 152 家。产业结构持续优化。战略性新兴产业和现代服务业发展迅速，高技术制造业产值、工业战略性新兴产业产值占比分别达到 30.3%和 45.6%。以先进制造业为根基的实体经济竞争力不断增强。规模以上工业总产值超过 5 000 亿元，形成了汽车、电子、石化、生物医药四大主导产业，生物医药获批国家第一批战略性新兴产业集群，汽车、电子信息均入选国家新型工业化产业示范基地。新能源、新材料、大数据、现代金融、数字创意等新兴产业加速发展。2020 年国家级高新技术企业数量达到 784 家，国家科技型中小企业数量达到 785 家，天津市“瞪羚”企业达到 46 家，“雏鹰”企业达到 370 家，累计有 36 家企业入选天津市科技领军及领军培育企业。高新技术企业占规模以上工业总产值的比重达到 23.1%，涌现出一批科技领军企业以及埃博拉病毒疫苗、心脏药物支架、磁悬浮透平真空泵等原创科技成果和产品。创新平台和创新载体不断丰富。世界500强企业投资的研发中心、总部中心数量达到17个，引进了军科院军民融合创新中心、北大新一代信息技术研究院等重大创新平台国家级研发机构共26家，市级研发机构124家，市级以上孵化载体23家，创业孵化面积近130万平方米。技术成果转化活跃。2020年万人发明专利拥有量达到99件，年技术合同交易额突破88亿元，年度发明专利授权量近480件。高层次创新创业人才队伍聚集。人才总量突破20万，537人获得各类人才称号，81名专家获国务院特殊津贴。

保税区实现“二次创业”。保税区年均增速20%左右，经济实力大幅攀升，综合竞争力显著增强。2015年地区生产总值达到1 528亿元，进出口总额为160亿美元。区域经济形成了以第三产业为主的良性结构，二、三产业比例为35.4∶64.6。先进制造业形成了民用航空、高端装备和快速消费品三大支柱产业，以及新一代信息技术、生物医药与健康两个呈快速发展态势的主导产业。以国际贸易、现代物流、信息服务、新型金融、科技研发、总部经济为主的生产性服务业形成一定规模。坚持科技招商和科技服务并举，完善环境，搭建平台，构建产学研紧密结合的科技创新机制。创新创业服务体系不断完善，采用“培训＋交流＋融资＋孵化”的模式开展创新创业培育。建立了工业生物技术研发中心、CIMS工程中心、软件评测中心、RFID技术应用展示中心、公共数据储存等一批公共研发和服务平台。

2020年地区生产总值达到969亿元，同比增长11.3%。全口径税收收入完成273.6亿元，同比增长14.8%；区级一般预算收入达到95.1亿元，同比增长13.9%；存量市场主体数量达到3.45万户。保税区立足本地基础优势，坚持现代服务业和先进制造业两手抓，着力提升产业发展层次和质量，产业结构持续优化，二三产比例达到28.9∶71.1。先进制造业优势加速显现，2020年工业总产值为1 433亿元（含军工），形成以民用航空、高端装备、快速消费品三大产业集群为主体，人工智能、生物医药和海洋产业等新动能产业竞相发展的格局，工业战略性新兴产业增加值占比为33.1%，高技术制造业增加值占比为14.9%。航空产业国际化特色鲜明，聚集了260余家企业，形成全产业链布局。海洋装备、电力装备和汽车零部件等高端装备制造领域集聚成群。人工智能、生物医药领域集聚科大讯飞、GE医疗、中科院工生所等平台企业，增势强劲。现代服务业多领域竞相发展，形成以贸易、物流、新兴金融、研发设计和商务服务为主体的服务业格局，高技术服务业增加值占比达45.8%。贸易领域持续引领，2020年销售额为6 955亿元，形成金属材料超3 600亿元，汽车、化工材料超700亿贸易集群，跨境电商业务规模占全市70%，平行进口车销售额连续五年全国第一。2020年物流业收入为482亿元，网络货运形成加速集聚态势。新兴金融汇集渤海人寿、平安人寿等金融机构，增加值占GDP的比重达11.5%。营利性服务业收入达到

624.6 亿元。集聚了中科院工生所、天大工研院等 13 家国家级科研院所和瑞普生物、航空机电等 20 家国家级企业技术中心、重点实验室。创新型企业梯队基本形成，累计认定国家高新技术企业超过 433 家，累计认定“瞪羚”企业 21 家。创新投入显著提升，2020 年全区 R&D 经费支出占地区生产总值的比重达到 5%，高于全市和新区平均水平。

临港经济区跨越发展。临港经济区主要经济指标实现高速增长，规模实力迅速提升，经济总量增幅在滨海新区位居前列。2015 年，完成地区生产总值 323 亿元，年均增长 36.5%。完成工业总产值 965 亿元，是 2010 年的 11 倍。海陆联动、港贸一体、融合发展的产业体系不断壮大完善，龙头集聚、集群发展、高端引领的良好态势基本形成。高端装备制造、粮油食品加工、现代化工三大主导产业支撑作用显著，海洋经济和智能装备两大新经济增长点发展迅速，以港口物流、研发服务为代表的生产性服务业潜力释放，以海博会为标志的区域产业品牌初步形成。创新创业体系建设取得突破，临港高端装备制造科技园纳入天津国家自主创新示范区建设规划。加快技术研发设计转化平台、基于大数据和“互联网+”的综合信息服务平台、职业教育培训平台、科技金融服务平台等四大平台建设，为产业发展提供了有力支撑。

东疆保税港区特色鲜明。东疆保税港区已逐步形成了以融资租赁、国际贸易、航运物流等现代服务业为主的产业结构。融资租赁模式创新引领全国，产业模式创新走在全国前列。以飞机租赁为主要特色，以船舶海工、轨道交通为快速增长点的融资租赁产业在全国保持领先优势。“十二五”期间，东疆共注册租赁公司 1 449 家，累计注册资本达 1 317.6 亿元人民币。共完成 600 架飞机租赁业务，11 台发动机、80 艘国际航运船舶、8 座海上石油钻井平台的租赁业务，飞机、船舶、海工设备租赁资产累计总额达 358 亿美元；“十二五”期间，共注册船舶运输及相关服务企业 110 家，共注册物流类企业 820 家。《天津北方国际航运中心核心功能区建设方案》(国函〔2011〕51 号)获国务院批复，允许东疆率先开展国际船舶登记制度试点、国际航运税收政策试点、航运金融试点和租赁业务创新四方面试点。2015 年 4 月 21 日，中国(天津)自由贸易试验区在东疆保税港区挂牌。

“十三五”末，地区生产总值实现 530 亿元以上，年均增长 30%以上，市场主体累计注册数量超 20 000 家；五年累计完成固定资产投资 983.6 亿元；与 5 年前相比，税收收入增长 4.62 倍，一般公共预算收入增长 3.5 倍，税收占比始终保持在 95%以上，实际利用内资增长 3.5 倍，实际利用外资增长 1.3 倍；2020 年集装箱吞吐量达到 412.5 万 TEU。“十三五”期间共完成 1 091 架飞机租赁业务，形成新增租赁资产约 629.75 亿美元，东疆已成为境外航空租赁公司在中国开展租赁业务的首选平台；完成 132 艘国际航运船舶、23 座石油钻井平台租赁业务，新增租赁资产 67.28 亿美元，占全国船舶租赁业务的 80%，占全国海工租赁业务的 100%。“十三五”期间新增保理类公司303家，注册资本金超500亿元人民币。累计认定44家高新技术企业、53家国家科技型中小企业、39家“雏鹰”企业、2家“瞪羚”企业。

中心商务区加速发展。产业发展呈现创新创业深度融合、“互联网+”特色日益突出、各行业互促提升的发展局面。创新型金融业支柱作用进一步凸显，形成以跨境投融资、新型资产管理、租赁保理供应链、资产证券化等为特色的创新型金融业务板块。科技互联网产业不断壮大，聚集科技互联网企业1 500余家，初步形成了“从小企业到大未来”的互联网企业生态。国际贸易和跨境电商产业加速聚集，以“重运营、轻仓储”为经营特点，各类跨境电商企业129家，其中自营电商、电商平台、跨境支付、第三方服务企业占比达到93%。文化传媒教育产业方兴未艾，聚集文创企业480余家，在教育培训、影视动漫、广告传媒、体育文化、游戏娱乐等极具爆发力的细分方向聚集起一批优质项目，世界著名艺术学院茱莉亚音乐学院、蓝色未来等一批龙头项目落户发展。

中新生态城绿色发展。2015年，中新天津生态城地区生产总值达到135亿元，年均增长50%，初步形成了文化创意、互联网、高科技以及金融服务等绿色产业体系，呈现出新兴业态和科技企业加速聚集的态势。绿色建筑比例保持100%，累计安装光伏装机容量12.8兆瓦，风电装机容量4.6兆瓦。生态城全面推进重点领域和关键环节的改革创新，开启线上线下融合的审批模式，全区域探索开展PPP建设模式，建立了涵盖市容、环卫等大部分政府管理权限的“大城管”模式，《中国—新加坡天津生态城建设国家绿色发展示范区实施方案》获得国务院正式批复。“三网两中心”、数据汇聚平台等智慧工程深入实施，脉动城市正有力推进。

（二）自主创新示范区专利资源分析

天津滨海新区全面贯彻落实国家和天津市知识产权战略，加快推进滨海新区国家知识产权示范城区和国家首批知识产权投融资试点地区建设，建设高新区国家知识产权示范园区和国家知识产权服务业发展集聚试验区，重点加强知识产权运用和保护，知识产权工作有力地推动了滨海新区经济、科技和社会的全面快速发展。

1. 自主创新示范区专利资源分析

滨海新区加快建设国家知识产权试点城区，不断聚集国内外知识产权资源，推进知识产权转化流动，推进滨海高新区打造首批国家知识产权示范园区，知识产权创造、运用、保护和管理能力明显提升，有力地推动了全区经济社会发展。

一是加速科技创新平台建设，吸纳国内外创新资源。围绕滨海新区重点支柱产业发展，加强与大院大所大学的合作，规划建设创新大平台，促进重大科技成果转化。推动天津中科智能识别产业技术研究院、清华大学天津电子信息研究院、北京大学（滨海）新一代信息技术研究院、浙江大学滨海产业技术研究院、国防科大滨海军民融合创新研究院、滨海华大基因产业研究院等一批研究院相继建成并启动运行，同时吸引一批重点项目落户。

持续深化高校和国家级院所的专利技术成果推介与对接合作。不断深化与中科院等国家级院所及北京大学、浙江大学等高校的产学研合作，通过组织企业与科研机构互访、成果对接等交流活动，围绕战略性新兴产业，不断推进优秀科技成果在滨海新区落地转化。组织了“中科院百家院所走进滨海新区活动”“全国重点高校走进滨海新区”等近百场专利技术成果对接活动。与中科院各院所、中国电子工程设计院、清华大学、南开大学等50余家各类机构建立了合作机制，国防科大飞腾CPU、麒麟操作系统、天津大学海燕水下机器人、浙大无损检测等300余个国内外科技项目落户滨海新区。以滨海新区建设国家“863”计划产业化伙伴城区为契机，推进一批国家级优秀项目落户滨海新区。打造专利成果转化平台，建设天津科技成果转化交易市场。

滨海高新区完成国家知识产权示范园区的创建工作，成为全国首批10家知识产权示范园区之一。滨海高新区高度重视知识创造运用与保护，持续加大投入，还被国家知识产权局评为“国家专利导航产业发展试验区”“国家知识产权服务业集聚发展试验区”。专利申请、授权和有效专利数量每年以较快的速度增长。2021年，滨海高新区专利申请量达到29 366件，授权量达到27 611件，有效专利量达到90 562件，每万人口发明专利拥有量达到63.2件。

2013年9月，滨海新区被确定为国家知识产权试点城区，通过三年试点工作，滨海新区在知识产权行政管理体制机制、文化与人才建设、意识和能力建设、执法维权工作、专利技术产业化、工作创新等方面取得了显著的成效，全面推动了知识产权创造、运用、保护和管理工作，完成了各项指标要求，通过了国家知识产权局的试点验收工作。按照国家知识产权局的部署，滨海新区正式进入国家知识产权示范城区3年培育期，打造知识产权强区。

2. 自主创新示范区专利创造能力分析

自主创新示范区专利创造能力整体分析。

主要专利指标均呈现高速增长态势。一是专利数量快速增长。2021年，滨海新区专利申请量达到29 336件，占全市的比例为27.5%；专利授权量达到27 611件，占全市的比例为28.2%；有效专利量达到90 562件，占全市的比例为29.4%。二是专利质量稳步提升。2021年发明专利申请授权量达到2 453件，占全部专利申请授权量的比例为8.88%；有效发明专利数量达到13 056件，万人有效发明专利拥有量达到63.2件，远高于全市平均31.6件的水平。企业的专利主体地位进一步巩固，企业专利申请量占全部专利申请的比重由73.3%增至93.9%，企业有效发明专利量占全部有效专利量的比重由79.2%增至74.58%。累计17项专利获中国专利优秀奖，6项专利获得中国外观设计优秀奖（表4-5）。

表 4-5　滨海新区 2016—2021 年主要专利指标情况

年份	2016	2017	2018	2019	2020	2021
专利申请授权量	12 113	10 809	15 055	16 083	19 550	27 611
有效专利量	38 554	44 108	51 569	60 792	72 350	90 562

自主创新示范区专利创造能力趋势分析

专利申请量持续走高，发明申请量迈向质变。

2016 年，滨海新区专利申请数量达到 29 336 件，同比增加 5369 件，占天津市的比例为 27.54%，是 2009 年有效专利申请总量的 7.8 倍，年均增长率为 34.1%。2014 年，专利申请数量略有下降，主要原因是，滨海新区在经历了三年的高速增长后，进入了一个相对平稳的发展期，将逐步从以数量增长为主转向以追求专利质量为主的阶段（图 4-3）。可以预见，滨海新区的专利申请量还将进入下一个新的增长阶段。

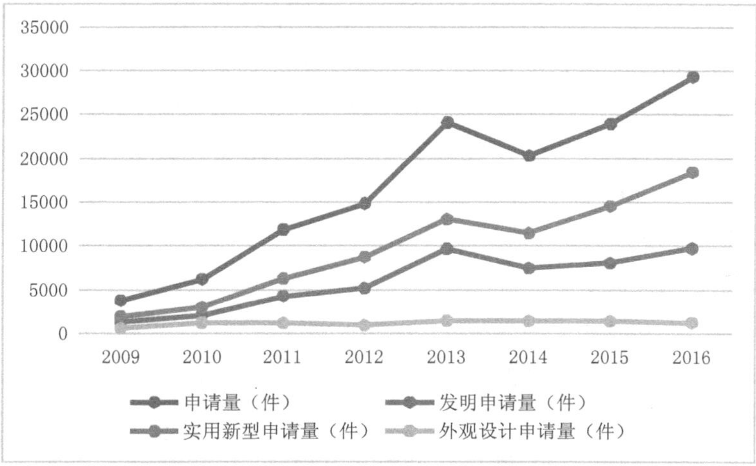

图 4-3　滨海新区 2009—2016 年专利申请数量趋势

专利授权量不断增加，发明授权量稳中有升。

在过去的几年里，滨海新区专利授权量持续增加。截至 2021 年，新区授权专利数量已经达到 27 611 件，同比增加 8 061 件，占天津市的比例为 28.2%，是 2016 年授权专利量的 2.28 倍，年均增长率达 17.9%（图 4-4）。

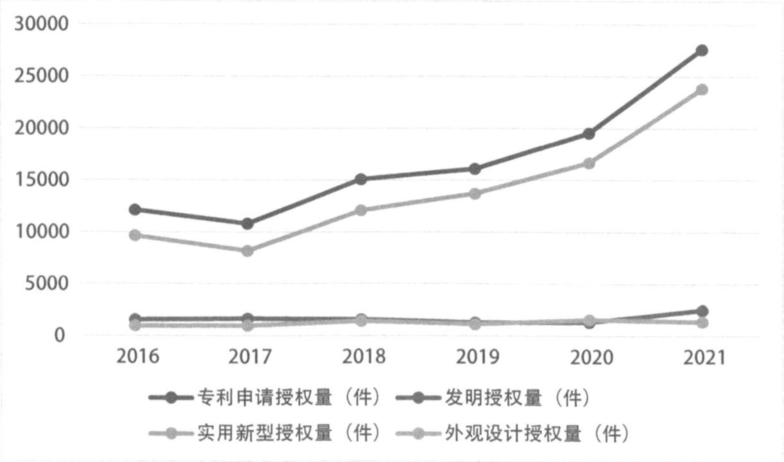

图 4-4　滨海新区 2016—2021 年授权专利数量趋势

其中，新区发明专利授权量为 2 453 件，是 2016 年授权发明专利量的 1.6 倍，在过去 5 年的年均增长率达到 9.76%。占全市发明专利授权量的 33.26%。同时，新区 2021 年的发明专利授权增速超过天津市的平均水平，在全市的占比继续提高，这反映出滨海新区近几年发明专利申请的授权率较高，在数量快速增长的同时也保证了较高的质量（图 4-5）。

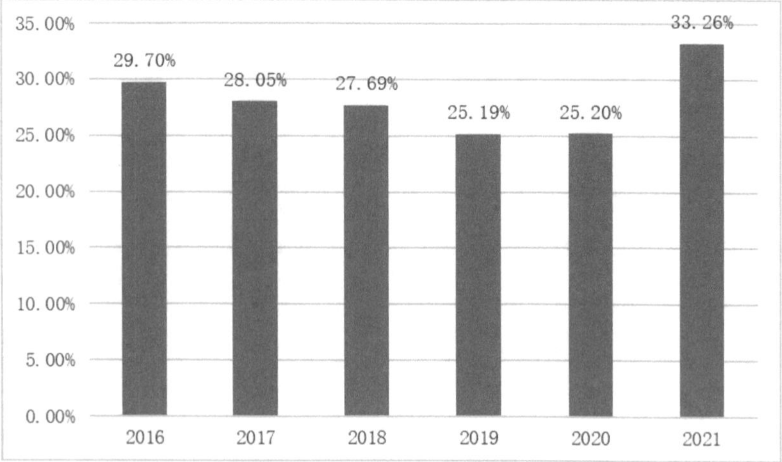

图 4-5　滨海新区 2016 的 2021 年发明授权量占全市比例

有效专利量大幅提升，有效发明量增势强劲。

2021 年，滨海新区有效专利数量达到 90 562 件，同比增加 18 212 件，占天津市的比例为29.4%,是2016年有效专利总量的2.4倍，5年间的年均增长率达到18.6%(图4-6)。

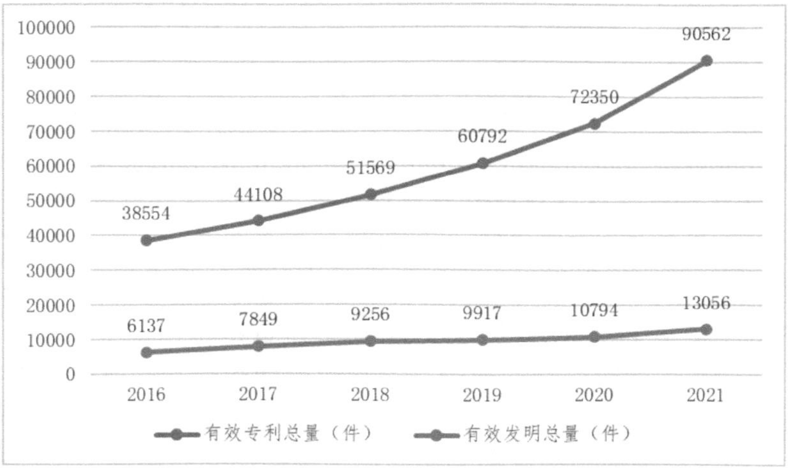

图4-6　滨海新区2016—2021年有效专利数量趋势

其中,发明专利有效量为13 056件,占到天津市发明专利有效总量的30.1%,是2016年有效发明专利量的2.13倍,在过去5年的年均增长率为16.3%。每万人发明专利拥有量约为63.2件,大幅度超过天津市的平均水平(图4-7)。

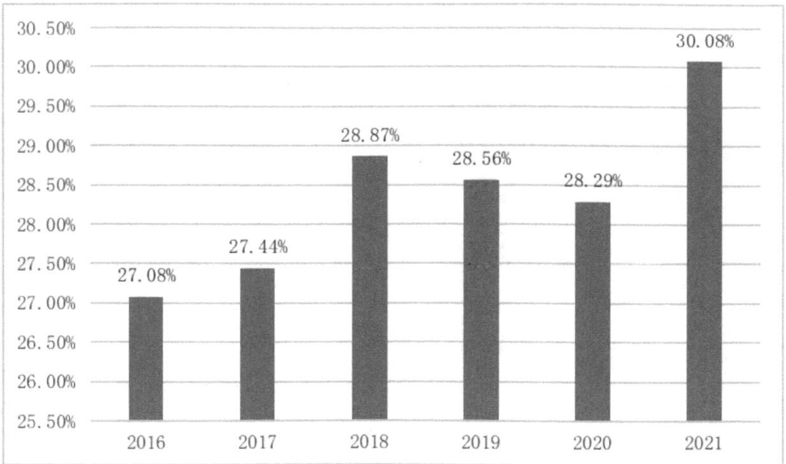

图4-7　滨海新区2016—2021年有效发明专利量占全市比例

自主创新示范区专利创造主体分析。

培育了一批知识产权优势企业。截至2021年底,滨海新区累计拥有21家国家知识产权优势企业，占全市的比重为37.5%，拥有322家市级专利示范优势企业，990家区级专利试点企业。滨海新区获市级“撒手锏”产品总数累计达到148项，拥有科技型企业25 872家，规模过亿的科技型企业1 330家，国家高新技术企业3 890家（占全市总数的50%），天津市领军企业150家（占全市入选企业的57%），独立建制研发机构达到28家，市级以上研发中心总量达429家，产业技术创新联盟达到28家，初步形成了以企业为主体、面向市场、产学研相结合的技术创新体系。

3. 自主创新示范区专利运用能力分析

自主创新示范区专利运用能力整体分析。

一是加快提升知识产权运营服务体系。加快推进国家知识产权局和天津市部市合作项目——华北知识产权运营中心建设，以天津滨海新区科技创新服务有限公司为建设平台，组成“1+N”共计25家知识产权服务机构共同参与的运营模式，“华北知识产权运营网”正式上线运营。天津市科委与滨海新区政府合作共建的天津科技成果转化交易市场，是天津市落实国务院批复的中国（天津）自由贸易试验区117项创新项目清单的具体举措。培育出了以天元生产力促进中心为代表的区域知识产权运营机构、以技高网为代表的网上专利交易平台。各类运营机构服务500多家企业，受托运营专利6 000余项，推动国家知识产权投融资试点城区建设。

二是建设多领域知识产权流转储备中心。面向国内外两大市场，推进知识产权储备、流转、交易、许可等多种形式的综合运用，并鼓励国内外高校和行业技术中心在滨海新区建立专利流转储备中心，推动建设天津大学滨海工业研究院、泰普医药等6家专利流转储备中心。

三是推动知识产权投融资试点建设。推动滨海新区投融资试点城区建设，举办滨海新区知识产权投融资培训班，浦发银行、中金浩资产评估有限责任公司等5家机构推出知识产权投融资产品。滨海新区知识产权质押融资企业数量和融资额逐年递增，2016年，滨海新区45家企业通过专利质押，获得金融机构贷款62笔，贷款金额达19.7亿元，同比增长134.0%，占全市质押总额的79.1%。，科技企业专利交易618件。2021年滨海新区完成知识产权质押融资金额203.6亿元，商标质押融资实现新突破。

自主创新示范区专利运用能力趋势分析。

滨海新区专利运营各项指标呈现增长态势。一是专利交易数量保持增长。华北知识产权运营中心联盟成员单位促成专利交易1 778件，总金额近2 239万；二是专利质押金融快速增长。2017年，18家企业通过专利质押，获得金融机构贷款38笔，贷款金额超过17亿元；三是知识产权优势企业取得长足发展。截至2017年，新区拥有国家知识产权优势企业30家、市级知识产权优势企业18家、市级专利密集产品企业34家、市级专利试点企业337家；四是专利获奖取得新突破。在第十九届国家专利奖评选中，滨海新区6家企业的7项专利获奖，其中5项专利获第十九届国家专利优秀奖，2项专利获第十九届外观设计优秀奖。

表4-6　2011—2015年滨海新区专利许可情况

	2011	2012	2013	2014	2015
专利许可（件）	107	154	105	185	320
许可金额（万元）	11 640.5	4 896.1	4 016.3	4 330.3	21 238.3

4. 自主创新示范区专利保护能力分析

一是建立健全知识产权保护体系。服务推动创新创业，完成中国（天津）自由贸易试验区创新清单任务，成立中国（天津）自由贸易试验区知识产权保护服务中心和天津仲裁委员会知识产权国际仲裁中心。滨海新区知识产权保护服务中心为滨海新区企业以及各类创新主体提供方便、快捷的知识产权保护服务，构建行政调处、法院判决、仲裁、人民调解"四位一体"的知识产权保护体系，创造更加优良的知识产权保护环境。天津仲裁委员会知识产权国际仲裁中心按照国际通行规则运行，从机制上打破传统形式，进一步丰富中国（天津）自由贸易试验区知识产权保护方式，增强知识产权保护效果。

二是开展维权保护行动。加大简政放权力度，加快政府职能转变，规范权力公开透明运行，强化权力行使的监管制约，组织各功能区专利执法力量，组建专利行政执法队伍，与天津市知识产权局联合开展专利执法活动，配合市场监管局开展"双随机"联合执法检查活动。

三是建设中国（天津）滨海新区知识产权维权援助中心。2014年，成立中国（天津）滨海新区知识产权维权援助分中心，2016年7月，升格为中国（天津）滨海新区知识产权维权援助中心，主要负责接受并转交滨海新区知识产权举报投诉、协助申请知识产权保护专项援助，开展企业知识产权保护宣传、咨询、培训、服务等工作。通过营造声势，扩大影响，震慑违法犯罪行为，提升权利人、创新主体与广大消费者对知识产权保护的信心。

5. 自主创新示范区专利服务能力分析

近年来，滨海新区建立和健全知识产权管理体系，不断创新体制机制，加强知识产权服务体系建设，主要取得了以下成效。

一是建立了具有滨海新区特色的知识产权管理体系。2013年9月份以来，随着滨海新区进一步深化行政体制改革，取消了塘沽、汉沽、大港三个管委会，重新组建7个功能区以及19个街镇。为持续推进滨海新区知识产权工作，建立与功能区和街镇联动的工作机制，每年举办知识产权培训，提升功能区和街镇科技管理人员的知识产权工作业务能力。2016年，首次将知识产权工作纳入滨海新区各功能区和街镇科技工作绩效考核指标中。

二是建立了知识产权工作组织协调机制，成立了由分管副区长为组长、各功能区管委会、各相关委办局主管领导为成员的滨海新区知识产权工作领导小组，负责专利、商标、版权、品牌等知识产权工作的领导和对重大知识产权问题进行统筹协调。滨海新区不断深化知识产权领域改革创新，目前正在贯彻执行国务院发布的《知识产权综合管理改革试点总体方案》，逐步探索并推动自由贸易试验区、滨海高新区知识产权综合管理体制机制改革，提高知识产权管理效能。

三是知识产权规划与政策体系不断完善。一方面是加强知识产权工作顶层设计，制定发展规划与实施方案。先后制定和实施了《滨海新区贯彻落实〈天津市知识产权战略纲要〉实施方案》《滨海新区知识产权"十二五"发展规划》《滨海新区知识产权"十三五"发展规划》等一系列促进知识产权工作的文件，并将知识产权工作列入滨海新区国家创新型试点城区建设的总体规划；另一方面是强化知识产权政策导向，进一步加强与产业政策、区域政策、科技政策、贸易政策、文化政策的衔接，建立健全滨海新区知识产权战略政策体系。《滨海新区关于实施创新驱动发展战略的若干意见》《关于加快科技型中小企业发展的实施意见》《滨海新区关于加快发展高新技术企业的实施意见》等多部政策均体现了知识产权导向。滨海新区科技计划项目管理办法表明了各类科技计划项目的知识产权创造与运用的要求。

四是大力弘扬知识产权文化。围绕提升知识产权创造、运用、保护、服务和管理能力，成功举办了知识产权投融资、知识产权运营、专利申请、企业知识产权管理等各类培训活动，每年参与知识产权的培训人员达近千人。"4·26"世界知识产权日、中国专利周等活动，开展各类知识产权宣传活动，举办外观设计发明大赛、创新创业大赛等。

6. 小结

滨海新区全面贯彻落实国家和天津市的知识产权战略，加快推进滨海新区国家知识产权示范城区和国家首批知识产权投融资试点地区建设，建设高新区国家知识产权示范园区和国家知识产权服务业发展集聚试验区，重点加强知识产权的运用和保护，知识产权工作有力地推动了滨海新区经济、科技和社会的全面快速发展。

滨海新区各项知识产权工作取得了显著成效，为滨海新区科技经济发展提供了原动力和有力支撑，在天津市逐步确立了知识产权龙头地位。滨海新区知识产权工作快速发展，建立健全了知识产权管理体系，创新了知识产权管理体制机制；滨海新区知识产权数量质量快速提升，专利申请量、授权量及有效专利量等指标均显著超越预期，培育了一批知识产权优势企业，掌握了一批拥有自主知识产权的关键技术；滨海高新区不断加强国家知识产权示范园区建设，成为知识产权密集区；航空航天、生物医药等知识产权产业化基地建设进展顺利，推进了知识产权成果转化；加速科技创新平台建设，聚集国内外知识产权资源；建设华北知识产权运营中心、专利流转储备中心，提升知识产权运营能力；优化知识产权环境，服务“双自”建设。滨海新区在实施知识产权战略中也存在一些不足，突出表现在：知识产权的数量与质量有待进一步增强，企业知识产权运用能力整体水平不够高，知识产权服务能力亟待增强，知识产权管理体制机制亟需创新。

第三节　天津自主创新示范区产业专利协同发展分析

（一）产业体系及数据获取

1. 国民经济行业分类体系

《国民经济行业分类》国家标准于 1984 年首次发布，于 2017 年进行了第四次修订。该标准（GB/T4754—2017）由国家统计局起草，国家质量监督检验检疫总局、国家标准化管理委员会批准发布（表 4-7）。

表 4-7　2017 年国民经济行业分类（GB/T 4754—2017）

代码		类别名称	说明
门类	大类		
A		农、林、牧、渔业	本门类包括 01~05 大类
	1	农业	指对各种农作物的种植
	2	林业	
	3	畜牧业	指为了获得各种畜禽产品而从事的动物饲养、捕捉活动
	4	渔业	
	5	农、林、牧、渔专业及辅助性活动	
B		采矿业	本类包括 06~12 大类，采矿业指对固体（如煤和矿物）、液体（如原油）或气体（如天然气）等自然产生的矿物的采掘
	6	煤炭开采和洗选业	指对各种煤炭的开采、洗选、分级等生产活动，不包括煤制品的生产和煤炭勘探活动
	7	石油和天然气开采业	指在陆地或海洋，对天然原油、液态或气态天然气的开采，对煤矿瓦斯气（煤层气）的开采。为运输目的所进行的天然气液化和从天然气田气体中生产液化烃的活动，还包括对含沥青的页岩或油母页岩矿的开采，以及对焦油沙矿进行的同类作业
	8	黑色金属矿采选业	

表 4-7 2017 年国民经济行业分类(GB/T 4754—2017)(续)

代码		类别名称	说明
门类	大类		
	9	有色金属矿采选业	指对常用有色金属矿、贵金属矿,以及稀有稀土金属矿的开采、选矿活动,包括深海有色金属矿开采
	10	非金属矿采选业	
	11	开采专业及辅助性活动	指为煤炭、石油和天然气等矿物开采提供的活动
	12	其他采矿业	
C		制造业	本门类包括 13~43 大类,指经物理变化或化学变化后成为新的产品,不论是动力机械制造或手工制作,也不论产品是批发销售或零售,均视为制造;建筑物中的各种制成品、零部件的生产应视为制造,但在建筑预制品工地,把主要部件组装成桥梁、仓库设备、铁路与高架公路、升降机与电梯、管道设备、喷水设备、暖气设备、通风设备与空调设备,照明与安装电线等组装活动,以及建筑物的装置,均列为建筑活动;本门类包括机电产品的再制造,指将废旧汽车零部件、工程机械、机床等进行专业化修复的批量化生产过程,再制造的产品达到与原有新产品相同的质量和性能
	13	农副食品加工业	指直接以农、林、牧、渔业产品为原料进行的谷物磨制、饲料加工、植物油和制糖加工、屠宰及肉类加工、水产品加工,以及蔬菜、水果和坚果等食品的加工
	14	食品制造业	
	15	酒、饮料和精制茶制造业	
	16	烟草制品业	
	17	纺织业	
	18	纺织服装、服饰业	
	19	皮革、毛皮、羽毛及其制品和制鞋业	
	20	木材加工和木、竹、藤、棕、草制品业	
	21	家具制造业	指用木材、金属、塑料、竹、藤等材料制作的,具有坐卧、凭倚、储藏、间隔等功能,可用于住宅、旅馆、办公室、学校、餐馆、医院、剧场、公园、船舰、飞机、机动车等任何场所的各种家具的制造
	22	造纸和纸制品业	
	23	印刷和记录媒介复制业	
	24	文教、工美、体育和娱乐用品制造业	
	25	石油、煤炭及其他燃料加工业	
	26	化学原料和化学制品制造业	

表 4-7 2017 年国民经济行业分类(GB/T 4754—2017)(续)

代码		类别名称	说明
门类	大类		
	27	医药制造业	
	28	化学纤维制造业	
	29	橡胶和塑料制品业	
	30	非金属矿物制品业	
	31	黑色金属冶炼和压延加工业	
	32	有色金属冶炼和压延加工业	
	33	金属制品业	
	34	通用设备制造业	
	35	专用设备制造业	
	36	汽车制造业	
	37	铁路、船舶、航空航天和其他运输设备制造业	
	38	电气机械和器材制造业	
	39	计算机、通信和其他电子设备制造业	
	40	仪器仪表制造业	
	41	其他制造业	
	42	废弃资源综合利用业	指废弃资源和废旧材料回收加工
	43	金属制品、机械和设备修理业	
D		电力、热力、燃气及水生产和供应业	本门类包括 44~46 大类
	44	电力、热力生产和供应业	
	45	燃气生产和供应业	
	46	水的生产和供应业	
E		建筑业	本门类包括 47~50 大类
	47	房屋建筑业	指房屋主体工程的施工活动,不包括主体工程施工前的工程准备活动
	48	土木工程建筑业	指土木工程主体的施工活动,不包括施工前的工程准备活动
	49	建筑安装业	指建筑物主体工程竣工后,建筑物内各种设备的安装活动,以及施工中的线路敷设和管道安装活动,不包括工程收尾的装饰,如对墙面、地板、天花板、门窗等处理活动
	50	建筑装饰、装修和其他建筑业	

表 4-7 2017 年国民经济行业分类（GB/T 4754—2017）（续）

代码		类别名称	说明
门类	大类		
F		批发和零售业	本门类包括 51 和 52 大类，指商品在流通环节中的批发活动和零售活动
	51	批发业	指向其他批发或零售单位（含个体经营者）及其他企事业单位、机关团体等批量销售生活用品、生产资料的活动，以及从事进出口贸易和贸易经纪与代理的活动，包括拥有货物所有权，并以本单位（公司）的名义进行交易活动，也包括不拥有货物的所有权，收取佣金的商品代理、商品代售活动。本类还包括各类商品批发市场中固定摊位的批发活动，以及以销售为目的的收购活动
	52	零售业	指百货商店、超级市场、专门零售商店、品牌专卖店、售货摊等主要面向最终消费者（如居民等）的销售活动，以互联网、邮政、电话、售货机等方式的销售活动，还包括在同一地点，后面加工生产，前面销售的店铺（如面包房）；谷物、种子、饲料、牲畜、矿产品、生产用原料、化工原料、农用化工产品、机械设备（乘用车、计算机及通信设备除外）等生产资料的销售不作为零售活动；多数零售商对其销售的货物拥有所有权，但有些则是充当委托人的代理人，进行委托销售或以收取佣金的方式进行销售；零售业按销售渠道分为有店铺零售和无店铺零售，其中有店铺零售分为综合零售和专门零售
G		交通运输、仓储和邮政业	本门类包括 53~60 大类
	53	铁路运输业	指铁路的安全管理、调度指挥、行车组织、客运组织、货运组织，以及机车车辆、线桥隧涵、牵引供电、通信信号、信息系统的运用及维修养护，不包括铁路机车车辆、线桥隧涵、牵引供电、通信信号、信息系统设备的制造厂（公司）、建筑工程公司、商店、学校、科研所、医院等活动
	54	道路运输业	
	55	水上运输业	
	56	航空运输业	
	57	管道运输业	
	58	多式联运和运输代理业	
	59	装卸搬运和仓储业	指装卸搬运活动和专门从事货物仓储、货物运输中转仓储，以及以仓储为主的货物送配活动，还包括以仓储为目的的收购活动
	60	邮政业	
H		住宿和餐饮业	本门类包括 61 和 62 大类

表 4-7 2017 年国民经济行业分类(GB/T 4754—2017)(续)

代码		类别名称	说明
门类	大类		
	61	住宿业	指为旅行者提供短期留宿场所的活动,有些单位只提供住宿,也有些单位提供集住宿、饮食、商务、娱乐于一体的服务,本类不包括主要按月或按年长期出租房屋住所的活动
	62	餐饮业	指通过即时制作加工、商业销售和服务性劳动等,向消费者提供食品和消费场所及设施的服务
I		信息传输、软件和信息技术服务业	本门类包括 63~65 大类
	63	电信、广播电视和卫星传输服务	
	64	互联网和相关服务	
	65	软件和信息技术服务业	指对信息传输、信息制作、信息提供和信息接收过程中产生的技术问题或技术需求所提供的服务
J		金融业	本门类包括 66~69 大类
	66	货币金融服务	
	67	资本市场服务	
	68	保险业	
	69	其他金融业	
K		房地产业	本门类包括 70 大类
	70	房地产业	
L		租赁和商务服务业	本门类包括 71 和 72 大类
	71	租赁业	
	72	商务服务业	
M		科学研究和技术服务业	本门类包括 73~75 大类
	73	研究和试验发展	指为了增加知识(包括有关自然、工程、人类、文化和社会的知识),以及运用这些知识创造新的应用,所进行的系统的、创造性的活动,该活动仅限于对新发现、新理论的研究及新技术、新产品、新工艺的研制研究与试验发展,也包括基础研究、应用研究和试验发展
	74	专业技术服务业	
	75	科技推广和应用服务业	
N		水利、环境和公共设施管理业	本门类包括 76~79 大类
	76	水利管理业	
	77	生态保护和环境治理业	
	78	公共设施管理业	

表 4-7 2017 年国民经济行业分类（GB/T 4754—2017）（续）

代码		类别名称	说明
门类	大类		
	79	土地管理业	
O		居民服务、修理和其他服务业	本门类包括 80~82 大类
	80	居民服务业	
	81	机动车、电子产品和日用产品修理业	
	82	其他服务业	
P		教育	本门类包括 83 大类
	83	教育	
Q		卫生和社会工作	本门类包括 84 和 85 大类
	84	卫生	
	85	社会工作	指提供慈善、救助、福利、护理、帮助等社会工作的活动
R		文化、体育和娱乐业	本门类包括 86~90 大类
	86	新闻和出版业	
	87	广播、电视、电影和录音制作业	指对广播、电视、电影、影视录音内容的制作、编导、主持、播出、放映等活动，不包括广播电视信号的传输和接收活动
	88	文化艺术业	
	89	体育	
	90	娱乐业	
S		公共管理、社会保障和社会组织	本类包括 91~96 大类
	91	中国共产党机关	
	92	国家机构	
	93	人民政协、民主党派	
	94	社会保障	
	95	群众团体、社会团体和其他成员组织	
	96	基层群众自治组织及其他组织	指通过选举产生的社区性组织，该组织为本地区提供一般性管理、调解、治安、优抚、计划生育等服务
T		国际组织	本门类包括 97 大类
	97	国际组织	

2. 战略性新兴产业分类体系

2012 年 2 月，国家统计局发布了《战略性新兴产业分类（试行）》，将节能环保产业、新一代信息技术产业、生物产业、高端装备制造产业、新能源产业、新材料产业、新能源汽车等七大产业纳入战略性新兴产业（具体产业分类见表 4-8）。

表 4-8　战略性新兴产业分类（试行）

代码	战略性新兴产业分类名称
1	节能环保产业
1.1	高效节能产业
1.2	先进环保产业
1.3	资源循环利用产业
1.4	节能环保综合管理服务
2	新一代信息技术产业
2.1	下一代信息网络产业
2.2	电子核心基础产业
2.3	高端软件和新型信息技术服务
3	生物产业
3.1	生物制品制造产业
3.2	生物工程设备制造产业
3.3	生物技术应用产业
3.4	生物研究与服务
4	高端装备制造产业
4.1	航空装备产业
4.2	卫星及应用产业
4.3	轨道交通装备产业
4.4	海洋工程装备产业
4.5	智能制造装备产业
5	新能源产业
5.1	核电产业
5.2	风能产业
5.3	太阳能产业
5.4	生物质能及其他新能源产业
5.5	智能电网产业
5.6	新能源产业工程及研究技术服务
6	新材料产业
6.1	新型功能材料产业

表 4-8 战略性新兴产业分类(试行)(续)

代码	战略性新兴产业分类名称
6.2	先进结构材料产业
6.2	先进结构材料产业
6.3	高性能复合材料产业
6.4	前沿新材料产业
6.5	新材料研究与技术服务
7	新能源汽车
7.1	新能源汽车整车制造
7.2	新能源汽车装置、配件制造
7.3	新能源汽车相关设施及服务

(二)自主创新示范区国民经济行业协同发展分析

1. 自主创新示范区主导产业现状及发展规划

(1)现代服务业发展迅猛

随着现代服务业的迅猛发展,滨海新区第三产业内部结构不断优化。商贸、住宿、餐饮、仓储、交通运输等传统服务业企业占第三产业的比重从 2012 年末的 59.0%下降到 2016 年末的 51.8%,而以金融保险业、信息传输和计算机软件业、租赁和商务服务业、科研技术服务和地质勘查业、文化体育和娱乐业、房地产业及居民社区服务业等为代表的现代服务业企业数量迅速增加。

截至 2016 年底,滨海新区有企业 3.61 万家,比 2012 年增加了 2 万余家,在第三产业中的比重提高了 7.3 个百分点。2021 年,三次产业在经济总量中的比重分别为 0.37∶46.94∶52.69,与 2016 年比,第三产业比重提高了 12.24 个百分点,第二产业比重下降了 12.48 个百分点,第三产业比重实现较大幅度提升。2016 年,滨海新区服务业增加值占全市生产总值的比重为 54.0%,同比提高 1.9%,对全市经济增长的贡献率达到 57.9%。其中,金融业等现代服务业增加值占第三产业的比重达到 40.3%,比 2011 年提高了 6.7%。截至 2021 年,总部设在天津的融资租赁公司达到 1 500 家,其中大部分在滨海新区注册。2016 年,滨海新区融资租赁类单位增加 424 家,年末存量为 934 家,其中 75%在东疆注册;新增商业保理类单位 129 家,年末存量为 295 家,其中东疆注册 133 家,中心商务区注册 81 家。

(2)传统制造业发展向好

2016 年,滨海新区工业增加值增长 8.3%,其中规模以上工业增长 8.4%, 39 个行业大类中, 35 个行业实现不同程度增长。装备制造业增加值占规模以上工业的

36.1%,拉动全市工业增长 3.7%,同比提高 1.6%,其中汽车制造、航空航天、电气机械、专用设备等行业分别增长 11.9%、14.9%、22.3%和 12.2%。消费品制造业增加值占全市工业的 20.8%,同比提高 1.6%。

2. 自主创新示范区专利产业分布

在航空产业方面,形成了以空客 A320 飞机和中航直升机为龙头,以西飞机翼、古德里奇等配件厂商为依托的民用航空产业链,建成空港航空国家新型工业化产业示范基地,空客 A320 已累计交付近 330 架,空客 A330 完成与交付中心项目 10 个单体工程主体施工现已全部完成,首架飞机已交付。中航直升机研发制造基地建设取得重要进展,具备年产 70 架三型直升机的总成能力。特种飞行器研发生产基地生产的“彩虹-5”完成试飞试验,正式进入批量生产阶段,综合性能达到世界一流水平。航空维修快速发展,多家航空公司在津设立自有维修基地,加拿大庞巴迪、美国古德里奇、法国卓达宇航、瑞士宜捷、四川海特、海航技术、航新科技、中航锦江等项目设立飞机维修基地。

建设自主知识产权引领的生物医药产业化基地。依托国际生物医药联合研究院、中科院工业生物技术研究所等机构,建立滨海新区知识产权产业化示范基地,引进国内外先进生物医药技术,营造知识产权积极创造和规范运用的区域环境。国际生物医药联合研究院牵头承担了“‘十二五’重大新药创制”科技重大专项课题,搭建了涵盖新药研发临床前研究全链条的综合性技术大平台及公共技术服务体系,填补了天津国家级综合性新药研发大平台建设的空白。截至 2016 年底,联合研究院已集聚 18 位国家重点计划人才、42 位天津重点计划人才,引进各类生物医药创新项目 350 项,培育和孵化 200 家科技创新型企业,企业累计注册资本超过 26 亿元。天津工业生物所成立于 2012 年 11 月,快速集聚了一批创新人才,建立了科技成果高效产出和快速转移转化的“快车道”,处于平均每四天产生一个发明专利,每两周与一个企业签署产业合作协议的创新状态,已与全国 20 个省、市、自治区的百家企业以许可、委托、合作等模式签署合作协议 162 项,合同金额总计近 6 亿元,技术许可收入占 80%以上,成为企业新旧动能转换的创新动力源泉。在中科院百余家研究所“知识产权转化运用”的排名中,天津工业生物所近三年一直位列前十名左右。

3. 自主创新示范区产业匹配度分析

涌现了飞旋科技磁悬浮轴承真空分子泵、深之蓝水下机器人、康希诺埃博拉疫苗、赛诺医疗生物降解药物涂层冠脉支架等一批具有国际领先水平的科技成果,超级计算、膜技术、干细胞、生物芯片等领域屡获国家科技进步奖。滨海新区企业创新成果不断涌现,有 13 项专利获中国专利优秀奖,有 4 项专利获得中国外观设计优秀奖,有 31 项专利获天津市专利金奖,有 50 项专利获天津市专利优秀奖。赛象科技成功研制出世界首套巨型全钢子午线轮胎一次法成型机,“天河一号”“曙光星云”超千万亿次计算机代表了中国高性能计算机的最高水平。

(三)自主创新示范区战略性新兴产业协同发展分析

1. 自主创新示范区产业发展现状

(1)自主创新示范区主导产业现状及规划主导产业

党的十八大以来,滨海新区依托制造业基地建设,大力调整产业结构,聚焦新兴产业,实施创新发展。目前,已经形成了以新能源、新一代信息技术、航空航天、生物医药等为主导的新兴产业集群,其中航空航天、生物医药、环保产业年均增速分别为26.3%、8.3%和25.2%。2016年,滨海新区优势产业增加值占全市工业的91.0%,其中,航空航天、新材料以及生物医药等新兴产业合计增加值占全市工业的16.5%,拉动全市工业增加值增长2.1%,同比提高0.9%。

(2)高端装备制造业增势强劲

近几年,滨海新区加快发展航空航天、海洋工程装备和高技术船舶、新能源汽车、大型工程机械、机器人、高性能医疗机械、高性能服务器等高端产业。航天航空产业共完成工业总产值534.1亿元,增幅19.8%,五年间增幅高达92.9%,长征七号、长征五号等带有滨海新区烙印的大火箭相继首飞成功。此外,借助临海和港口优势,目前滨海新区已聚集了博迈科、太重滨海等海洋工程装备龙头企业以及海洋工程总承包等上下游企业。

滨海新区在先进装备制造因素加速聚集的同时,产业格局也逐步显现。目前,开发区和高新区高端装备制造、临港经济区海工装备制造、东疆保税港区高端装备金融服务等一批专业化高端装备产业集群已形成。临港经济区装备制造等更成为国家新型工业化产业示范基地,高端装备制造业空间布局进一步优化。预计到2020年,产业规模将超过8 500亿元,成为全国先进装备制造研发基地。

(3)生物医药产业迈进成熟期

在滨海新区的支持和推动下,生物医药产业发展正加速迈进成熟期。生物医药产业创新的源泉是新药创制,发力于新药创制,滨海新区已经积累了较多的创新成果。截至2015年底,滨海新区生物医药产业已聚集了77家市级以上研发中心、1 133家科技型中小企业与99家科技小巨人企业。天津市50%以上的生物技术和现代医药企业落户该区,其产业及市场规模均以年均40%的增长率快速提升。2016年,滨海新区生物医药产业完成工业总产值420.6亿元,同比增长12.3%,过去五年的增幅达到了54.2%。

根据“十三五”规划,到2020年,滨海新区将引进和获得新药证书100个、临床批文300个,重点引进和培养国内外大项目大企业20家、国际级研发中心20家,吸引超过800家生物医药类创新型企业聚集,产值达到100亿元的大型生产企业超过5家,力争产值突破1 600亿元。

（4）新能源产业保持领先地位

作为我国新能源产业的重要基地，滨海新区在产业规模和水平上始终保持着领先地位。过去几年，滨海新区新能源产业聚焦优质项目发展，推动产业创新，积极抢抓市场新机遇。2016 年，滨海新区的新能源企业总数已达到 60 余家，其中不乏西门子、明阳风电等具有全球影响力的龙头企业。2016 年，滨海新区新能源产业完成 147.7 亿元，增幅达到 19.4%，其中天津力神已成为市场份额居全球前五的锂电池生产企业。此外，高新区还培养了诸如英利、中科泰能、恒天集团、国能新能源汽车等一批具有影响力的特色企业。围绕风力发电、绿色二次电池、太阳能光伏、LED 等优势领域，新区新能源产业形成了良好的聚集态势。

随着能源结构不断优化，滨海新区将逐步推广太阳能光伏、光热系统及热泵系统应用，推行清洁电力，推进风力发电和生物质能发电，构建起以热电联产为主，区域热源为辅，可再生能源、清洁能源为补充的清洁低碳、安全高效的现代能源体系。

2. 自主创新示范区专利产业分布

2021 年，滨海新区十大支柱产业的专利申请量占到全区专利申请总量的 18.7%。其中，“计算机、通信和其他电子设备制造业”的专利申请数量最高，达到了 1 523 件，与 2015 年相比，专利申请数量增加了 953 件，年均增长率达到了 17.8%，成为滨海新区制造业发展的增长引擎。此外，“电力、热力生产和供应业”“化学原料和化学制品制造业”和“计算机、通信和其他电子设备制造业”三个产业的专利申请数量增幅同样可观，体现出产业发展的勃勃生机（图 4-8）。

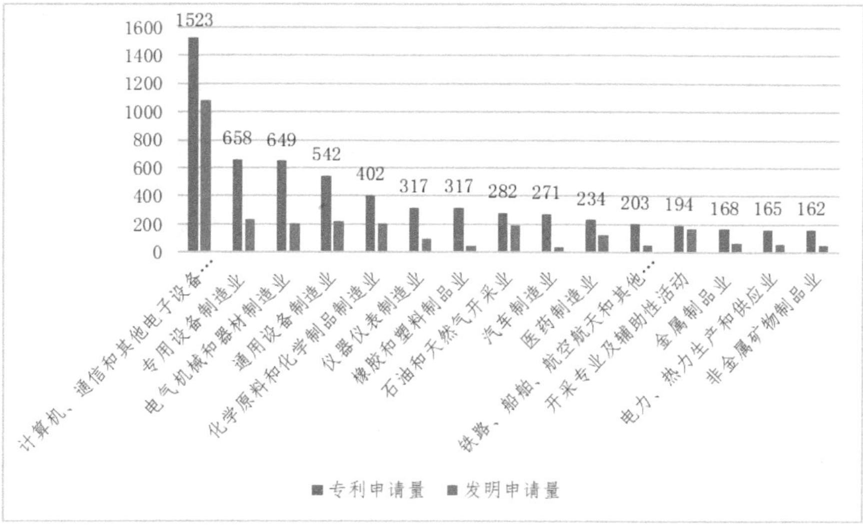

图 4-8　滨海新区 2021 年部分产业专利分布图

得益于近年来计算机与通信设备产业的迅猛发展，2021 年，滨海新区“计算机、通信和其他电子设备制造业”的发明专利申请数量最高，达到 1 080 件，是 2015 年发明申请量的 2.3 倍。从发明专利申请的数量来看，工业制造业的发展稳步提升，如“专用设备制造业”“汽车制造业”“化学纤维制造业”在过去几年不断取得技术突破，构成了滨海新区产业发展的雄厚基础。

2021 年，“石油加工、炼焦和核燃料加工业”“计算机、通信和其他电子设备制造业”“石油和天然气开采业”的发明专利申请数量占专利申请总量的比例较高，分别为 82.19%、70.91%、67.38%。过去的六年，滨海新区“纺织业”“金属加工业”“石油与天然气开采业”等产业的发明申请数量占比增势较强，技术水平进一步提升，各产业在协调发展的同时，也体现出从重“量”走向求“质”的特点。根据行业技术特点，发明专利申请占比仍有进一步提升的空间（图 4-9）。

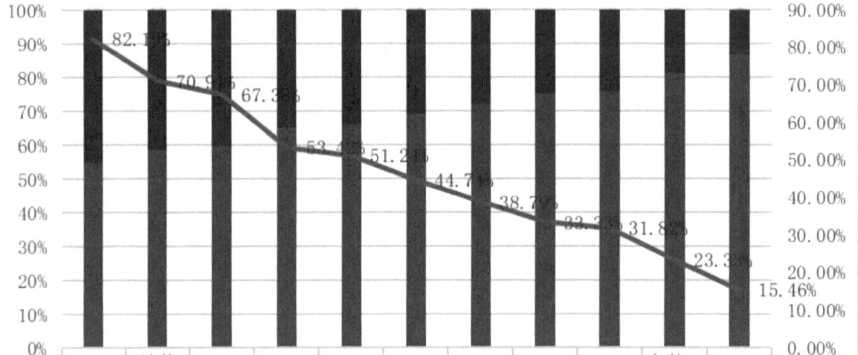

	石油加工、炼焦和核燃料加工业	计算机、通信和其他电子设备制造业	石油和天然气开采业	医药制造业	化学原料和化学制品制造业	非金属矿采选业	电力、热力生产和供应业	纺织业	黑色金属冶炼和压延加工业	文教、工美、体育和娱乐用品制造业	橡胶和塑料制品业
发明申请量	60	1080	190	125	206	17	64	1	14	7	49
专利申请量	73	1523	282	234	402	38	165	3	44	30	317
发明申请占比	82.19%	70.91%	67.38%	53.42%	51.24%	44.74%	38.79%	33.33%	31.82%	23.33%	15.46%

图 4-9　滨海新区 2021 年部分产业发明申请量占比

2021 年，有效发明量排在前四位的产业分别是“计算机、通信和其他电子设备制造业”“专用设备制造业”“电气机械和器材制造业”“化学原料和化学制品制造业”。这足以说明，滨海新区传统制造业积累了丰富的专利资源，其知识产权发展保持了良好的势头（图 4-10）。

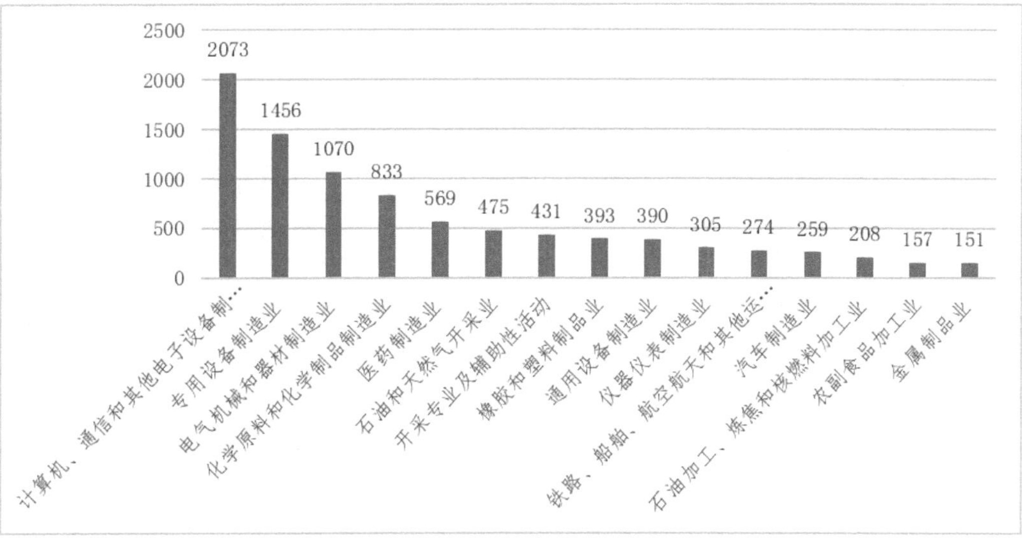

图 4-10 滨海新区 2021 年部分产业有效发明量

（四）自主创新示范区核心区知识产权资源分析

根据空间布局规划，天津示范区核心区——滨海高新区，包括华苑科技园、北辰科技园、南开科技园、武清科技园和塘沽海洋科技园。天津滨海高新区前身为天津新技术产业园区，始建于 1988 年，1991 年成为首批国家级高新技术产业开发区之一，2009 年天津新技术产业园区经国务院批复更名为“天津滨海高新技术产业开发区”，是首批国家创新型科技园区。经过 30 多年的发展，天津滨海高新区取得了重要成就，已成为全国创新型产业集群的重要高地、科技型中小企业发展最具活力的区域。

2013 年，核心区滨海高新区与中关村科技园、上海张江科技园等 10 家高新园区同时获批“国家知识产权示范园区”。开展试点以来，高新区构建起以研发、孵化、产业化发展三大基地为主的自主知识产权创造与转化体系。设立知识产权专项资金，鼓励科技型中小企业知识产权创造、实施和运用，为企业提供知识产权专业化服务。制定知识产权战略企业超过百家，集聚了各类知识产权服务机构几十家，专利申请量实现高速增长，促进形成了一批具有核心竞争力和较高市场占有率的“撒手锏”产品。万人发明专利拥有量在国家高新区中位居前列。

（五）自主创新示范区核心区先行先试政策分析

政策创新是国家自主创新示范区建设的实质和根本，按照国家自主创新示范区在政策上先行先试的要求，目前，滨海高新区已初步形成了以“6+4”[①] 政策为主的政策创新体系。

1. 自主创新示范区创新政策的特点

（1）政策种类较多，涉及面较广

以天津国家自主创新示范区核心区为样本，2013—2016 年间，共搜集到各类创新政策 93 项，从政策制定部门或层级看，中央部门颁布政策 22 项，天津市科委颁布政策 53 项，天津市知识产权局颁布 7 项，天津国家自主创新示范区核心区颁布 17 项。从政策出台的年份看，2013 年出台 18 项，2014 年出台 19 项，2015 年出台 35 项，2016 年出台 27 项。创新政策涉及股权分红、科技成果转化、企业税收优惠、科研经费管理、科技金融、知识产权、创新人才、研发机构及服务平台建设、产品开发等 10 余个方面（表 4-9）。

表 4-9　2013—2016 年天津国家自主创新示范区核心区创新政策统计

年度	2016 年			2015 年			2014 年			2013 年			合计
政策类别	国家	市级	区县	国家	市级	区县	国家	市级	区县	国家	市级	区县	
1. 股权和分红权激励政策				4				1				1	6
2. 科技成果转化（处置权、收益权、购买科技成果政策）	1			1	1			1					4
3. 支持企业自主创新的税收政策	3	1		4	1			1		4	2		16
4. 科研项目经费管理政策	1	1		1									3
5. 科技金融政策	1				5	1		1	1				9
6. 支持人才发展政策		3	1		4			1					9
7. 研发机构、服务平台建设		4	2		1	2		5		1	5		20
8. 支持企业产品开发政策					2			3	1		2	1	9
9. 海外合作并购		1						1					2

① “6+4”政策是指 2015 年 10 月以前，六项推广到全国范围内实施的政策：《中央级事业单位科技成果使用处置和收益管理改革试点》《扩大税前加计扣除的研发费用范围》《股权和分红激励》《职工教育经费税前扣除》《科研项目经费管理改革试点政策》《非上市中小企业可通过股权转让代办系统进行股权融资》。四项在天津自创区实施的政策：《股权奖励个人所得税 5 年分期缴纳》《有限合伙制创业投资企业法人合伙人企业所得税优惠》《5 年以上非独占许可使用权转让所得税优惠》《中小高新技术企业向股东转赠股本的个人所得税 5 年分期缴纳》。自 2016 年 1 月起，“6+4”政策已经推广至全国范围。

表 4-9　2013—2016 年天津国家自主创新示范区核心区创新政策统计(续表)

年度	2016 年			2015 年			2014 年			2013 年			合计
政策类别	国家	市级	区县	国家	市级	区县	国家	市级	区县	国家	市级	区县	
10. 知识产权政策		3			4								7
11. 其他政策	1	2	2		2	2		1	2		1	1	14
合计	7	15	5	10	20	5	0	15	4	5	10	3	99
	27			35			19			18			

注:来源于网络统计。

(2)创新政策功能聚焦明显

按照功能进行政策聚焦分析,一是调动科技型中小企业、高等院校、科研机构和创新人才等不同主体创新积极性的分配政策 35 项,占政策总数的 35%,具体包括股权和分红权激励政策 6 项,科技成果转化(处置权、收益权、购买科技成果政策)4 项,支持企业自主创新的税收政策 16 项,支持人才发展政策 9 项;二是鼓励特定科技创新行为的政策 31 项,占政策总数的 31%,具体包括研发机构、服务平台建设政策 20 项,支持企业产品开发政策 9 项,企业海外并购合作政策 2 项;三是支撑条件和环境营造政策 19 项,占政策总数的 19%,包括科研项目经费管理政策 3 项,科技金融政策 9 项,知识产权政策 7 项;四是其他类科技政策 14 项。综上,可以看出 70%以上的政策聚焦于前两类,重点用于激励创新主体的创造性和创新性。

(3)先行先试政策支持重点逐渐转移

划分的 10 大类别中,从总体上看,支持研发机构和服务机构建设方面的政策最多,占地为 22%;其次是支持企业提升自主创新能力方面政策,占比为 17%;支持海外合作并购、科研项目经费管理、科技成果转化方面政策较少,占比分别为 2%、3%和 4%。但是从年度政策出台数量看,每个领域又发生了较大的变化,支持研发机构和服务机构建设、支持企业提升自主创新能力、支持产品开发等相对传统的政策呈现出逐年递减趋势,而总量较少的股权和分红权激励、科研项目经费管理、科技金融、人才发展等政策则呈现出逐年递增趋势(表 4-10)。

表 4-10　天津国家自主创新示范区核心区先行先试政策变化情况

政策类别	2013 年	2014 年	2015 年	2016 年
支持企业自主创新	6	1	5	4
研发机构、服务平台建设	6	5	3	6

表 4-10 天津国家自主创新示范区核心区先行先试政策变化情况（续）

政策类别	2013 年	2014 年	2015 年	2016 年
产品开发	3	4	2	0
股权和分红权激励	1	1	4	0
科技成果转化	0	1	2	1
科研项目经费管理	0	0	1	2
科技金融	0	2	6	1
人才发展	0	1	4	4
知识产权			3	4
其他政策	2	4	4	5

2. 自主创新示范区主要关注的政策

为深入了解各类创新主体对创新政策的关注点，通过对核心区 10 家企业和天津科技大学、天津工业大学、天津理工大学、河北工业大学 4 家高校开展座谈，发现大部分企业对政策的关注点主要集中在自主创新的税收政策、科技金融政策两个方面，而高等院校则主要关注科技成果处置权和收益权政策。

（1）支持企业自主创新的税收政策

支持企业自主创新的税收政策主要包括《天津市企业研究开发费用税前加计扣除项目鉴定办法（试行）》《有关职工教育经费税前扣除试点政策》《股权奖励个人所得税 5 年分期缴纳》《有限合伙制创业投资企业法人合伙人企业所得税优惠》《5 年以上非独占许可使用权转让所得税优惠》《中小高新技术企业向股东转增股本的个人所得税 5 年分期缴纳》《天津市市级高新技术企业认定管理办法》等，其中，企业普遍认为研发费用加计扣除政策、高新技术企业认定政策对企业影响程度较高。这些政策通过税收扣除、税收减免等方式激励企业增加研发和职工教育经费投入，降低科技人员股权奖励所得税等方式促进企业创新活动开展，其着力点在于提高研发费用加计扣除、职工教育经费税前扣除、高新技术企业税收减免等税收政策的覆盖范围和激励力度。

（2）科技金融政策

2013—2016 年期间，天津市先后出台了《科技型中小企业股份制改造补贴资金管理办法》《天津市科技型中小企业信用贷款风险补偿办法》《天津市鼓励股权投资企业投资初创期和成长期科技型中小企业补贴办法》《天津市科技金融对接服务平台认定及考核奖励办法》等政策，科技金融政策通过不断优化科技和金融结合环境，搭建科技金融服务平台，加强信用体系建设，创新服务模式和金融产品，不断引导金融资本和其他社会资本加大对科技创新的投入。其政策着力点在于：一是对企业给予信用评级费用补贴、贷款贴息、风险补偿等方面的支持；二是采取多种措施推动科技型中小企业金融服务专营机构、小贷公司、知识产权质押贷款机构发展；三是通过奖励、参股、风险补偿、股权激励等方式加大对创业风险投资机构、创业投资人才的支持力度；四是通过对中小企业改制、上市挂牌等不同阶段进行财政扶持和完善工商登记、优化上市环境、培育上市资源支持多层次资本市场建设；五是通过资信调查费补贴、提高承包额度等方式提高保险机构承包额度和对科技企业提供保费补贴等方式促进科技保险发展；六是通过健全科技与金融相结合的服务平台、完善科技金融信用服务体系、加强对科技金融服务的组织协调等，促进科技和金融结合，多举措推动各类金融中介机构加快金融人才集聚。

（3）科技成果处置权和收益权政策

2015 年，天津市知识产权局联合天津市财政局、天津市科委、天津市教委制定出台了《关于开展市级事业单位科技成果使用、处置和收益管理改革试点工作的通知》，该项政策主要依据有关法律法规制定的科技成果转移转化从宽下放审批和科技成果处分权限，政策着力点：一是扩大事业单位的处置权，各单位可以自主决定对持有的科技成果采取转让、许可、作价入股等方式进行转移转化，不再需要审批或备案，进一步实现了从“谁投资、谁所有”向“谁完成、谁处分”的转变。二是扩大事业单位的收益权，明确对奖励科研负责人、发明人、共同发明人、骨干技术人员等重要贡献人员和团队的奖励比例不得低于科技成果转化所得收益的 50%，科技成果的处置权、收益权相互匹配性有所提高，凸显了制度突破的系统性考虑。

（六）自主创新示范区核心区产业分析

高新区以建设国家级自主创新示范区为核心，积极落实创新驱动发展战略和京津冀协同发展战略，大力实施“一个体系、五个突破”行动计划，围绕大项目、大开工、大整合、大平台和大改革精准发力，有效支撑了具有全球影响力的产业创新中心建设。2016 年，高新区地区生产总值首次历史性地迈进 1 500 亿元大关，达到 1 512 亿元，同比增长 12.8%；一般预算收入首次突破百亿元，同比增长 33%。高新区 25 家规模以上工业企业产值 1 281 亿元，占 2016 年规模以上工业总产值的 70.3%；18 家规模以上服务业营业收入达到 321.4 亿元，占 2016 年营业总收入的 50.6%。高新区呈现出发展势头猛、增长动力强、创新态势优等特点。

一是经济总量再上新台阶。2016 年，天津高新区积极推进大创新平台、大整合战略，依靠大项目、好项目拉动经济增长，全年新签约落地艾康尼克新能源汽车总部、欧划国际数字影业城等重大项目。天津滨海互联网产业园 20 个项目集体签约入驻，总投资额约 66 亿元；天津国家生物医药国际创新园再引进十大项目，总投资额达 22 亿元，达产后可实现年产值 200 亿元。全区 GDP 突破 1 500 亿元大关，一般预算收入首次突破百亿大关，实现强劲增长。

二是产业结构进一步优化。坚持实施聚焦窄化战略，进一步完善和强化了高新区“两大两特”千亿级产业链条。随着奇虎360、艾康尼克新能源汽车总部项目的入驻，高新区已聚集起包括今日头条、360、58同城、网易传媒、中文在线在内的一大批依托互联网实现新模式发展的冠军企业和“独角兽”企业，形成以国能、恒天、华泰、艾康尼克等整车和轮毂电机、波士顿电池、力神动力电池、巴莫、金牛在内的新能源汽车全产业链发力图景。

三是高新技术产业对高新区的贡献进一步增大。近年来，高新区围绕战略新兴产业，积极延伸产业链条，培育集聚产业生态环境。新一代信息技术、新能源、新能源汽车等产业集群初具规模，握指成拳。截至2016年，高新区国家高新技术企业达到1 468家，与2015年相比，实现倍数增长。高新技术企业产值占高新区工业总产值的比重达到36.0%，进入了1/3强的新时代。目前高新区高企和上市企业总量分别占天津市的四分之一和三分之一。就新能源汽车产业而言，滨海高新区聚集了华泰汽车、国能汽车、波士顿电池、轮毂电机、中能东道集团等一批新能源汽车整车及配套企业。新能源汽车产业作为高新区的重点产业，千亿级产业规模效应和产业聚集业已形成。

四是融资环境持续优化。2016年，高新区财政和金融支持三级指数大幅增长，特别是普惠性政策，如高新技术企业税收减免政策落实力度较大，高新技术企业减负明显，有效地促进了科技型企业创新。出台《天津国家自主创新示范区支持投贷联动试点的六条政策（试行）》，为企业融资保驾护航，全区上市企业数量达到71家（含新三板）。

（七）自主创新示范区核心区专利资源分析

近年来，滨海高新区不断加大知识产权投入，有效带动了新区乃至全市知识产权工作的开展。

专利申请量首次突破万件。2016年，高新区专利申请量首次破万，达到11 639件，同比增长47%，占滨海新区的比重达到39.7%，成为了新区首个专利申请量达万级的功能区。其中，发明专利申请量达到3 912件，实用新型专利申请量达到7 493件，发明专利和实用新型的专利申请总量占滨海高新区专利申请量的比重达到98%。

有效专利量接近2万件。截至2016年，滨海高新区有效专利数量已达到19 044件，同比增长32.7%，占滨海新区的比重接近50%，是滨海新区的创新主力军。其中，有效发明专利量达到4 162件，有效实用新型专利量达到14 041件，有效发明专利和实用新型专利的总量占到滨海高新区有效专利总量的95.6%。

专利授权量实现高速增长。截至2016年，滨海高新区专利授权量已达到6 333件，占滨海新区的比重接近52.3%，同比增长高达82.9%，成为滨海新区专利授权量的增长主力。其中，发明专利授权量达到700件，实用新型专利授权量达到5 498

件，发明专利授权量和实用新型专利授权的总量占滨海高新区专利授权量的95.6%。

（八）结论及建议

1. 自主创新示范区核心区科技资源分析

近年来，高新区创新创业活力不断增强。创新主体以高技术企业数量的增长表现尤为抢眼，整体企业质量正迈向新的台阶，科技财政投入保持高位，人才结构不断优化，为高新区建设制造业创新中心、打造世界一流高科技园区提供了有力支撑。

一是财政科技投入保持高位。2016年，高新区地方财政科技支出额达到17.1亿元，较上年增长35.7%。地方财政科技支出占地方财政一般预算的比重为10.2%，科技创新投入持续保持高位。

二是创新主体实力增强。截至2016年底，高新区业务过亿元的科技型企业超470家，居全市首位，培育"独角兽"企业3家，7家企业获得国家级科技奖项，其中4家企业获得国家科技进步二等奖，高新技术企业达825家，新三板挂牌企业达51家，今日头条等"独角兽"企业锋芒初现，目前高新技术企业和上市挂牌企业数量均占全市总量的四分之一，创新主体的整体素质有较大提升。

三是科技产出持续增长。近年来，高新区高度重视知识产权工作，2016年获批国家专利导航示范区，全年新增授权发明专利数达到699件，较上年增长52%，企业有效专利总数达到19 038件，人均知识产权数量走在全国前列。高新区天地伟业等4家企业获国家科技进步二等奖。全区高新技术产业产值达到660亿元，较上年增长34%。

四是创新创业氛围愈加浓厚。人才兴则企业强，高新区科技活动人员占比、大专以上学历人员占比等结构性指标继续维持较高水平的增长，以人才为核心的产业创新氛围基本形成。随着产城融合的不断推进，越来越多的高层次人才集聚高新区，全区国家和市级重点计划人才人数持续增加。各类创新平台加速建设，市级以上孵化器和众创空间28家，国家级孵化器和众创空间累计达到14家，居天津市第一。

2. 结论

（1）知识产权资源丰富，综合管理能力提升

过去几年，滨海新区的知识产权环境进一步完善，知识产权创造、运用、保护和管理的能力显著提高。

（2）专利创造能力有效提升

滨海新区的专利申请量稳步提升，尽管2014年专利申请量略有下降，但而后的几年又迎来新一轮的增长。发明申请量、实用新型专利申请量从以数量为主转向以质量为主，专利质量不断提高，滨海新区的专利创造能力在稳步提升中不断加强。

（3）专利运用实力亟待提高

在经历了较大波动后，滨海新区2015年以来的专利交易数量、专利许可金额增

长趋势均较为明显，专利运用能力有了显著提高，在天津市占据了重要地位。但值得注意的是，同其他省市的自主创新示范区相比，滨海新区的质押融资力度依然不够，专利运营能力存在不足，有必要完善市场化的知识产权运营机制，推动工业企业切实发挥专利创造运用的主体作用。

（4）专利保护意识尚需加强

截至目前，滨海新区已经建立了完整的知识产权保护体系，并设有知识产权维权中心，为科技型企业技术创新发展保驾护航。但同时也应该认识到，滨海新区科技型企业的知识产权战略布局意识不足，知识产权保护实力需要进一步提升，企业知识产权的主体地位也需要凸显。

（5）专利服务模式有待创新

一方面围绕知识产权，滨海新区各类知识产权服务机构已经针对科技型企业举办了各类培训活动，涉及知识产权投融资、知识产权政策、专利运用等诸多内容，每年参与知识产权的培训人员有近千人，相关活动的举办为知识产权服务机构和企业的对接提供了良好的平台，取得了很好的效果；另一方面，滨海新区在专利服务模式上不够灵活，应倡导多主体参与的方式，提高科技创新型企业参与的积极性。

（6）科技资源集聚，教育资源建设不足

总体而言，滨海新区的科技研发实力较为雄厚，近年来的科技活动人员稳中有增，人才的集聚为滨海新区的自主创新发展注入了新鲜的活力。滨海新区各类研发中心、技术中心、重点实验室以及国家认定的高新企业数量均在稳步上升，具备了独特的竞争优势，有助于在环渤海地区形成资源共享、共同发展的格局。另外，滨海新区的基础教育资源也取得了明显的发展，但教育资源配置中的不平衡、不充分问题依然存在，需要按照“学前教育全面配置，基础教育均衡配置，职业教育协调配置，高等教育优质配置，特殊教育、社区教育科学配置”的原则进一步加快教育资源建设。

（7）产业基础雄厚，新兴产业优势明显

作为全国先进制造研发基地之一，滨海新区的工业产业基础雄厚，发展优势突出，制造业市场广阔。近年来，滨海新区主攻高端技术应用开发和产业化，深入推进京津冀协同发展和自由贸易区、自主创新示范区“双自联动”发展，在现代服务业、高新技术产业、航天航空等优势产业的发展上取得了显著的优势。航空航天、生物医药等知识产权产业化基地建设进展顺利，推进了知识产权成果转化。产业的发展也培育了一批优势企业，成为滨海新区自主创新发展的不竭动力。

（8）政策惠及多方，创新服务不断加强

过去的几年，滨海新区发布的创新政策涉及诸多方面，得到了众多知识产权主体的关注。从企业税收优惠、科技成果转化、科技金融、知识产权、创新人才等多方面入手，滨海新区为自主创新发展提供了强有力的政策保障，是“先行先试”特点的集中体现,有力地推动了滨海新区经济、科技和社会的全面快速发展。在今后的发展中,滨海新区应充分利用政策优势,通过“先行先试”的话语权进一步统筹资源,并以此来进行制度创新和管理机制创新,为知识产权主体提供更为优质的创新服务。

3. 建议

推动建设国家自主创新示范区的关键在于提升自主创新能力。自天津建设示范区以来,各级管理部门制定出台了大量围绕推动示范区建设的政策,规划方案中对如何提高示范区的自主创新能力也进行了很好的部署,包括打造产业创新中心、打造小巨人升级版、聚集高端创新要素、打造创新平台等措施。知识产权是创新的重要产出成果,加强知识产权保护更是保护创新成果的前提,为增强示范区知识产权综合能力,把示范区建设成为天津市知识产权的龙头和高地,为天津建设具有国际影响力的产业创新中心和创新型城市、知识产权强市建设提供重要支撑和保障,提出以下建议。

①加强研发活动的知识产权导向,提升企业的知识产权能力。

第一,加强重大项目和科技项目的知识产权评议。园区中实施的重大项目尤其是政府参与的项目要加强知识产权评议,避免出现知识产权纠纷。政府资助的科技研发项目,要提出知识产权的明确要求,有的项目甚至要把拥有专利作为项目结项的门槛,在完成研发项目时必须提出知识产权的明确要求。

第二,加强对拥有知识产权和品牌的新产品的培育,形成企业核心竞争力。建议在全市各个部门实施的新产品、“撒手锏”产品、名优特新产品培育中,加入对知识产权的要求,统筹全市产品培育工作,培育更多既有技术含量又有品牌的名牌产品,并形成核心竞争力,做强做优做大。

第三,要加大高新技术企业的培养力度,使更多的科技型企业通过高新技术认定。因为高新技术企业主要要求的是研发投入和知识产权,一旦经过高新技术企业认定,就必须要增加研发投入,并且必须要求形成核心产品的专利,尤其是发明专利。

②加强政策创新,尤其要对大学的职务发明专利权属进行政策创新,破解制约科技成果转化的瓶颈问题。

第一,创新职务发明专利权属。根据国外的做法,在申请的政策中明确发明人的权属,可在示范区的建设中进行政策创新,明确职物发明专利中发明人拥有一部分权属,更好地激励创新创业。

第二,落实好大学科技成果收益的奖励政策,对于在园区中实施的职务发明专利成果,兑现对科技人员的奖励政策,鼓励利用职务发明进行创业和转化。

第三,加强大学发明专利的管理,把各个发明人的专利统一纳入学校的科技成果管理,并积极与企业对接,加快向企业的转移和转化。

③加强自主创新示范区的知识产权创造、运用、保护和管理综合服务能力建设,

努力营造良好的知识产权保护环境。

第一,各个园区要高度重视知识产权工作,要纳入提高园区创新能力提升的重要日程,在人财物等各个方面提供全方位的支持。尤其要加强对知识产权的培训和对知识产权创造的政策支持。

第二,建议在每个示范区建立知识产权保护和服务机构,能够为企业提供创造、运用、保护和管理的综合服务,提高企业知识产权的综合运用能力。

第三,加强对示范园区的知识产权考核,把握知识产权规律,结合自创区发展实际,健全"一区二十一园"知识产权工作管理体系,建立知识产权工作考核评价体系,同时,探索建立知识产权与产业发展相结合的创新驱动发展评价指标。力争在示范区内形成良好的知识产权保护氛围,为提升自主创新能力做出贡献。

附录:自主创新示范区知识产权政策目录

1. 2015 年促进天津市知识产权服务业发展实施方案(2015 年 3 月 27 日)

2. 天津市财政局、天津市科学技术委员会、天津市教育委员会、天津市知识产权局关于开展市级事业单位科技成果使用、处置和收益管理改革试点工作的通知(2015 年 3 月 27 日)

3.《天津市知识产权局关于天津市专利密集产业园区培育工程工作的通知》【津知发管字〔2015〕12 号】

4.《天津国家自主创新示范区"一区二十一园"知识产权强区建设方案(2015—2020 年)》【津知发管字〔2015〕22 号】

5.《天津市知识产权战略行动计划(2016-2020 年)》【津政办发〔2016〕19 号】

6. 天津市知识产权局、天津滨海高新区管委会关于在滨海高新区推行《企业知识产权管理规范》实施工作的通知(2016 年 6 月)

7.《天津市知识产权服务业集聚区培育工作方案(2016—2020 年)》

8.《天津市知识产权局关于印发天津市专利试点示范园区评定和管理办法的通知》【津知发施字〔2017〕8 号】

第五章　面向产业的重大科技成果转化模式研究——以实验室为例

随着经济社会的快速发展，实验室的战略任务由科研攻关逐步转向对接产业需求，开展成果转化，有力支撑经济社会高质量发展。经过长时间的积累，实验室也产出了大量科技成果，具备支撑产业产品换代、技术焕新的基础。通过建立产学研协同攻关、技术转移等机制，实验室与科技企业、科技园区建立了密切合作关系，加速推进科技成果转化，成为科技成果支撑产业高质量发展的重要平台。

第一节　理论综述

针对实验室与产业发展之间的关系，各国学者分别围绕产学研协同创新理论、科技成果转移转化等维度开展了深入探讨。

（一）基于产学研协同创新的理论探讨

自 20 世纪 80 年代以来，产学研结合已经成为世界各国技术创新的主流模式，对推动科技进步和经济发展发挥了十分重要的作用。我国在加快建设世界科技强国的进程中，也明确提出了深化科技体制改革，建立以企业为主体、市场为导向、产学研深度融合的技术创新体系，加强对中小企业创新的支持，促进科技成果转化。实验室作为培养高层次人才、进行基础研究和高技术领域原始创新的重要基地，必须主动加强产学研合作，将科技成果转化为现实生产力，服务社会的同时也有利于自身发展（马陆亭，2010）。

1. 产学研协同创新视角下的实验室建设方向

学者围绕产学研协同创新背景下实验室的建设方向开展了深入研究。张春博、丁堃等（2014）提出目前工业实验室发展到第三阶段，众多小企业已广泛进入到基础研究领域，多数企业并非直接创建实验室，而是以合作项目的形式，参与到组织灵活、知识共享的联合虚拟实验室中。尤祖明、庄志洪等（2014）提出高校实验室体系应当区分教学型、科研型、公共服务型 3 种类型，其中，科研型实验室包括各类科研重点实验室、工程技术研究中心等，是开展产学研用合作的主要载体。吴敏、洪峰（2021）认为“双一流”高校实验室建设要与前沿科技和市场需求紧密结合，适应经济社会发展，服务国家和区域发展战略，开放共享实验室资源。

近年来,创新创业实验室成为高校实验室发展的重要方向,部分部属高校如清华大学、浙江大学和上海财经大学均在积极探索建立创新创业实验室,部分实验室已入选国家级众创空间,创新创业实验室通过对有创新创业计划或想法的学生进行技能训练、模拟经营和商业检验,帮助其将计划、想法转化成可孵化的雏形,提升其入驻商业孵化器后的创业成功概率(程聪慧、刘昱呈,2022)。

2. 产学研协同创新视角下实验室与区域创新体系的协同

部分学者聚焦区域或产业范围内如何以实验室为核心平台,通过机制设计推动产学研协同创新,提升区域或产业创新体系效能。如王海涛、梅雪松等(2018、2019)提出省级重点实验室构建基于"产业联盟—重点实验室—创新研究院"的新模式,打造以科技竞赛和项目合作为载体的产业公共服务平台,在此基础上提出建设以省级重点实验室建设为基础,以产业研究院为载体,建立以项目、竞赛、创业为核心驱动力的"三位一体、多元驱动"产学研模式,能够有效提升企业自主创新能力和产业核心竞争力。赵长禄(2019)提出要依托"一带一路"国际联合实验室等平台设立人才培养培训专项计划,坚持市场导向,以中资企业在"一带一路"国家投资以及产业合作、贸易往来为需求牵引,协调高校、科研院所等在人才培养方面予以定向推动。王勤(2021)认为应当推动校企合作、"产学研贸"融合,以系统化、全方位的创新将研发出来的新技术、新产品等成果即时投放市场,转化为新的生产力,形成"实验室+市场"的经济模式。

3. 产学研协同创新视角下的实验室机制设计

部分学者聚焦产学研模式下实验室内部管理机制、外部合作机制的具体设计。张军荣、袁晓东(2014)提出对于应用类科研项目,应当从立项开始就引入企业参与立项、研发和后续的应用推广。柯盛(2016)认为高校实验室应当从管理机制上保证教学、生产及研发等多功能有机结合,包括仪器设备的空间分配、教学科研人员的时间安排、实验室与企业技术人员的互通交流等;在合作机制上应当积极开展校内合作,将分散的实验室进行有机整合,开展校企合作组建"校企"实验室,开展校政合作,争取政策性经费支持。李素峰、刘炜(2017)等讨论了开放性实验室的机制设计,认为开放性实验室应当从管理模式、效果检验模式、校企合作模式、开放模式4个方面开展创新,其中管理模式包括创新服务,为学生提供更高质量服务、规范实验室管理等;开放模式主要研究实验室的开放形式、开放内容及效果;校企合作模式主要强化高校与社会企业的合作关系,探索培养"产学研用"协同创新的人才培养模式;效果检验模式主要是对协同创新成果进行检验。

(二)基于科技成果转化的理论探讨

科技成果转化在国际上更为通用的概念是技术转移(Technology Transfer)。技术转移是指技术在国家、地区、行业内部或之间以及技术系统内部输出或输入的活动过程,包括技术成果、信息、能力的转让、移植、引进、交流和推广普及。学者提出多种标准对技术转移进行分类,如以转移方向作为划分标准,可分为空间区位变化的双向技术交流和单向外部技术扩散;以空间位置变化情况作为划分标准,可分为国际转移、国内转移,一般更常见的是从发达国家或地区向发展中国家或地区转移。

1. 实验室科技成果转化制度设计

关于实验室科技成果转化制度,学者围绕国外科技成果转化政策的沿革、体系及演进方向开展了深入研究。吴卫红、董诚等(2015)梳理了美国科技成果转化的法律文件,提出放权让利、强化收入分配激励对科技成果转化具有显著推动作用。骆严、朱雪忠等(2016)从《莫里尔赠地法》开始,对《拜杜法案》《史蒂文森-怀德勒技术创新法》《联邦技术转移法》《国家竞争力技术转移法》到最新的《技术转移商业法》等美国技术转移政策进行了梳理分析,总结了美国大学与国家实验室技术转移政策之间的差异,提出《拜杜法案》更适用于美国大学的技术转移,通过"放权"激发大学师生开展成果转化的动力与活力,而《史蒂文森-怀德勒技术创新法》将技术转移规定为国家实验室的重要任务,通过"政府管理"模式,以政府主导推动国家实验室成果转化。马春燕、李洁(2018)提出美国实施的小企业创新研究(SBIR)计划和小企业技术转移(STTR)计划有力推动了美国联邦政府资助形成的科技成果转化。张华胜(2020)提出随着技术创新步伐的持续加快,产品生命周期随之缩短,颠覆性商业模式和新型战略合作伙伴关系加速形成,对《拜杜法案》实施过程中的监管障碍和行政效率提升提出更高要求,从加速产业发展、保持联邦政府研发软件的版权、保护商业机密、提升国家实验室技术转让监督与激励等方面提出了改革方向及对我国的启示。

结合我国科技成果转化立法与制度的实践,学者创新性地提出科技成果转化制度的完善方向与设想。如郭英远、张胜等(2015)研究了科技人员在科技成果转化中的收益分配机制,提出要依据"知识光谱"结合科技成果转化历程,考虑科技成果中隐性知识与显性知识的占比,参考美国国家实验室、研究型大学等固定比例分配模式或累进递减分配模式,制定符合科技成果特性且能提升科技人员积极性的分类规则。李国强、胡文安等(2022)提出构建科技园区"使能型"创新生态系统,从制度层面提出需强化知识产权保护与共享机制、创新收益激励机制、创新失败保障机制。刘慧、张晓东(2023)提出了科技成果转化"技术自由岛"的理念与路径,提出在"技术自由岛"内赋予科研人员完全所有权,最大限度突破国资监管、收益分配等束缚,促进以科研人员为中心的科技成果转化。

2. 实验室科技成果转化模式、绩效及其影响因素研究

以国家实验室为例,实验室的科技成果转化模式可以按照创新维从"封闭"到"开放"和实践维从"远离市场端"到"亲历市场端"划分为四种,包括技术授权(如专利授权或转让、版权特许等)、合作研发(如国家实验室与工业界实验室联合开展技

术攻关)、商业衍生(如依托实验室关键技术成立初创公司或以大型国家实验室为核心的科技园)和价值网络(包括从生产到消费过程中的一系列参与者)。影响技术转移效率的因素可划分为转移主体(如内部文化、科技人才资源、技术角色、行政冗余、组织规模等)、转移媒介(如项目数量)、转移物、转移受体(如企业能力等)、需求环境(冯伟波等,2019)。戴少杰(2020)讨论了国防科技重点实验室技术转移的制约因素,指出国防科技重点实验室的技术转移存在"被动转移""不愿转移""不能转移"等典型问题,其制约因素在于存在行业管理体制、科研生产体制障碍以及市场结构、供需结构、利益结构等结构性矛盾。

部分学者探讨了关键机制对科技成果转化绩效的影响。寇亚迪、陈雨生(2020)提出外部融资渠道有限、科技金融生态不健全会导致国家实验室在成果转化过程中面临较大融资约束。吴鹏飞、林筠等(2022)提出实验室验证作为新技术是从开发阶段转移至规模化生产的重要过渡环节,对科技成果转化绩效具有正向作用。张俊艳、雷玲等(2022)运用合成控制法,探讨了科技成果使用权、处置权和收益权"三权"下放对科研院所专利技术转移的影响,研究结果显示,"三权"下放提高了科研院所专利转移绩效,尤其是对专利出售收入的促进作用大于对专利出售数量的作用,研究提出了进一步深化"三权"下放改革的未来方向,包括建立尽职免责机制、健全职务科技成果转化收益分配机制、建立专业化技术转移办公室等管理机构。

3. 实验室科技成果转化路径研究

学者围绕顶层设计优化、创新主体协同、中介组织创新、优化实验室管理等角度对实验室科技成果转化路径进行了深度探索。黎晓东、孟潇(2020)提出美国、欧盟积极探索科技成果转化新模式,大力实施概念验证计划,提出强化央地协同,采取多样组建方式等建设实验室概念验证中心。乔为国(2021)提出可以通过建设产业创新实验室(I2Lab),克服目前高校科研院所技术转移办公室、产业技术研究院和科技企业孵化器三种典型科技成果转化平台模式的问题,构建科技成果转化"钻石体系"生态体系。李冬焱、刘新财等(2022)基于专利池模式,提出加快引入社会第三方专业机构,紧密联系科研工作与经济社会发展,形成有效的专利池合作机制。王文婷、刘克宁(2023)基于协同治理视角,提出政府应当优化顶层设计和制度保障以提供良好的支撑体系,"产、学、研、用"综合创新体分别负责具体实施理论研究、应用研究、研发、中试等环节,成果转化部门、实验室等技术支持主体和推广营销主体等,则通过专利布局、优化资源要素配置搭建起内部服务保障体系。

第二节　国内外实验室科技成果转化实践

先进国家和地区通过实施企业技术转移专项计划,推动实验室建立技术转移机构、技术转移联合体,与企业共建联合实验室等模式,加快实验室技术向企业转移,推动企业创新技术应用,带动区域产业发展。

(一)国外实验室技术转移实践探索

美国、英国、法国等均建立了涵盖制度、项目、机构等相对完善的技术转移体系,支持实验室与企业开展合作研发,向企业转移技术。

1. 美国国家实验室技术转移实践探索

美国国家实验室持续完善相关法律,通过立法明确技术转移是国家实验室的重要任务并从专利权归属、成果转化激励分配等方面为实验室技术转移提供了制度保障,设立专项支持小企业参与实验室合作研发,建立多级分类技术转移平台,规划建设科技园区,从制度、资金、服务机构、空间等方面进行诸多有益探索,有效推动了美国国家实验室的技术转移。

(1)强化立法约束,明确国家实验室技术转移职责与机制

1980 年,美国出台《拜杜法案》(*Bayh-Dole Act*),统一联邦专利政策,将由联邦政府资助形成的知识产权下放给项目实施者,例如大学、联邦实验室等非盈利性机构、小企业等,通过"放权"推动科研成果转化。而美国联邦实验室作为承担国家战略科研任务的研究机构,技术开发及转让并非其主要任务, 1980 年《史蒂文森-怀德勒技术创新法》(*Stevenson-Wydler Act*)出台,明确了联邦实验室必须将技术转移作为其重要任务。

《史蒂文森-怀德勒技术创新法》及 1986 年出台的《联邦技术转移法》从转移平台、产学研协同、绩效考核及激励机制等方面进一步规定了实验室技术转移的基本制度:一是增设技术管理与应用部门,由商务部设立技术管理部门,预算超两千万美元的联邦实验室均需设立技术开发与应用办公室,组建联邦实验室联盟(Federal Laboratory Consortium, FLC);二是启动合作研发协定(Cooperative Research and Development Agreements, CRADAs),允许国家实验室与企业、大学、州政府等实体共同开展合作研发,允许实验室给予合作方专利授权、转让授权或其他权利;三是建立绩效考核制度,对国家实验室、科学家、工程师等开展技术转移工作的情况开展绩效考核,国家实验室需制定技术转让年度报告;四是建立激励制度,明确国家实验室技术转移收益可奖励给实验室科学家、工程师等。

后续年间,美国持续推进相关立法完善,扩大相关技术转移机制的覆盖范围,细化相关规定,增强对实验室技术转移的推动强度、激励和考核力度。日益成熟的法律体系为国家实验室技术转移提供了稳定的发展环境,奠定了制度基础。相关法律法规情况如表 5-1 所示。

表 5-1 美国技术转移相关法律法规

时间	法律名称	法规内容
1980 年	史蒂文森-怀德勒技术创新法（*Stevenson-Wydler Act*）	要求国家实验室推进技术发明向非政府机构转移
1980 年	拜杜法案（*Bayh-Dole Act*）	允许小企业、大学或非营利性研发机构获得由政府资助取得的发明所有权，同时规定商业性组织可以获得政府所有、政府运营（Government-Owned，Government-Operated，GOGO）的国家实验室的独占专利授权。小企业、大学、非营利性研发机构等受资助单位应履行及时披露研发成果、及时申请专利等义务，需在美国境内实现相关专利产品主体部分的大量生产
1984 年	国家合作研究法（*National Cooperative Research Act*）	建立评估合作研究反垄断影响的合理机制，鼓励企业开展合作研发
1984 年	专利和商标说明法（*Patent and Trademark Clarification Act*）	是对 1980 年出台的《史蒂文森-怀德勒技术创新法》和《拜杜法案》的进一步修订，推动专利许可对技术转移的支持
1986 年	联邦技术转移法（*Federal Technology Transfer Act*）	启动合作开发协定（CRADAs），允许联邦实验室与外部机构合作，共同协商约定实验室产出专利的相关权属，规定每个国家实验室需以 0.5%的预算促进科技成果转化，突出对科技人员的分配激励，科技人员的技术权益不少于技术转移收益的 15%
1989 年	国家技术转让竞争法（*National Competitiveness Technology Transfer Act*）	是对《联邦技术转移法》的修订，扩大了 CRADAs 的适用范围，将政府所有、承包商运营（Government-Owned，Contractor-Operated，GOCO）纳入 CRADAs 中，增加了保密相关规定
1993 年	国家合作研究与生产法（*National Cooperative Research and Production Act*）	放宽了对合作研究者开展合作生产经营的限制
2000 年	技术转移商业化法（*Technology Transfer Commercialization Act*）	强化了 CRADAs 许可的权力，提高了对私有企业的吸引力。完善了联邦机构对技术转移活动的报告和监督程序

（2）实施专项计划，推动实验室与中小企业合作

美国联邦政府为推动实验室、大学等与高新技术企业合作，推动创新成果产业化，实施了美国小企业创新研究（The Small Business Innovation Research，SBIR）计划和小企业技术转移（The Small Business Technology Transfer，STTR）计划，这两类计划已实施超 40 年，最近一次的延长法案于 2022 年 9 月通过，将支持计划延长至 2025 年 9 月 30 日。这两项计划每年向 4 000 家小企业投资约 40 亿美元，支持小企业参与技术研发，服务政府资助技术的成果转化与商业化，带动商业领域进行技术创新与产业发展。

项目始于 1977 年，美国国家自然科学基金（National Science Foundation，NSF）

开启 SBIR 计划，通过联邦机构投入资金以支持中小企业进行技术创新，利用中小企业的商业化能力使联邦部门的创新成果在私营部门市场化。1982 年，美国通过《小企业创新发展法案》（*the Small Business Innovation Development Act of* 1982），以立法明确规定年研发经费超过 1 亿美元的联邦政府部门，每年必须拿出不少于 0.2%的研发经费用于支持小企业进行技术创新，到 2017 年这一比例已上升至 3.2%，且持续至 2023 年。目前，参与该计划的联邦政府部门涵盖了美国国防部、能源部、卫生及公共服务部、国家航空航天局和国家自然科学基金会等 11 个机构。通过实施 SBIR 计划预期达到以下目标：一是以小企业的参与激发技术创新活力；二是强化小企业在满足联邦研发需求方面的作用；三是进一步推动联邦研发资金支持的技术创新通过私营部门实现商业化。

获得 SBIR 支持的企业通常须符合以下条件：必须是独立经营的营利性公司，公司雇员数量少于 500 人，至少是美国公民或取得永久居住权的人。SBIR 会分两个阶段对小企业予以支持：第一阶段支持周期为 6 个月，支持金额不超过 10 万美金，用于支持小企业验证其商业想法的可行性；第二阶段支持周期约为 2 年，从获得第一阶段支持的企业中筛选一半企业进行第二阶段的支持，支持金额约为 75 万美元。表 5-2 罗列了历年来 SBIR 项目的支持金额。

表 5-2 SBIR 项目支持金额

年份	第一阶段资助金额	第二阶段资助金额	占研发经费比重	年份	第一阶段资助金额	第二阶段资助金额	占研发经费比重
1983	64	0	0.2%	1992	530	916	1.25%
1984	150	388	0.6%	1993	664	950	1.5%
1985	266	407	1.0%	1994	694	961	1.5%
1986	388	564	1.25%	1995	847		2.0%
1987	442	768	1.25%	1996			2.0%
1988	472	711	1.25%	1997			2.5%
1989	502	749	1.25%	2017			3.2%
1990	513	837	1.25%	2022			3.2%
1991	518	788	1.25%				

说明：资助金额单位为百万美元，数据来源自美国中小企业局报告。

在项目执行十余年后，美国国会小企业委员会认为 SBIR 在支持小企业与大学、研究机构、联邦实验室等技术合作方面存在不足，小企业难以承接以上机构研发的大量科技成果，故而于 1994 年开始实施小企业技术转移计划（STTR），以更直接的方式支持小企业与研究机构合作。STTR 规定研发经费超 10 亿美元的研发部分，需将其中的 0.15%用于支持小企业与研发机构的技术转让、合作项目。STTR 计划的目的是创新机制，将有商业化前景的技术发明从研究机构转移到市场，推动以研究机构为核心动力带动经济发展。通过实施 STTR 计划预期达到以下目标：一是推动小企业与研究机构优势互补，发挥小企业的经营优势与研究机构的技术优势；二是强化公共研发部门与私营部门的合作伙伴关系；三是推动小企业在联邦研发活动中发挥更多作用；四是培育优质创新生态。相较于 SBIR，STTR 更加注重支持小企业与研究机构、联邦实验室等合作，通过约束项目的申请主体及每阶段各类主体的任务量，强化支持导向。表 5-3 罗列了 SBIR 和 STTR 在项目管理方面的主要区别。

表 5-3　SBIR 和 STTR 计划项目管理区别

	SBIR 计划	STTR 计划
申请主体	允许、鼓励研究机构参与项目	企业自身拥有较强研发能力，必须与大学、研究机构、联邦实验室等非盈利性研究机构合作
企业研发人员比例	需保证来自小企业的研发人员占比达到 50%以上	无须保证来自小企业的研发人员占比 50%以上
第一阶段工作要求	至少 2/3 的工作由小企业完成，另外 1/3 可由顾问或转包机构完成	至少 40%的工作由小企业完成，至少 30%的工作由非营利研究机构完成，另外 30%的工作可由小企业、非营利性研究机构任何乙方或顾问、转包机构完成
第二阶段工作要求	至少 50%的工作由小企业完成，另外 50%可由顾问或转包机构完成	与第二阶段一致

通过 STTR 计划，以资金和项目为纽带，将政府，大学、实验室等研发机构，企业紧密联系在了一起，借助政府的力量推动小企业与研发机构协同，加速知识资本化、产业化，产生了一批成功的产学研合作案例，例如硅谷、128 公路等科技园区的诞生，在提升国家整体创新绩效的同时带动经济迅速发展。

（3）强化中介机构建设，搭建中介服务平台体系

技术成果从科研机构走向市场，需要中介机构开展专业的信息披露、价值评估、市场推广、技术许可等诸多工作。美国搭建了以政府转移机构为主导、民间转移机构为支撑的中介机构体系。

其中，国家技术转移中心（The National Technology Transfer Center，NTTC）重点服务政府资助产生的科研成果走向市场，实验室联盟（Federal Laboratory Consortium，FlC）是由联邦实验室及其上级机构组成，成员之间共享技术信息资源。各州政府成立的区域技术转移中心（Regional Technology Transfer Centers，RTTCs）主要服务

本地区研究机构的成果转化，当区域范围内的技术供给与需求难以匹配时，就会向NTTC申请资源。美国研究型大学会设立技术转移办公室（Office of Technology Licensing，OTL），服务本校的技术转移。大学技术管理者协会（Association of University Technology Managers，AUTM）可将大学OTL和企业的技术负责人连接起来，实现大学和企业的技术信息资源共享交互。通过中介机构平台体系搭建信息网络平台、开展专题培训、发行相关刊物、专利披露与营销等方式，宣介推广各类科技成果信息，服务有意向的企业与研发机构达成合作意向，顺利开展转化工作。

作为国家实验室转化科研成果的重要平台，国家实验室联盟的组织机构、运行机制尤其值得关注。FLC由美国海军武器中心下设的技术利用办公室发展而来，1986年《联邦技术转移法》官方授权其为从事国家实验室技术转移工作的准政府性组织。截至2015年，FLC已拥有成员单位343家，各类研发设施装备2 584套。FLC建立了三级网络化组织架构。第一层级是执行委员会和国家咨询委员会，是FLC的管理机构，确定组织政策和方向；第二层级是区域分布，共分为六个细分区域，由区域协调员（Regional Coordinator，RC）等负责协调执行委员会与成员机构，管理技术转移工作；第三层级是成员，主要包括机构和个人，机构主要为国家实验室，个人一般为国家实验室的代表。FLC的建设目标包括教育培训、市场拓展、政策指导及宣传推广，采取以下措施服务国家实验室开展技术转移：一是建立了国家实验室技术转移数据库，包括实验室实施的项目、成果、设施等资源；二是建立线上平台，服务实验室技术面向全球转移；三是举办技术转移专业培训，为会员联系技术转移专家，帮助实验室对接技术转移资源；四是制定技术转移手册等指导文件，用于指导会员实践。

（4）创建专业园区，打造实验室合作伙伴聚集地

在实验室周围规划建设科技园区，服务企业共享利用实验室资源，拓宽实验室成果转化渠道。已有诸多国家实验室探索建设科技园区，例如桑迪亚国家实验室于1998年成立了计划办公室和开发公司，启动建设桑迪亚科技园（Sandia Science & Tech Park，SS&TP）。园区占地340英亩（1英亩≈4 046.86平方米），毗邻桑迪亚国家实验室和柯特兰空军基地（Kirtland Air Force Base）的空军研究实验室（the Air Force Research Laboratory，AFRL），园区内的企业能够与这些顶级实验室就技术、产品和服务开展合作。截至2020年，园区已为新墨西哥州创造了1.475亿美元的税收，为阿尔伯克基市创造了3 200万美元的税收，带来了64亿美元的工资增长，对当地经济作出了重大贡献[①]。

此外，在加利福尼亚州利弗莫尔市，桑迪亚国家实验室的第二个主要基地，也与相邻的劳伦斯利弗莫尔国家实验室开启了相似的产业化渠道探索，建设利弗莫尔谷开放校园（the Livermore Valley Open Campus，LVOC），用来促进国家实验室与外部

① 数据来源：桑迪亚科技园带动经济增长。www.eurekalert.org/news-releases/608419

伙伴的合作，为实验室与企业的顶尖人才提供合作的物理空间。

2. 德国实验室技术转移实践探索

在德国，除高校外的科研组织是最重要的基础和前沿领域研究的科研力量，是国家长期战略性重点研究项目的主要承担者，包括马克思·普朗克学会（MPG，马普学会）、弗劳恩霍夫应用研究促进协会（FhG）、亥姆霍兹国家研究中心联合会（HFG）等。这些研究机构的经费大部分来自德国联邦和州政府财政拨款，以“责任有限公司”“基金会”或“注册社会团体”的形式出现，实施自主管理。这些科研组织同时也是科学界、产业界密切结合的核心平台，通过构建技术转移机制，支撑德国产业界创新，形成创新集群。

（1）成立专业技术转移机构

四大科研组织在高度注重基础研究、应用基础研究的同时，也在不断推进技术转移工作，成立专业技术转移机构，处理科研组织的知识产权和技术转移事务，如马普学会的马普创新公司。这些专业技术转移机构立足技术转移全过程的各个环节，采取多元化技术转移模式，建立投融资机制，积极融入全球合作网络，打造功能完善、运行高效的技术转移服务体系。

马普学会成立了马普创新公司（Max-Planck Innovation GmbH）。马普创新公司开展企业化运作模式，经营灵活，由马普学会承担公司运行的经费，包括聘请专家、日常管理、项目支持和宣传公关活动等，但是其技术转移所得收入全额上缴，再由马普学会进行统一分配。马普创新公司建立了多层次的技术转移服务体系，为科研人员提供前沿技术转移信息、知识产权咨询服务；帮助科研人员聚焦潜在产业化需求开展技术研发，提高技术转移成功率；指导孵化高科技企业，助力开展商业模式设计、财务规划和经营战略制定；拓展多元化资金支持，吸纳国际化金融资本成立种子基金，指导高新技术企业获得风投注资、上市融资等。

弗劳恩霍夫协会设立了知识产权商业化中心（Zentrale IP-Kommerzialisierung），负责协会的知识产权开发和转化工作，下属各研究所承担相关费用。亥姆霍兹联合会在联合会层面成立了技术转化和产权保护工作组（AK TTGR），由来自 18 个研究中心的成果转化和专利管理方面的专家组成，联络组织各研究中心的成果转化工作，在各研究中心层面设立了技术转化办公室，具体负责各中心科研成果的保护和开发利用。

（2）建立明晰的收益分配机制

技术转移涉及科研人员、研究机构、企业等多方主体，建立明晰的收益分配机制有利于激发各方活力，提升技术转移成功率。四大研究组织均规定其研究人员的发明为“职务发明”。政府资助形成的知识产权属于协会，除非学会经评估认为不需要申请知识产权保护而将申请权利授予发明者。企业委托项目形成的知识产权属于协会，但一般授予企业免费的普通许可使用权，这种权属安排有利于保障企业的利益，同时有利于激发科研机构的创新积极性。

马普学会的技术成果转化收益由马普学会负责分配。一般将成果转化收益的30%奖励给发明人，37%分配给发明人所在研究所，学会留存33%并从中抽取一定比例分配给马普创新公司。

弗劳恩霍夫协会的成果转化收益也由协会分配。其中，20%奖励给发明人，55%分配给发明人所在研究所，协会的知识产权商业化中心获得25%用于维护中心运营。协会可以以低于25%的比例投资技术转让项目或新成立的技术公司。

亥姆霍兹联合会下属各研究中心是独立的，由各研究中心自行分配成果转化收益。一般在扣除10%的发明专利注册成本后，将30%分配给发明人，余下的60%平均分配给发明人所在的研究所和研究中心。各研究中心或下属研究所还可以参股投资技术转让项目，参股金额不超过项目总投资的30%。

（3）融入全球合作网络

德国科研组织通过自身专营机构或依托其他国际化平台，积极对接全球资源，构建覆盖全球的产学研互动网络，拓宽技术转移市场范围。例如马普协会的马普创新公司，搭建了其下属各研究所与国内外政产学研金等各方交流沟通的平台，强化信息交流与协同创新，同步举办各类学术沙龙、专题讲座、项目成果发布会等，开展技术成果咨询、对接、转让等服务，加速技术转移及商业化过程。

参与欧洲创新驿站网络（Innovation Relay Center，IRC），提高机构创新声誉，改进产品和流程，链接全球企业和机构，向欧洲、美洲、亚洲、大洋洲和非洲的诸多国家开展技术转移。

3. 日本实验室技术转移实践探索

日本形成了以理化所为代表的日本实验室体系。理化所是日本自然科学研究综合机构，从事从基础研究到应用开发等研究活动，肩负承担高水平研究任务的职责使命，取得了一系列世界顶尖研究成果。这得益于其完善、系统的技术转移体系，理化所的技术转移活动长期稳定处于高位水平，其技术转移体系对我国具有重要借鉴意义。

（1）构建完善制度体系

从国家宏观层面来看，2015年4月，日本政府出台了《独立行政法人通则法》修正法案，将国立研究开发法人从独立行政法人中划分出来，单独制定符合研究开发规律的管理制度，最大程度释放研究机构创新活力。从机构内部层面来看，为服务科技成果转移转化，日本理化所建立了全面覆盖知识产权申请、奖励和运用等方面的管理规章，构建了以技术转移流程为主体、以知识产权为抓手的工作机制体系。

（2）组建专业化管理机构

理化所相继成立了技术转移办公室（The Technology Transfer Office，TTO）、知识产权战略中心（Centre for Intellectual Property Strategies，CIPS）、创新中心（RIKEN Innovation Center，RINC）、理研创新（RIKEN Innovation）等多个主体，形成了由研究所内设机构、非法人单元和企业法人组成的多类型技术转移参与主体，实现了科技研发与市场活动之间的高效沟通，加深了研究机构与市场主体之间的合作关系。

其中，知识产权战略中心负责理化所的技术转移、产学研合作和知识产权事宜，承担知识产权保护及推动各研究所科研成果商业化的工作。创新中心负责深化研究人员与各类型市场主体之间的沟通和联系，为各研究所提供技术转移转化服务。组建涵盖管理、服务和监督等功能的管理机构，强化科技成果转移转化的组织保障。理研创新是理化所建立的全资子公司，承担理化所知识产权发展战略规划及知识产权许可、转让等管理工作，并为技术孵化成立的初创企业提供支持。

（3）实施专项产业合作计划

理化所通过各类合作计划（如接力棒区计划、工业共同创造计划等）加强重点产业领域中学术界和工业界的合作，建立完善的研发网络，增强产业创新能力。旨在通过各种类型的合作计划加强重点产业技术领域中学术界和工业界合作，建立、完善研发网络，增强企业和国家的创新能力。通过开展接力棒区计划（RIKEN Baton Zone Program）和工业共同创造计划（RIKEN Industrial Co-creation Program）来推动理论界与产业界的合作。

接力棒区计划通过与合作公司共同建立协作中心，结合合作公司需求，应对中长期挑战，共同开创新的研究领域，并在理化所创新文化与产业相结合的环境中培养人才。其中，接力棒区是指从基础研究、应用研究到技术转让和实际应用的接力，通过共享专利、研究论文等显性知识以及隐性知识，推进技术的顺利转让和实际应用。截至 2023 年 5 月，理化所已经建立并运行了六个协作中心。包括大冢制药协作中心、丰田协作中心、富士通协作中心等。

针对日本社会关注的社会老龄化问题以及相关的产业技术领域，理化所建立了多项有针对性的合作研发计划："药物发现和医学技术平台计划"（RIKEN Program for Drug Discovery and Medical Technology Platforms，DMP）"预防医学和诊断创新计划"（RIKEN Pre ventive Medicine and Diagnosis Innovation Program，PMI）"健康生活综合研究指南计划"（Compass to Healthy Life Research Complex Program，RCHI）以及"医学创新中心计划"（Medical Sciences Innovation Hub Program，MIH）等。

（二）国内实验室科技成果转化实践探索

目前国内各省实验室为独立法人机构，在科技成果转化方面拥有更大自主权。本部分通过分析广东、江苏等省实验室在对接支撑产业、优化科技成果管理等方面的经验，总结实验室在推动成果转移转化、支撑区域高质量发展方面的经验。

1. 广东省实验室：强化产业科技策源

面向科学前沿与基础研究，聚焦战略急需与产业支撑，自2017年底起，广东省委、省政府率先启动建设3批共10家省实验室。省实验室不同于现有高校、传统科研院所的运作模式，它是一种全新的科研组织，创造性地开展制度设计。通过以下建设路径，省实验室为当地产业提供科研支撑，利用研究成果孵化科技企业，加速成为各地产业升级的新引擎。

（1）领域选择面向当地优势产业

在首批建设的4家实验室中，深圳鹏城实验室聚焦通信与人工智能，广州生物岛实验室聚焦再生医学与健康，佛山季华实验室专攻先进制造，东莞松山湖材料实验室深耕材料科学，这些均为当地的优势支柱产业，省实验室的设立旨在解决优势产业发展中的共性技术难题。

（2）建设模式扩大应用范围

结合各地产业的实际特点，在启动建设的省实验室中，采取了"核心+网络"或"主体+分中心"的组建模式，即由一个单位承建核心实验室，并在多个地市设立分中心，扩大科研成果在各地的转移转化范围。例如化学与精细化工广东省实验室在汕头、潮州、揭阳三地以"核心+网络"的模式建设了3个实验室，南方海洋科学与工程广东省实验室则在广州、珠海、湛江三地平行建设了广州海洋实验室、南方海洋实验室和湛江湾实验室。

（3）深化实验室与企业合作

实验室坚持基础研究与产业转化"两条腿"走路，促进创新链与产业链深入融合。例如松山湖实验室与中国中建科创集团有限公司、中铝科学技术研究院（中央研究院）等企业签订合作协定，未来将在多个领域开展深度技术合作；搭建"众创空间—孵化器—加速器"全链条创业孵化载体，发起成立产业化公司38家，注册资本已达到3.15亿元；深圳湾实验室设立了坪山生物医药研发转化中心，已建立10余个药物研发管线，组建化学技术平台、靶点科学平台等，为科技成果转化提供技术支撑；湛江湾实验室提供虾种苗培育技术支持，打造养殖工艺试验船，服务当地远海养殖产业等。

2. 江苏省实验室：项目全程邀请企业参与

2020年5月，江苏省重大科技创新平台建设工作领导小组印发《江苏省实验室建设工作指引（试行）》，以国家目标和科技前沿为导向，加强超前谋划和前瞻布局，省地联动推进江苏省实验室建设。先后布局建设了南京网络通信与安全紫金山实验室、苏州材料科学姑苏实验室和无锡深海技术科学太湖实验室。以姑苏实验室为例，探索机制创新，吸引企业投入、参与基础研究，加快推进成果转化。

一是创新"揭榜挂帅"项目管理机制。通过联合立项和"揭榜挂帅"，积聚高科技企业的高级人才资源，为实验室培养出一批能够解决重大科技问题的科研团队。立项项目均设有项目总指挥、项目总师和项目总务，总指挥一般由企业方担任，负责把握项目的总方向，确保项目能够真正地服务产业化；总师则负责解决项目的科学问题、技术难题；总务则是“后勤总管”，通过“铁三角”组合，带领团队协同进行科研攻坚。

二是创新成果前置交易机制。姑苏实验室坚持以需求和问题为导向，以国际前沿为靶场、国家战略为靶盘、产业需求为准星，进行材料科技领域的重大科技攻关项目立项。通过成果交易前置，将产业需求和国际前沿、国家战略目标连接成一体，推动项目快速形成突破性和引领性成果，企业继而开启技术成果的转化和进一步的商用，实现技术与需求的无缝对接，在大幅度提升科技成果转化率的同时，大大缩短整个研发周期。在项目开启之初，企业即要“真金白银”投入，为基础研究注入资金“助攻”。不只是经费来源的多元投入，更是“人才、资本、机会、思想”创新要素的多元化和参与主体的多元化投入。企业的资源也要投入到前瞻性的研究上来。

三是创新知识产权共享模式。姑苏实验室设计并提出“G-STEP”分步式知识产权共享模式，企业在一定时间内“优先排他转化”，可以申请转移全部知识产权的所有权。如果企业在约定时间内未能实现自主实施，知识产权会为实验室与企业共有，实验室将主导搭建“知识产权生态共享池”，以实现共有知识产权的生态式转化。

3. 福建省实验室：强化科技成果产业化运营

福建省近年来分两批启动了 6 个省实验室建设，2019 年授牌闽都创新实验室、嘉庚创新实验室、清源创新实验室、宁德时代创新实验室，2021 年启动翔安创新实验室和海峡创新实验室。其中嘉庚创新实验室是投入最多、体量最大、定位最高、体制最活的创新平台，通过完善制度、创建孵化基地等方式推动科技成果转化，强化面向产业、支撑产业的科技成果运营。实验室已创办一批高技术企业，推动新技术商品化和新企业孵化。

一是构建全面对接市场的体系架构。面向产业制定了产业化项目评价机制和转化运营管理办法，成立科技产业化运营委员会、注册成立嘉庚实验室科技产业发展（厦门）有限公司，从政策指导、决策机制、公司实体三个方面全面建立对接市场的产业运营体系。

二是吸引国内外创新团队、龙头企业、智库、技术中介、投资机构等打造创新创业创造的生态圈。建设科技平台、支撑平台、管理平台和运营平台四大平台，搭建“矩阵式”管理组织架构，当项目入驻实验室后，即可获得研发智力资源、设备设施和技术服务、行政综合保障、市场战略、产业资源等支持。

三是设立了产业孵化基地，为产业化项目提供小试、中试的工程试验环境。实验室现已建设微纳加工平台、电子显微平台、谱学分析平台、智能计算平台、超级干燥室等公共服务平台，建设了未来现实技术研究院、仪器与设备研发中心、氢能与燃料电池平台、软包电池平台等特色研发、中试平台。

第三节　天津市实验室科技成果转化现状及问题

2020 年底，天津启动海河实验室建设，截至目前已分两批建设了现代中医药、先机计算与关键软件（信创）、细胞生态、合成生物学、物质绿色创造与制造、脑机交互与人机共融 6 家海河实验室。随着国家重点实验室的重组、市级重点实验室的提质扩容，目前天津已形成了以国家重点实验室为前沿引领、海河实验室为核心载体、市级重点实验室为基础的实验室体系。

（一）天津市实验室科技成果转化现状

通过面向产业应用实施科研项目、联合龙头企业共同开展科研攻关、搭建孵化产业化平台等方式开展成果转化，取得了一系列显著成效。由于各类实验室中仅有海河实验室为独立法人，享有科技成果转化更大自主权，在科技成果转化方面积累更多经验，本部分重点围绕海河实验室，结合部分国家重点实验室、市级重点实验室若干案例，梳理分析天津市实验室科技成果转化现状。

1. 探索专利转让、联合攻关模式，技术转移渠道不断扩大

专利转让是实验室向企业开展技术转移、转化成果的主要渠道。实验室将市场化度比较高的技术向企业转让，由企业生产，实验室实现自身转化收入的同时带动企业新产品销售收入的增长。如某重点实验室开展某新药的药学研究和临床研究，在获批上市后通过技术转让的方式交付给药企进行产业化，实验室获得技术转让收入，预计该药物投产后，药企 3 年内销售收入将突破 1 亿元。

实验室通过共同开展项目研究、共建联合研究院等形式与企业开展联合攻关，在服务企业新产品销售收入增长的同时，培养企业研发人员，服务企业研发能力不断提升。如某企业重点实验室与天津大学等高校合作研制了节能与新能源汽车核心零部件，大幅改善企业工艺技术和产品质量，提高了产品在国内外市场的占有率，同时培养了具备丰富经验的研发技术团队；某重点实验室与行业龙头企业集团共建联合实验室，共同攻坚产业关键共性技术难题，共同开展高端人才培养，共享实验室仪器设备等。

2. 搭建科技成果孵化平台，实验室成果孵育能力逐步提升

实验室积极搭建孵化、产业化平台，强化对实验室内外部成果的孵化转化，孵育创新型科技企业。如依托中国医学科学院血液病医院（中国医学科学院血液学研究所）建设的细胞生态海河实验室，全资成立了载体平台运营公司天海未来，将依托实验室科技创新资源、细胞生态领域关键技术和全产业链运营能力，整合行业内科技、

企业和金融优势资源，建设细胞产业转化基地，目前已建设了 15 个孵化单元，将打造成为我国北方最大的细胞与基因治疗 CMC 生产基地，支撑滨海新区高新区细胞谷建设。

3. 组建实验室创新发展联盟，实验室-企业对接平台进一步升级

为充分发挥实验室体系科研、成果、人才等优势，加快构建“人才驱动+基础研究+技术攻关+成果转化+科技金融”的创新生态，在海河实验室创新联合体基础上，吸纳全国重点实验室、省部共建国家重点实验室、市级重点实验室、科技和金融服务机构，组建了天开实验室创新发展联盟，打造优势互补、要素互通、联合协作、共促发展的高水平合作交流平台。天开实验室联盟旨在以全国重点实验室为前沿引领、实验室体系为核心支撑、市级重点实验室为转化载体，推动我市创新链引领带动产业链高质量发展，建立实验室体系精准服务天开高教科创园的赋能新机制。截至目前，天开实验室创新发展联盟已吸纳天津市 447 家实验室和服务机构，包括 18 家国家级创新基地、6 家实验室体系、377 家市级重点实验室、46 家科技和金融服务机构；汇聚 107 名院士、300 余名杰青和长江学者、14 000 余名科研人才。

3. 强化政府引导激励，科技成果转化生态持续优化

通过强化财政资金引导作用、完善区域科技成果转化制度体系、健全区域科技成果转化服务体系等方式，加强对实验室面向产业开展科研、转化科技成果的引导与激励，优化实验室科技成果转化生态。

（1）发挥财政资金引导作用，推动实验室面向产业研发转化

以海河实验室为例，对海河实验室以财政资金支持的项目予以引导，推动实验室面向产业开展研发及科技成果转化。一方面，引导实验室面向产业需求选立科研项目，更加聚焦国家重大战略需求及天津市经济社会发展需求，重点解决产业关键共性“卡脖子”的科研项目难题。海河实验室首批立项的 119 个项目中有 80%以上的项目面向产业，支撑天津重点产业高质量发展和“制造业立市”；另一方面，引导实验室面向产业设置应用示范项目，支持实验室科技成果在天津市迅速进行推广应用。如实施“吸入用新冠疫苗护津城”科技示范项目，由合成生物学海河实验室联合其理事会单位康希诺生物共同立项，支持吸入用新冠疫苗规模化推广应用，推动创新链产业链深度融合。

（2）完善区域科技成果转化制度体系

天津市科技成果转化制度体系持续优化。《天津市促进科技成果转化条例》已修订，制定了促进科技成果转化后的补助办法，出台将职务科技成果转化现金奖励纳入绩效工资管理等重要政策和措施，破解了成果转化的难点堵点。制定了技术经纪专业职称评价标准，推动首批技术经纪人获得专业技术职称，提升了对技术经纪人这一专业队伍的激励。

（3）完善区域科技成果转化服务体系

建成了天津市科技成果展示交易运营中心，遴选发布成果、技术需求 1 000 余项，为企业融资 3.1 亿元。在天津市产权交易中心上线技术产权、股权交易系统，66 项成果进场交易。同时，还开展了技术经理人、科技成果评价师等技术转移人才培训 1 214 人次，“科技成果俏津门”、科教产业融合对接会等系列活动 20 余场，直接加速了技术要素市场化流动。

（二）天津市实验室科技成果转化存在的不足

相较于国内外其他实验室，天津市实验室在与企业联动、实施科技成果转化方面仍然存在不足。

1. 实验室成果在本地转化仍然不多

部分实验室成果转化至北京、山东、江苏等区域，以天津大学为例，转让给本地企业的发明专利占比为 33.8%，本地转化仍有较大空间。成果转化平台建设不足，以海河实验室为例，仅有细胞生态海河实验室成立了成果转化运营平台，而松山湖实验室等多个省实验室均已成立成果转化中试基地、成果转化中心等。

2. 实验室对本地企业的创新支撑不够

一是与本地企业的联合研发项目数量不多，吸引本地资金投入实验室不足。以海河实验室为例，海河实验室获企业投资约 7 000 万元，与先行建设的之江实验室（9.6 亿元）、材料科学姑苏实验室（6.27 亿元）相比存在较大差距。二是在本地部分重点产业链尚未有实验室布局。以国家重点实验室为例，化学化工、生物医药等我市产业优势领域占比达到 57%，但新能源等相关产业的布局为零，集成电路、车联网等重点产业链布局的实验室数量不多。

第四节 天津市实验室科技成果转化的下一步思路探讨

以国家战略需求和天津市发展需要为导向，以深化体制机制改革为动力，把服务实体经济和产业科技创新作为主战场，把科技成果转化应用作为主抓手，强化以项目为引领的有组织科研，高质量建设“以全国重点实验室为前沿引领、以海河实验室为核心载体、以市级重点实验室为网络支撑”的天津市实验室体系，打造战略科技力量，协同联动各方构建“大科技”格局，为服务全市经济社会发展提供更多重大原始创新支撑。

（一）推动实验室“按链入列”，优化实验室体系布局

以国家战略需求、天津高质量发展需要为导向，聚焦天津优势领域和重大科技资源，通过整体设计、系统布局、分类管理、精准服务，推动实验室“按链入列”，优化实验室体系布局。谋划争创国家实验室，推进全国重点实验室重组，高水平建设海河实验室,统筹布局市级重点实验室。

建设引领型全国重点实验室。积极对接国家要求,推动实验室整合国际、国内顶级创新资源,积极参与国家重点实验室重组;挖掘培育天津市优势市级重点实验室创建全国重点实验室。引导推动全国重点实验室瞄准科学前沿领域,产出重大理论创新成果,攻坚突破颠覆性技术,开辟新领域、塑造新优势。

建设任务型海河实验室。推动海河实验室发挥核心载体作用,对上承接国家战略任务,对下引领带动省级重点实验室整体发展。聚焦产业共性关键问题,组织实施科技项目,开展关键核心技术攻关,加快产出标志性成果,有力支撑产业高端化、智能化、绿色化升级;加快科技成果转化,引领孕育未来产业,开辟新赛道、塑造新动能。围绕新兴领域、优势学科,推动全国重点实验室整合国家级重大创新平台、市级重点实验室筹建海河实验室。

建设支撑型市级重点实验室。优化调整市级重点实验室布局,聚焦重点行业领域加大布局力度,重点支持企业建设实验室,推动结构分布合理、质量稳步提升、总量动态控制,打造一流学科全面覆盖、重点产业有序布局的创新网络支撑,做强高能级实验室后备力量,做大创新资源底盘。

谋划争取建设领航型国家实验室。推动物质绿色创造与制造海河实验室、细胞生态海河实验室积极申报国家实验室,依托南开大学、天津大学化学化工双 A+学科、中国医学科学院血液病医院科技量值全国第一等优势,打造国家战略科技力量,提升我市在国家创新体系中的地位,促进高水平科技自立自强。

(二)建强产业对接机制,增强成果转化供需匹配

1.发挥产业创新平台作用,强化产业关键共性技术供给

推动实验室对接产业机制落地,引导实验室科研选题由“在干什么”“能干什么”向“该干什么”转变,发挥实验室科研力量对天津产业创新的支撑作用,推进实验室体系建设与天津产业链建设互促共进,加速创新链与产业链深度融合。一是鼓励实验室对接产业链技术需求。充分用好实验室创新发展联盟活动、12 条产业链撮合对接活动等载体,调研产业链企业技术需求,凝练形成科研项目,优先支持产业关键共性技术类科研项目,探索自有资金与企业研发资金共同支持科研项目实施。二是推动实验室参与 12 条产业链关键卡点技术产品攻关项目,鼓励实验室团队“揭榜挂帅”。三是推进“实验室—产业链”专家人才双向流动,将实验室体系专家列入各产业链专家库,用好“科技特派员”制度引导实验室专家服务产业链企业;吸引产业链专家加入实验室体系研发团队,促进人员相互交流、交叉融合,碰撞创新智慧,激荡创新思想。四是探索将实验室体系参与产业链创新相关工作情况纳入考核体系,包括参与产业链项目凝练、服务企业关键技术产品攻关等。

2. 发挥科研组织平台作用，协同产学研科研资源

建立开放创新平台，形成“资源整合、优势互补、权益分享”的合作模式，发挥实验室“核心”作用，建设实验室创新“基地”网络，形成大兵团协同作战平台。一是与大企业合作建立创新基地。推动龙头企业与实验室深度绑定合作，邀请意向合作企业“带资进场”，实验室按比例匹配经费，共同在实验室立项，开展项目研发，由企业预付成果转让费。二是深化科研组织机制创新。针对实验室自主立项项目，实施“首席专家负责制”“揭榜挂帅制”“赛马制”“点将制”等科研组织方式。设置项目总指挥、总师、总务，对应用类项目探索由企业方担任总指挥，把握项目方向，确保项目落地产业化；总师负责解决科学、技术难题，总务负责材料、设备等供应。三是深化科研团队组织模式创新，可按照研究中心和院士工作站“双轮驱动”团队组织模式，研究中心专注围绕国家战略需求、天津产业需求开展项目研究，院士工作站进行自由探索研究。四是与其他创新平台的协同互动。联动国家先进操作系统制造业创新中心、曙光国家先进计算产业创新中心、国家合成生物技术创新中心等产业创新平台，联动相关领域国家重点实验室，强化资源整合与协同。

3. 发挥成果转化平台作用，服务产业链“强链补链拓链”

畅通实验室科技成果转化通道，从体制机制、孵育平台、金融支持、园区载体等方面强化实验室科技成果转化的要素支撑，促进实验室成果“中试产品化”和“大规模产业化”。一是完善实验室科技成果转化政策体系。围绕科技成果确权、转让、许可、作价投资、收入分配等环节，依法依规制定完善操作细则。探索实施横向科研项目结余经费作为现金入股，形成“技术入股+现金入股”等。探索建立知识产权生态共享池，与合作伙伴共享知识产权。二是建设中试基地、企业孵育基地，推广实验室孵化平台实体化建设经验，引导实验室建立孵化、产业化基地，组建专业机构或联合社会化机构开展运营，链接市级科技成果展示交易平台及各类技术转移机构，为科研人员提供知识产权、成果评价、投融资等全链条服务。技术转移机构、第三方机构和市场化聘用人员根据约定，可以从科技成果转化净收入中提取一定比例作为中介服务的奖励。支持科研人员和管理人员参加技术经理人等培训，提高服务能力。三是超前谋划建设“实验室体系科学城”，吸引实验室孵育、引育企业在相对集中的区域布局，形成 CAR-T 细胞、现代中医药、合成生物等若干创新型产业集群。

4. 打造京津冀协同创新标杆平台，对接引进北京资源

推动实验室相关产业链、创新链在京津冀范围内一体化配置，推进京津冀科技、产业、金融良性循环，建设京津冀开放交叉创新的新窗口。一是深化与北京高校、科研机构的合作，加强与北京大学、清华大学等北京高校合作执行博士生联合培养，探索“学校导师+行业导师”的培养模式，为实验室体系培养战略人才力量；加强与中科院、中国医学科学院、中国中医科学院等北京院所的合作，吸引北京科研资源通过实

验室体系平台，在天津布局转化。二是推动实验室体系联盟与北京实验室联盟的联合互动。通过联盟互动，建设长期、稳定的学术交流与合作研究平台，整合京津冀学术资源，开展跨学科、跨产业交叉融合，服务京津冀产业集群。三是积极融入北京国际科创中心建设，建设京津冀技术创新中心实验室体系协同中心，推动优质科技成果在津落地转化。

（三）建立多元投入机制，强化成果转化金融支持

1. 推动银行创新科技信贷融资

推动商业银行转变经营理念，改进信贷管理机制，根据科技型中小企业的特点，探索适用于科技型中小企业贷款的新服务方式，制定专门针对科技型中小企业的贷款，如“研发贷”“人才贷”等，为实验室平台公司、合作公司提供信贷资金支持。

2. 鼓励实验室对接创业投资基金

用好天津天使母基金政策，吸引天使投资、创业投资基金公司在天津设立基金，成为“耐心资本”，深入跟进服务实验室早期科研成果转化，参与制定项目产业化方案、公司治理、团队搭建等成果转化关键环节，提升科研团队参与成果转化的热情与积极性。

3. 鼓励开展知识产权融资创新

实验室拥有大量知识产权，无论是知识产权质押融资，抑或是知识产权证券化都是不错的融资选择。目前天津市在知识产权质押融资、证券化等方面的探索才刚刚起步，仍然存在交易成本高、知识产权价值难以评估等问题，应建立健全知识产权融资相关制度体系。一方面，制定统一的知识产权评估标准，建立评估责任制度，规范评估机构，保证知识产权准确评估；另一方面，加大知识产权保护力度，对知识产权侵权行为严惩不贷。

（四）强化开放协同，营造实验室科技成果转化良好生态

1. 发挥天开实验室联盟平台作用

鼓励实验室积极参与天开实验室联盟，充分发挥组织、协调、交流、协同作用，牵头组织和开展重要科技创新交流活动，为天津实验室体系建设发展营造良好生态、聚集优质资源。通过天开实验室联盟这一平台，推动实验室与更多企业深度合作，吸引企业出资参与实验室建设，加快实现实验室的高水平建设运行和成果转化。

2. 强化实验室信息资源共享

依托天开实验室联盟，建立信息共享平台，及时公布各类机构的技术成果、培训信息、成功案例等，促进实验室与产业链和大学之间的交流和合作。在平台发布技术需求，利用众包方式，在短时间内吸收全球研发机构和人员，实现全社会自主协同创新，加速研发、成果转化进程，提升新产品研发能力。推动各实验室依托大型仪器设备开放共享平台，积极开放共享各类大型仪器设施、设备平台等，加强对企业研发的设备支持。

参考文献

[1] Board on Science, Technology, and Economic Policy. Policy and Global Affairs, National Academies of Sciences, Engineering, and Medicine. STTR: an assessment of the Small Business Technology Transfer program[R]. Washington: The National Academies Press,2016.

[2] Board on Science, Technology, and Economic Policy. Policy and Global Affairs, National Academies of Sciences, Engineering, and Medicine. An assessment of the Small Business Innovation Research program—phase II[R]. Washington: The National Academies Press,2014.

[3] National Research Council. Capitalizing on science, technology, and innovation: An assessment of the Small Business Innovation Research program [R]. Washington: National Academies Press, 2008.

[4] U.S. Government. Small business innovation development act of 1982, US Public Law 97-219[S]. Washington: U.S. Government Printing Office, 1982.

[5] U.S. Government. Small business research and development enhancement act of 1992, US Public Law 102-564[S].Washington: U.S. Government Printing Office, 1992.

[6] Small Business Administration, Office of Investment and Innovation Small Business Innovation Research (SBIR) Program Policy Directive[R]. February 24, 2014.

[7] Small Business Administration, Office of Investment and Innovation Small Business Technology Transfer (STTR) Program[R]. February 24, 2014.

[8] BOZEMAN B, COKER K. Assessing the effectiveness of technology transfer from US government R&D laboratories: the impact of market orientation[J]. Technovation,1992,12(4): 239-255.

[9] BOZEMAN B. Technology transfer and public policy: a review of research and theory[J]. Research policy,2000,29(4): 627-655.

[10] SIEGEL D S, VEUGELERS R, WRIGHT M.Technology transfer offices and commercialization of university intellectual property: performance and policy implications[J].Oxford Review of Economic Policy,2007,23(4): 640-660.

[11] LINK A N, SIEGEL D S, VAN FLEET D.Public science and public innovation:

assessing the relationship between patenting at US National Laboratories and the Bayh — Dole Act[J]. Research policy,2011,40(8): 1094-1099.

[12] 张军荣,袁晓东. 中国“拜杜规则”促进高校专利产出了吗? [J]. 科学学研究,2014(12):1859-1866,1887.

[13] 郭英远,张胜. 科技人员参与科技成果转化收益分配的激励机制[J]. 科学学与科学技术管理,2015(7):146-154.

[14] 刘学之,马婧,彭洁,等. 美国国家实验室成果转化路径解析与制度保障[J]. 科技进步与对策,2015(11):20-25.

[15] 吴卫红,董诚. 美国促进科技成果转化的制度体系解析[J]. 科技管理研究, 2015(14):16-20.

[16] 骆严,朱雪忠,焦洪涛. 论美国大学与联邦实验室技术转移政策的差异[J]. 科学学研究,2016(3):373-379.

[17] 马春燕,李洁. 推动小企业创新进入军民融合:美国军方实施 SBIR/STTR 计划的启示[J]. 开放导报,2018(8):19-23.

[18] 王雪莹. 美国国家实验室技术转移联盟的经验与启示[J]. 科技中国, 2018(11):17-19.

[19] 冯伟波,周源,周羽. 国家实验室技术转移模式与影响因素的研究进展综述[J]. 科技管理研究,2019,39(10):79-84.

[20] 陈宁,赵露,陈雨生. 海洋国家实验室科技成果转化服务体系研究[J]. 科技管理研究,2019,39(11):122-128.

[21] 张晓. 科技成果转化模式与对策[J]. 中国高新科技,2019(16):13-15.

[22] 张华胜. 美国技术转移政策法规改革动向及启示[J]. 全球科技经济瞭望, 2020(2):46-52.

[23] 冯伟波,徐作圣,周源,等. 基于区块链的国家实验室技术转移管理研究[J]. 科技管理研究,2020,40(4):115-119.

[24] 乔为国. 产业创新实验室(I2Lab):一种新型科技成果转化平台模式设计研究[J]. 科学学与科学技术管理,2021,42(3):123-137.

[25] 西鹏,陈东阳,刘爽健. 高校新型研发机构市场化能力建设研究:基于德国弗劳恩霍夫协会模式的思考[J]. 中国高校科技,2022(1):92-97.

[26] 张俊艳,雷玲,高文. “三权”下放改革试点政策是否促进了科研院所专利技术转移? :基于合成控制法的分析[J]. 科技管理研究,2022(4):46-52.

[27] 李冬淼,刘新财,陈振江. 基于专利池模式的高校科研成果转化机制研究与实践探索[J]. 现代教育科学,2022(6):43-49.

[28] 周立石,徐红岩,赖伟. 校政企协同创新模式对高校科研实验室成果转化的启

示[J]. 实验室研究与探索,2022,41(6):257-260.

[29] 张跃,叶世兵. 美国国家实验室技术转移联盟发展模式及其对广东的启示[J]. 科技与金融,2022(12):87-91.

[30] 王文婷,刘克宁,汪胜,等. 协同治理视阈下研究型医院科技成果转化困境与路径优化研究[J]. 科技管理研究,2023,43(6):129-135.